中国地质大学(武汉)研究生精品教材建设资助项目(YJC2019311)

户外教育教学经典案例集

HUWAI JIAOYU JIAOXUE JINGDIAN ANLI JI

主　　编：杨　汉

副 主 编：胡　凯　　刘华荣　　姚年豪　　吴家亮
　　　　　陈淑红

编写人员：罗先斌　刘子健　崔登瑞　皮攀峰
　　　　　张铃杰　钟　点　李文文　郭远钊

图书在版编目(CIP)数据

户外教育教学经典案例集/杨汉主编. —武汉:中国地质大学出版社,2020.8
ISBN 978-7-5625-4732-7

Ⅰ.①户…
Ⅱ.①杨…
Ⅲ.①体育锻炼-教案(教育)
Ⅳ.①G806

中国版本图书馆 CIP 数据核字(2020)第 164125 号

户外教育教学经典案例集		杨　汉	主　编
	胡　凯　刘华荣　姚年豪		副主编
	吴家亮　　陈淑红		

责任编辑:韦有福　郑济飞	策划编辑:毕克成　韦有福	责任校对:徐蕾蕾

出版发行:中国地质大学出版社(武汉市洪山区鲁磨路 388 号)　　邮政编码:430074
电　　话:(027)67883511　　传　真:(027)67883580　　E-mail:cbb@cug.edu.cn
经　　销:全国新华书店　　　　　　　　　　　　　　　　　　　http://cugp.cug.edu.cn

开本:787 毫米×960 毫米 1/16　　　　　　　字数:340 千字　　印张:15
版次:2020 年 8 月第 1 版　　　　　　　　　印次:2020 年 8 月第 1 次印刷
印刷:荆州鸿盛印务有限公司

ISBN 978-7-5625-4732-7　　　　　　　　　　　　　　　　　　定价:45.00 元

如有印装质量问题请与印刷厂联系调换

前言

本书是中国地质大学(武汉)体育学硕士研究生学位课程专业教材,是为在高校本科阶段已学习了户外运动专业基础课程、具备体育教学基本能力的学生而编写,是进一步加强研究生阶段户外运动理论学习、研究学习的专业教材。

户外运动是融挑战性、休闲性、健身性、拓展性、观赏性为一体的体育运动,随着我国社会经济的发展,已广泛延伸到政治、经济、文化、教育、军事等领域。研究显示,户外运动的教育教学具有极强的理论与实践融合性,在人的全面发展,人与社会、人与自然和谐发展中发挥重要作用。

本书是依据笔者多年户外教学实践经验并结合了研究生学位课程的特点和要求而确定的框架,以引导研究生认知探索户外运动教育教学本质和规律为根本,提升其在户外教育教学实践中分析问题和解决问题的能力。

本书主要由户外运动概述、理论和实践教育教学案例三个部分组成。概述部分介绍了国内外户外运动的内涵、内容及其价值;理论部分介绍了户外教育教学的人本主义、实用主义、自然主义理论基础;案例部分探讨了户外教育实践中关键理论及其重要性,旨在帮助研究生从全新的视角来理解和审视户外运动。

本书将理论划分为学习与发展理论、解释性理论、支持性理论共三个类别。学习与发展理论是以学生为主体,认知学习者如何学习和发展的基础理论,包括建构主义学习理论、体验式教育理论、马斯洛需求层次理论、多元智能理论;解释性理论是用来解释户外教育效果产生原因和指导户外实践手段的理论,包括自我效能理论、期望价值理论、自我决定理论、归因理论;支持性理论是支持户外教育教学科学、安全、高效开展的理论,包括教育生态学理论、团队理论、领导力理论、风险管理理论。

理论案例由理论解析、案例与讨论、实践运用、拓展与深入等部分构成,有助于研究生站在教师角度来思考户外教育教学及其目标达成。

实践教学案例由课程目标、场地环境、教学提示、风险与安全、拓展与深入等部分组成的实践教学案例框架,有利于硕士生依据特定的教育对象、教育目标、特定地域背景等灵活地规划户外教育教学,实现预期的教育教学目标。

本书由杨汉负责策划和每个部分的编写;胡凯参与第一章和第二章户外运动相关理论教学案例部分编写;刘华荣参与第二章理论案例部分编写;姚年豪、吴家亮、陈淑红、罗先斌、刘子健、崔登瑞、皮攀峰、张铃杰、钟点、李文文、郭远钊参与理论教学案例和实践教学案例编写。

希望本书的出版能够为户外领域的研究生、户外专业相关的教师等提升户外教育教学能力和户外职业素养带来帮助。

杨 汉

2020 年 8 月

目 录

第一章 户外运动概述 (1)
第一节 欧美户外运动 (1)
一、欧美户外运动以及相关术语 (1)
二、欧美户外休闲 (2)
三、欧美户外教育 (7)

第二节 我国户外运动 (16)
一、我国户外运动的发展 (16)
二、我国户外运动的概念与内涵 (21)
三、我国户外运动的价值功能 (25)

第三节 户外运动教育教学的理论基础 (29)
一、人本主义教育思想 (29)
二、实用主义教育思想 (31)
三、自然主义教育理论 (33)

第四节 户外教育蕴含的多学科理论 (35)
一、户外教育的关键理论 (35)
二、户外教育中理论的价值与作用 (38)

第二章 户外运动相关理论教学案例 (40)
第一节 学习与发展理论案例 (40)
一、建构主义学习理论案例 (40)
二、体验式教育理论案例 (46)
三、马斯洛需求层次理论案例 (55)

四、多元智能理论案例 …………………………………………… (59)

第二节　解释性理论案例 ………………………………………………… (63)

一、自我效能理论案例 …………………………………………… (63)

二、期望价值理论案例 …………………………………………… (71)

三、自我决定理论案例 …………………………………………… (76)

四、归因理论案例 ………………………………………………… (81)

第三节　支持性理论案例 ………………………………………………… (85)

一、教育生态学理论案例 ………………………………………… (85)

二、团队理论案例 ………………………………………………… (90)

三、领导力理论案例 ……………………………………………… (104)

四、风险管理理论案例 …………………………………………… (110)

第三章　户外教育实践教学案例 …………………………………………… (122)

第一节　野外生活教学案例 ……………………………………………… (122)

一、教学目标 ……………………………………………………… (122)

二、装备 …………………………………………………………… (122)

三、风险与安全 …………………………………………………… (122)

四、野外卫生与环保 LNT 法则 ………………………………… (123)

五、野外生活技能案例 …………………………………………… (124)

案例一　户外饮食教学案例 ……………………………………………… (124)

一、教学目标 ……………………………………………………… (124)

二、场地与环境 …………………………………………………… (125)

三、教学提示 ……………………………………………………… (125)

四、安全提示与风险应对 ………………………………………… (127)

五、深入与思考 …………………………………………………… (128)

案例二　户外露营教学案例 ……………………………………………… (128)

一、教学目标 ……………………………………………………… (128)

二、场地与环境 …………………………………………………… (129)

三、教学提示 ……………………………………………………… (129)

四、安全提示与风险应对 ………………………………………… (131)

五、深入与思考 …………………………………………………… (131)

案例三　户外行走教学案例 (132)
一、教学目标 (132)
二、场地与装备 (132)
三、教学提示 (132)
四、安全提示与风险应对 (135)
五、深入与思考 (135)

第二节　绳索技能教学案例 (135)
一、教学目标 (136)
二、技术装备 (136)
三、风险与安全 (136)
四、重要的户外绳索技能案例 (137)

案例一　通过危险路段教学案例 (137)
一、教学目标 (138)
二、场地环境与装备 (138)
三、教学提示 (138)
四、安全提示与风险应对 (140)
五、深入与思考 (140)

案例二　设置保护站教学案例 (140)
一、教学目标 (140)
二、场地环境与装备 (141)
三、教学提示 (141)
四、安全提示与风险应对 (142)
五、深入与思考 (143)

案例三　不同环境中岩降教学案例 (143)
一、教学目标 (143)
二、场地环境与装备 (143)
三、教学提示 (144)
四、安全提示与风险应对 (145)
五、深入与思考 (145)

案例四　SRT技术与应用教学案例 (146)

一、教学目标 …………………………………………………… (146)
　　二、场地与环境 ………………………………………………… (146)
　　三、教学提示 …………………………………………………… (147)
　　四、安全提示与风险应对 ……………………………………… (149)
　　五、深入与思考 ………………………………………………… (149)
　案例五　搭索过涧教学案例 ……………………………………… (149)
　　一、教学目标 …………………………………………………… (149)
　　二、场地与环境 ………………………………………………… (150)
　　三、教学提示 …………………………………………………… (150)
　　四、安全提示与风险应对 ……………………………………… (151)
　　五、深入与思考 ………………………………………………… (152)
　第三节　攀岩教学案例 …………………………………………… (152)
　　一、教学目标 …………………………………………………… (152)
　　二、环境特征 …………………………………………………… (152)
　　三、技术装备 …………………………………………………… (153)
　　四、风险与安全 ………………………………………………… (153)
　　五、重要的攀岩运动技能案例 ………………………………… (153)
　案例一　攀岩与安全保护教学案例 ……………………………… (154)
　　一、教学目标 …………………………………………………… (154)
　　二、场地环境与装备 …………………………………………… (155)
　　三、教学提示 …………………………………………………… (155)
　　四、安全提示与风险应对 ……………………………………… (158)
　　五、深入与思考 ………………………………………………… (158)
　案例二　攀岩的手法与脚法教学案例 …………………………… (158)
　　一、教学目标 …………………………………………………… (159)
　　二、场地环境与装备 …………………………………………… (159)
　　三、教学提示 …………………………………………………… (159)
　　四、安全提示与风险应对 ……………………………………… (160)
　　五、深入与思考 ………………………………………………… (160)
　案例三　平衡与重心转移教学案例 ……………………………… (161)

一、教学目标 …… (161)
　　二、场地环境与装备 …… (161)
　　三、教学提示 …… (161)
　　四、安全提示与风险应对 …… (163)
　　五、深入与思考 …… (163)

案例四　攀登自然岩壁教学案例 …… (163)
　　一、教学目标 …… (164)
　　二、场地环境与装备 …… (164)
　　三、教学提示 …… (164)
　　四、安全提示与风险应对 …… (166)
　　五、深入与思考 …… (167)

第四节　定向越野教学案例 …… (167)
　　一、教学目标 …… (168)
　　二、技术装备 …… (168)
　　三、定向越野的场地环境 …… (168)
　　四、风险与安全 …… (169)
　　五、各种场地环境的奔跑 …… (170)
　　六、定向越野教学案例 …… (170)

案例一　定向越野地图识别教学案例 …… (171)
　　一、教学目标 …… (171)
　　二、场地与环境 …… (172)
　　三、教学提示 …… (172)
　　四、安全提示与风险应对 …… (173)
　　五、深入与思考 …… (173)

案例二　定位与定向技能教学案例 …… (174)
　　一、教学目标 …… (174)
　　二、场地环境 …… (174)
　　三、教学提示 …… (174)
　　四、安全提示与风险应对 …… (176)
　　五、拓展与深入 …… (177)

案例三 路线选择与快速行进教学案例 (177)
- 一、教学目标 (177)
- 二、场地环境 (178)
- 三、教学提示 (178)
- 四、安全提示与风险应对 (179)
- 五、拓展与深入 (179)

案例四 地图绘制和线路设计教学案例 (180)
- 一、教学目标 (180)
- 二、场地环境 (180)
- 三、教学提示 (181)
- 四、安全提示与风险应对 (183)
- 五、拓展与深入 (184)

第五节 山地自行车教学案例 (184)
- 一、起源 (184)
- 二、山地车的主要构造与特征 (184)
- 三、山地自行车部件 (185)
- 四、山地自行车分类 (187)
- 五、所需装备 (187)
- 六、场地环境 (188)
- 七、风险与安全 (188)
- 八、山地自行车教学案例 (189)

案例一 熟悉山地自行车教学案例 (190)
- 一、教学目标 (190)
- 二、场地环境与装备 (190)
- 三、教学提示 (191)
- 四、安全提示与风险应对 (192)
- 五、深入与思考 (192)

案例二 使用山地自行车教学案例 (192)
- 一、教学目标 (193)
- 二、场地环境与装备 (193)

三、教学提示 …………………………………………………… (193)

四、安全提示与风险防范 ………………………………………… (196)

五、深入与思考 …………………………………………………… (197)

案例三　坡道骑行技术教学案例 …………………………………… (197)

一、教学目标 ……………………………………………………… (197)

二、场地环境与装备 ……………………………………………… (197)

三、教学提示 ……………………………………………………… (198)

四、安全提示与风险应对 ………………………………………… (199)

五、深入与思考 …………………………………………………… (199)

案例四　障碍路面骑行技术教学案例 …………………………… (200)

一、教学目标 ……………………………………………………… (200)

二、场地环境与装备 ……………………………………………… (200)

三、教学提示 ……………………………………………………… (200)

四、安全提示与风险应对 ………………………………………… (202)

五、深入与思考 …………………………………………………… (202)

案例五　综合路面骑行教学案例 ………………………………… (203)

一、教学目标 ……………………………………………………… (203)

二、场地环境与装备 ……………………………………………… (203)

三、教学提示 ……………………………………………………… (204)

四、安全提示与风险应对 ………………………………………… (204)

五、深入与思考 …………………………………………………… (205)

第六节　皮划艇教学案例 ………………………………………… (205)

一、教学目标 ……………………………………………………… (206)

二、场地与环境 …………………………………………………… (206)

三、装备器材 ……………………………………………………… (206)

四、风险与安全 …………………………………………………… (207)

五、皮划艇教学案例 ……………………………………………… (208)

案例一　皮划艇基本技能教学案例 ……………………………… (208)

一、教学目标 ……………………………………………………… (209)

二、场地与环境 …………………………………………………… (209)

IX

三、教学提示 …………………………………………………… (209)
　　四、安全提示与风险应对 ……………………………………… (212)
　　五、深入与思考 ………………………………………………… (212)

案例二　皮划艇基本划行技术教学案例 ………………………… (212)
　　一、教学目标 …………………………………………………… (212)
　　二、场地与环境 ………………………………………………… (213)
　　三、教学提示 …………………………………………………… (213)
　　四、安全提示与风险应对 ……………………………………… (214)
　　五、深入与思考 ………………………………………………… (214)

案例三　皮划艇翻覆与回正教学案例 …………………………… (214)
　　一、教学目标 …………………………………………………… (215)
　　二、场地与环境 ………………………………………………… (215)
　　三、教学提示 …………………………………………………… (215)
　　四、安全提示与风险应对 ……………………………………… (217)
　　五、深入与思考 ………………………………………………… (217)

案例四　不同水流状态下皮划艇的划行技术教学案例 ………… (217)
　　一、教学目标 …………………………………………………… (218)
　　二、场地与环境 ………………………………………………… (218)
　　三、教学提示 …………………………………………………… (218)
　　四、安全提示与风险应对 ……………………………………… (219)
　　五、深入与思考 ………………………………………………… (220)

主要参考文献 ……………………………………………………… (221)

第一章 户外运动概述

说到户外运动，人们常常会与登山、攀岩、定向、远足、野外生存、露营、独木舟、自行车、冰雪等体育运动项目相联系，那么怎样准确表达户外运动的学术含义呢？欧美国家对于此类运动项目是如何界定的呢？要回答此类问题，首先应审视欧美国家与户外运动的相关术语。

第一节 欧美户外运动

现代户外运动伴随着西方工业化和城市化进程而发展，人们为了逃避现代工业文明下的都市生活，将目光投向森林、山地、湖泊、海滩等广阔的自然界，并开始利用自然资源进行体育活动。欧美户外运动的兴起，与人们对环境的关注、汽车的普及以及渴望丰富多彩的生活等关系密切。特别是"二战"后，欧美各国政府十分重视户外运动的发展，20世纪70年代以后，户外运动在西方各国快速发展，项目数量迅速增加，成为普及程度较高的体育运动。

一、欧美户外运动以及相关术语

欧美现代户外运动源于18世纪末的阿尔卑斯地区的登山科考，由此派生出攀岩、漂流、远足、滑雪等大众普及的户外休闲方式，并在20世纪风靡全球。自1953年埃德蒙·希拉里和丹增·诺尔盖成功登顶珠穆朗玛峰以来，已有超过5 000人登顶。在欧美国家，人们把冒险、探险、休闲活动作为一种生活方式，但是，我们理解的户外运动在欧美国家不论是称谓上还是理解上均存在差异，中文的"户外运动"译成英文是"Outdoor Sports"，可欧美文献资料涉及此英文术语少之又少，为数不多的资料也源于中国作者，以"Outdoor"为关键词搜寻，出现与此相关的术语有 Outdoor Recreation、Outdoor Education、Outdoor Pursuit、Adventure、Adventure Recreation、Adventure Racing 等，且此术语源于不同国家，如美国多为 Outdoor Recreation、Outdoor Adventure 等，英国则是 Outdoor Education、Outdoor Adventure Education 等，从现象学的视角对上述术语的外在特征和表现形式进行分析，我们发现最接近于"户外运动"的活动有户外休闲、户外探险、户外探险教育等,主要体现形式如下。

户外休闲(Outdoor Recreation)是在户外(包括从城市公园到野外的各种各样的场所)进行有组织的或个人的、以休闲放松身心为目的的活动。

户外教育(Outdoor Education)是"在户外、关于户外、为了户外"的教育活动,包括环境教育和冒险教育。

户外追寻(Outdoor Pursuit),即野外从事非器械性的户外休闲活动。

冒险教育(Adventure Education)是基于冒险的学习,为了身体、心理、社会方面的发展,通过攀岩、徒步旅行、皮划艇、滑雪、探勘洞穴等一系列户外冒险活动,创造性地解决问题,开展有目的的教育活动。

环境教育(Environmental Education)是以人类与环境的关系为核心而进行的一种教育活动。

体验教育(Experiential Education)是教育对象在实践中认知、明理和发展。"体验"包括行为体验和内心体验两个层面。前者是一种实践行为,是亲身经历的动态过程,是学生发展的重要途径;后者则是在行为体验的基础上所发生的内化、升华的心理过程。两者相互作用、相互依赖。

野营教育(Camping Education)通常指露营者携带帐篷离开城市在野外扎营,以锻炼露营者的体魄和意志为目的的教育活动。野营通常和徒步、钓鱼、攀岩、游泳等活动同时开展。

荒野治疗(Adventure Therapy)是在荒野的环境下,通过冒险课程、挑战课程、帐篷课程等形式,使个体获得一种与身体健康相适应的完成感。

游戏治疗(Play Therapy)一般指通过游戏协助儿童(指3~11岁)去表达自我的感受和困难,如恐惧、憎恶、孤独、失败和自责等,从而达到治疗效果。在户外领域,通常采用经过预先设计的户外游戏来实现治疗的目的。

上述术语并未描述具体运动形式和运动项目,下面我们重点介绍户外休闲和户外教育的概念、内容、价值功能等,以帮助大家了解欧美的户外。

二、欧美户外休闲

美国的现代休闲源于19世纪初,可以说,休闲是美国文化和美国精神(如自由主义、个人主义)的一种体现。每年至少有2/3的美国人从事户外休闲活动。

(一)户外休闲定义与内涵

户外休闲概念一直是休闲研究的组成部分,自户外休闲诞生的几十年里,欧美许多学者和研究机构对此进行研究。有文献显示,关于户外休闲的界定存在广义和狭义两个方面。

具有代表性广义概念包括美国户外游憩资源评估委员会(Outdoor Recreation

Resources Review Commission,简称ORRRC)(1962)将户外休闲定义为在户外开展的休闲活动。克劳森和克内奇(Clawson and Knetsch,1966)认为户外休闲就是在户外进行的娱乐活动;Carlson(1960)认为户外休闲是一项在户外进行的令人愉快的休闲活动,涉及自然资源的知识、使用或欣赏;Knudson(1984)认为户外休闲包括几乎所有发生在公园和其他开放空间的建设性休闲活动。从概念上看,户外休闲除强调活动地点、活动性质、活动目的等关键要素外,其他如活动时间、项目内容、参加形式、场地设施均未表达。可以说户外休闲涵盖的活动内容非常宽泛,包罗万象,从运动场到野外旅行和露营,也可以包括垒球和足球等运动,音乐会和大多数城市夏天的露天活动。

然而,在许多研究中,研究者通常使用狭义的户外休闲定义,例如Brahim等(1993)认为户外休闲是有组织的闲暇活动,参与者与自然元素之间存在互动,这些活动是为了参与者自身的利益;Leitner等(1996)将户外休闲定义为与户外自然环境之间的相互作用一种活动,它在生理、心理、情感和社交上重新塑造人。

昆士兰户外娱乐联合会(2011)指出,户外休闲指在建筑物范围以外(即在户外)进行的活动,不涉及有组织的竞赛或正式规则,可在没有任何已建设施或基础设施的情况下进行,可能需要大量土地、水或空气,并可能需要在未经修改的主要自然景观的户外地区进行。

Clayne等(2006)在《美国的户外休闲》中将户外休闲定义为在自然环境、半自然环境里开展的,包括户外教育在内的休闲活动,并强调他们更喜欢使用户外休闲的狭义定义。狭义的户外休闲定义强调自然环境,特别是野地是休闲体验的重要组成部分,参与者与自然环境之间涉及互动(运动)或欣赏等的关系。

Clayne等(2006)还特别指出休闲也可以是紧张的、挑战性的,有些休闲并不被社会接受。他们认为户外休闲中户外的概念应包括两方面的因素:一是自然环境,尤其强调野外环境对于户外体验的重要作用;二是在参加者和自然环境之间存在着相互作用或对自然心怀感谢和敬意这样的关系,由此而延伸出在自然环境中、关于自然环境,或为了自然环境的户外教育活动、环境教育活动、探索教育活动等纳入户外休闲中,也包括大地、人类传统以及与户外教育紧密相关的历史和文化展示,而像专门人工建造的室内岩壁等与户外概念容易混淆的活动则不包括在户外休闲内。

户外休闲包括娱乐行业中与大型空地、山脉、湖泊、森林、平原以及所有被认为野性、原始、自然的特征和现象有关的领域(Curtis,1979),包括户外教育、环境教育、冒险教育、挑战课程、营地教育等发生在自然环境中与土地和遗产以及户外教育有关的历史和文化的活动(可能发生在环境建设中)(Ford,1981)。

与户外休闲词义相同的术语还有户外活动(Outdoor Activity)、冒险活动

(Adventure Activity)等,包括登山、远足、山地自行车、攀岩、露营、水上运动、钓鱼、划船和享受自然风光等活动,指在自然或半自然的环境中进行休闲娱乐活动,以休闲、游憩、探险为主。

狭义的户外休闲定义更强调自然环境,特别是野地是休闲体验的重要组成部分;参与者与自然环境之间涉及互动(运动)或欣赏等的关系。

在过去的20年里,户外休闲、游憩、旅游等一直与体育存在许多共性,在户外注重与自然环境的互动休闲、生存挑战、极限运动、攀登和划船等户外竞赛已经成为新的体育竞赛形式,如滑雪、攀岩、皮划艇、山地自行车、铁人三项等已经加入奥运会比赛项目。

(二)户外休闲类型与特点

Clawson(1966)将户外休闲活动划分为三类,即资源导向型休闲、中间型休闲和人工环境休闲(非自然环境以专门建设的设施,即开发的场地设施)。

资源导向型休闲,也称为基于资源的休闲,它发生在自然环境中,主要取决于自然资源的使用。这种形式的运动休闲经常发生在荒野地区,如河流、国家公园、森林、湖泊、未开发的海滨等开放空间。以资源为导向的休闲,自然本身是主要的,是休闲体验的基础,参与者是环境所提供价值的接受者。开展项目包括登山、远足、山地自行车、攀岩、露营、水上运动、钓鱼、划船、狩猎和享受自然风光。

中间型休闲,发生在相对自然的环境中(半自然环境),同时依赖于相当程度的人工设施,是资源导向和面向用户的户外休闲的混合体,包括国家和市州的运动休闲区域的中间重建区域,公园、捕鱼区和狩猎区域,湖泊和溪流建造的水上运动区域等。这些区域可进行相应的下坡滑雪、自行车、远足、露营、野餐、钓鱼、狩猎、划船、滑水、帆船、皮划艇、独木舟等活动。

人工环境休闲,通常是基于人工建筑设施,并且发生在非自然或明显修建过的人为环境中进行的郊游。它可能涉及参加表演或观看表演、运动和各种游戏,公园里的戏剧或音乐,艺术展和阅览等。此类休闲通常发生在靠近城市或参与者容易接近的地区。

美国森林服务组织将休闲参与分为三类:

(1)原始型休闲。①基本户外技能;②不借助机械化装备完成户外活动;③使用自然资源时尽量不受约束和限制;④远离文明,亲密接触自然。

(2)中间型休闲追求。①中等水平的户外技能;②受装备及安全限制和约束,但参与者仍有一定的自由性;③亲密接触自然并进行相应的社会交往;④参加小型团队,使用技巧,如攀岩、乡间滑雪、划船。

(3)现代型休闲活动。①与自然相联系,但是并不接近自然;②在开发和管理区域进行,需要广泛使用户外专业技能的休闲活动(如高山滑雪、郊游),有组织的野营以及管理区域的水域活动(包括滑水、划船和游泳);③能感到安全限制、受监控。

Clayne 等(2006)将休闲的特点总结为:①是一种活动;②发生在空闲时间里;③自愿参与;④为个人原因参与,即内在驱动;⑤能够产生自我满足感或收益。

在美国户外休闲活动是由社会组织机构,包括俱乐部、旅行社或者个人组织,在参与者不熟悉的有安全保障的地方进行,以满足参与者个性化的探险需求,能使参与者产生特殊体验,同时也产生经济效益和社会效益的所有活动的总称(Buckley,2006)。

(三)户外休闲价值

Clayne 等(2006)编著的《美国户外休闲》比较详尽地介绍了美国户外休闲相关方面的研究成果,包括户外休闲的基本理论、管理机构、服务组织、户外参与以及环境资源保护等方面,也介绍了美国户外休闲作用,认为户外休闲的功能价值主要体现在个人、社会文化、环境与教育以及经济四大领域。对于我们认知研究的户外休闲具有重要的参考价值。

1. 个人价值

户外休闲对于个人带来利益包括提供挑战和冒险,有助于个人心理和身体健康。

1)心理健康

放松心情一直是美国人参与户外娱乐的一个重要原因。户外休闲涉及身体活动,而身体活动对于心理健康有益,80%的美国人认同此价值(Roper,1999)。调查显示,在大自然中,自然风景具有消除疲劳、缓解紧张、鼓励沉思的作用。户外休闲使头脑安静、使神经系统休息和产生活力,其心理健康作用以及心理益处被多项研究所证实。

2)精神财富

研究表明,人类体验自然的过程具有精神意义,Emerson(1899)指出户外体验可以使人产生自由、宁静和谦逊的感觉,可以导致更高的思想感觉以及真正的快乐。在与大自然的接触中,高水平的休闲活动是参与者以感情方式积极参与与环境一致的精神状态,以净化身体和灵魂。对许多人来说,自然提供了安全和满足的感觉。

3)身体健康

在美国有90%的人同意户外休闲是身体活动的最佳方式,认为参加户外休闲美国人会更健康(Roper,1999)。20世纪90年代,户外休闲的参与度实现了实质性增长。远足、攀岩、骑自行车和游泳活动提高了身体的效率水平,户外休闲为人们带来乐趣的同时,也带来了健康。

4)挑战和冒险

在美国挑战和冒险是人们日常生活的一部分。一般来说,参与冒险者认同挑战对于生活的意义,冒险挑战意味着风险和不确定性。现在冒险的意义已被纳入教育培训,涉及个人挑战性的活动对于自我发掘、自我概念的形成产生积极影响的观念被大众所接受,但大多数人从事挑战与冒险主要是为了放松,也有部分人是为了寻求刺激(Roper,1999)。

2. 社会文化价值

1)社会价值

户外休闲使人们摆脱日常生活环境,为沟通和合作提供了机会。与他人在一起是人们参与户外休闲的主要原因之一。而冒险有助于社会意识和行为以及社会团结是户外休闲理念的组成部分。通常,追求相同运动休闲的人们组成团队或成立正式社会组织,包括俱乐部和协会,聚在一起相互支持和分享经验,由此形成特定的社区。

家庭和谐是户外休闲社会效益的另一方面。调查显示,家庭休闲最常见的项目是划船、露营、远足、滑雪等,美国家庭平均每月至少参加一次这样的户外休闲活动。此外,研究表明,户外活动对于行为障碍残疾人的治疗可能比其他干预手段更有效(West et al,2001;Neil,2003),也体现社会对于该群体的关爱。

2)文化意蕴

户外休闲的文化意蕴丰富而广泛,文化包括语言、艺术、手工艺、建筑环境、历史、教育及共同的思维方式等。户外极富想象力的景观激发了艺术家的灵感,创作出优秀的作品,如以环境自然等题材的文学作品、诗歌、音乐、影视艺术作品成为作家创作的重点,成为反复体现的主题,表达了自然的宏伟和对土地、河流、海岸的眷恋,表达了自然以及特定地区域的文化;国家公园的历史文化保护和宣讲帮助游客了解自然、文化和历史资源,使休闲体验更有意义,成为教育和维持社会发展的重要组成部分。此外,历史和文化知识帮助人们理解健康的生态系统,帮助人们提升生态素养。

3. 环境与教育效益

户外对于人的教育是多方面的,包括为自然教育提供帮助,如户外休闲为学生提供了兴奋和刺激的环境,有利于探索生物学和生态学,对于参与者认知生态系统,培养生态意识、生态行为等提供条件。Leopold(1989)认为人应该学会把自己看作是生态系统的一部分。

在自然界中,自然告诉我们世界充满活力。天气和季节是变化的,植物和动物都是相互联系的,帮助我们体现每个人都是大自然的一部分,从自然中学习的所有法则其实也适用于世界上的其他方面。

4. 经济收益

户外休闲产业是经济发展的引擎,对社会经济发展做出了巨大的贡献。休闲业和旅游业是创造收入和就业的三大经济部门中的两个主要部门(Driver,1999)。一方面,旅游业务带来或支持许多服务。国家公园吸引了大量的国内外旅客。在交通、食物、住房等消费中,原始支出的影响是倍增的(Wang,1997)。2017年美国户外产业协会发布的户外休闲经济报告显示,户外休闲方面支出8 870亿美元,创造了760万个工作岗位和653亿美元税收;户外休闲产业已成为驱动美国经济发展的主要力量之一。

户外休闲侧重与强调活动的愉悦性和满足感,对于人的全面发展、社会进步与自然环境发掘、利用和改善发挥了积极作用。同时,保护自然资源是维持我们健康生活方式必不可少的组成部分。

三、欧美户外教育

19世纪末至20世纪初,欧美国家尖锐的社会矛盾,促使人们将目光投向教育,教育改革的帷幕就此拉开,以杜威(1900)为代表的改革派认为"目前的教育趋势是强调技术细节,忽视了教育的更广泛的社会功能",而"经验与教学科目之间横隔一道鸿沟,解决这一缺陷的办法是鼓励学生在真实世界中从事学习"。倡导教师利用自然、历史、职业等作为教育资源(Dewey,1938)。资料显示,国际上第一个夏令营源于1861年,名为Gunnery School新英格兰的寄宿学校,而有组织的青年夏令营出现在美国(McNeil,1957)。

社会上户外机构有组织的夏季露营最初是关注年轻人的治疗并取得了广泛而显著的效果,这种教育形式逐渐被学校所接纳,户外教育由此发展起来。户外教育通常指的是在户外进行的有组织的学习,通常在远离城市环境的自然环境中进行,项目涉及居住、旅行和参加各种具有冒险性质的户外活动,如攀岩、下降、远足、爬山、独木舟、绳索课程和团体游戏等。

在户外教育发展的一百多年里,欧美国家的专家学者从不同学科进行了大量的研究。户外教育作为一种实践活动,在不同的历史、社会、经济背景下,形成了有远见实用的教育思想、理念、途径、方法等理论与实践结合的成果,为户外教育教学及学习模式提供了理论依据,为促进和引导有效的户外教育奠定了基础。

(一)户外教育定义与内涵

教育历来为不同国家的政治、经济与社会服务,不同历史条件下,目的任务也不同,户外教育也不例外。资料显示,户外教育在百余年发展中,从社会心理论、自然环境论等不同视角产生了二十余条相关概念界定。理论上,教育活动必然涉及到教育者、受教育者和教育资源的问题,文献资料反映,欧美户外教育在户外教学的领域中存在争议,有些学者认为,户外教育不是一个学科的领域,Priest(1986)写道,户外教育已被描述为一个地方、一个主题、一个理由、一个方法、一个过程,他认为这些都是户外教育的组成部分。Ewert(2006)描述了户外教育有三个主要组件:身体技能、人际关系发展和生态关系。那么户外教育都有哪些代表性的定义呢?发展脉络是怎样的呢?我们可以从社会心理学、环境学、学习理论和生态文化四个视角解读和理解户外教育。

1. 社会心理学视角的户外教育

社会心理学是研究人们社会思维、影响和社会关系的科学,其价值在于提高人认识自身的能力与生活质量(李建明,2007)。

Sharp(1947)较早定义户外教育"那些最好在户外教授的东西应该在户外教授"。他认为,走出教室能取得更好的学习效果,是学习的一种风气、思潮。Lewis(1975)提出户外教育是为达到学习目的,把课程延伸至户外的一种简单而直接的学习方式。持有此类观点的还有 Ford(1981)、Lappin(2000)等。不难看出,户外教育鼓励课堂以外的教育资源的使用,认为在户外的教育是有别于教室的,在上述概念中均提出了运用感觉、知觉来从事学习的要求,利于学生身心发展的一种教育场景方法或学习方式。

在内容方面,早期的户外教育内容包括学科学习(自然科目)、郊游、烹饪、手工、农业、学校营地(Lewis,1975),而这些实践基本上依托学校营地来实施,营地是实施户外教育的主要场所。在教育目标上,主要以学生的学业成绩、个人成长、社会适应等带来影响来思考这一问题,目的是培养学生适应社会、提高实践的能力。

2. 环境学视角的户外教育

20世纪50年代早期,欧美国家对自然环境关注的意识增强,促使环境概念的出现(Laszlo,1972),相关研究显著增加(McEvoy,1972),户外教育概念的表述中出现了"自然""环境"等关键词,如 Donaldson(1958)给予户外教育一个经典的界定,他认为户外教育可以简单定义为"在户外,关于户外,为了户外的教育"。此界定涉及"在""关于"和"为了"三个关键词,"在"是指学习的位置或地点,发生在户外;"关于"指学习的主题是有关自然与环境;"为了"指户外教育的目的,为了地球上有限的自然资源的利益。在这一观念的影响下,户外教育向环境、自然科学偏向。

这一概念被人们从不同角度进行解析,有些学者认为,户外教育也可以在室内进行,例如出野外之前的知识学习、资料准备、路线规划及有关前期准备工作等。也有学者说,与在户外环境中学习相比,教室里学到的东西更多(Smith,1955)。尽管如此,这一定义为北美的户外教育奠定了将近30年的理论基础(Priest,1986)。这一概念被许多国家沿用至今。在我国户外教育的相关学术研究中也同样被广泛引用。此外,户外教育领域专家Neill(2004)也提出户外教育是利用自然环境而蓄意设计的、以"通过挑战而成长"的教育活动。

3. 学习理论视角的户外教育

20世纪中期,西方国家以建构主义、后现代主义、人本主义等教育理论日趋普及,认为"学习"与"构建"才是基于自我需要和自我实现的教育,用"学习"来替代"教育"体现了"以人为本"的教育思想。在此背景下,户外教育更加强调"发现学习"原则,强调使用感官(视觉、听觉、嗅觉、触觉、味觉)(Lewis,1975)的人本主义学习论,"户外"成为学习资源的现象凸显。

人本主义学习论最具代表性人物是西蒙(1986)认为户外教育是"做中学"的实践过程,其发生在户外环境中,学习主题强调的重点是与人的关系、与大自然的关系。他认为户外教育包括探险冒险教育和环境教育,并且两者相互依赖、融合才能更好地进行户外教育。西蒙基于受教育者"学习"视角,构建了户外教育的"大树结构说"认知框架,将户外教育比作一棵大树。首先,他强调"做中学"的体验学习原理,将学生的身心活动(肌肉运动、认知和情感)和感知(视觉、听觉、味觉、触觉、嗅觉和直觉)作为树的根部。在内涵上,它体现了以"学本"和"建构"为核心的人本主义概念,强调体验与经验教育理论运用。其次,立足于主体内容,将探险教育和环境教育作为大树主干的两个主要分枝。再次,茂密的树叶代表了体验学习的目标和成果,强调人与人的关系、人与大自然的关系,包括人际关系、自我认知、生态系统关系和人居关系等。此外,将孕育大树生长的太阳和空气分别由户外环境和交叉学科课程承担。"大树结构说"为解析户外教育的内涵呈现了形象的比喻,确立了户外教育探险教育和环境教育两大主题,并希望创造出一种真正有用的户外体验教育且实现所有关系的目标。

4. 生态文化视角的户外教育

伴随后工业时代、网络时代的到来,社会物质日益丰富,计算机网络普及,生活节奏加速,经济快速发展,迎来了欧美国家的休闲时代,社会问题也随之转变,如网络成瘾、孤僻症等出现。户外教育的范围扩大到一系列创新项目和学习方法,包括文化(地域文化、网络)、城市生态、冒险教育、青少年的挑战课程、学校课程及户外休闲的生活方式。Neill(2009)以 Dewey(1938,1963)的经验理论、Lewin(1951)的场理论和 Kolb(1984)的体验学习理论为基础,提出户外教育是以个人和社会发展为主要目标,以身体健康、休闲、文化教育、治疗和环境为最终结果的一种文化现象,并且构建了参与者、环境、程序、活动、教师和文化六个关键要素交互作用的、动态的框架理论来帮助其对概念的理解。生态文化视角的户外教育更关注户外教育内部各动态变量以及文化变量对"人的全面发展"结果的影响。

西蒙(1980)提出了户外教育新的定义,他认为户外教育是一个在做中学的实践过程,首先发生在户外环境中,学习主题强调的重点是关系,与大自然、与人的关系。这个定义主要是基于六个观点。

第一,户外教育是学习的一种手段,如"学习事物的一种风气、思潮,走出教室能取得更好的效果"。

第二,学习的过程是实践的过程。早期的教育家,例如 Comnius、Rousseau、Duwey 提倡在教育过程中加入有意义的体验学习,Sharp(1943)常引用这样的话来支持体验学习,"那些能在教室取得好的教学效果的课程就应该在室内进行,而那些在室外通过直接体验自然和生活能达到更好的教学效果的课程就应该在室外进行。"

第三,户外教育的学习主要发生在室外,但并不仅仅指在室外环境中进行,一些方面也要在室内进行,例如在野外旅行之前对基本概念的学习,生态学习的材料准备,听一场有关自然的讲座,为探险做一些前期的后勤准备工作等。然而,户外为这些提供了环境,最终也提供了学习的源泉。

第四,体验学习需要充分利用六种感觉(视觉、听觉、味觉、触觉、嗅觉和直觉),也包括三个部分的学习(运动、情感和认知)。当 Lewis 说户外教育需要运用感觉——听觉、味觉、触觉和嗅觉来让学生观察并有一定认识,他认为侧重点在感觉和意识上。Mand(1997)则提倡在户外教育中,运用肌肉、感官去感觉比学习主体事物更为重要,应更关注思维、敬畏、共情等,促进学生的认知、情感和行为整体性的经验生成。

第五,户外教育的学习是基于各学科交叉课程的学习,是达到课程目的和目标的方法(Hammerman,1985)。这个课程没有必要以学校的教师为基础,例如在户外的一个鸟类俱乐部或者高级漂流的游览过程中也可以存在这类课程的教学。

第六,最重要的是户外教育的学习与很多事物有着错综复杂的关系,主要有四种类型的关系:人际关系、自我认知、生态系统关系和人居关系。人际关系涉及到人与人之间的关系,人们怎样合作交流,在社会群体的相互作用中信任他人。自我认知涉及到怎样认同自己、独立自主的能力、自我意识、对自我能力的认知。生态系统关系涉及到生态系统中各部分动态变化和互相依赖,能量怎样通过食物链来进行转换,一些有机物怎样通过另外一些有机物存活。人居关系则涉及到人与周围环境的互动,人们怎样去影响自然界,它们之间的一些交互影响是怎样发生的。

一直以来,户外教育有两个分支,每个分支集中在不同的关系里。探险教育项目涉及户外工作,与自我认知和人际关系有着一定的联系,战胜野外挑战能给个人带来积极向上的改变。环境教育项目与生态关系和人居关系也有一定的联系,环境教育通过对所有生物相互依赖进行生态探索,使人们对生命更加敬畏(Kirk,1968)。

欧美户外教育历经了一个多世纪的发展,从初期"在户外的教育",发展到以自然环境为中心的"为户外的教育""人本和建构主义"为核心的"户外的体验教育"。户外教育的理念基于社会经济、社会矛盾问题的变化对户外教育内涵变化的影响,也反映在不同时期户外教育的价值取向以及对社会发展的重要意义。

(二)户外教育的需求与发展

户外教育的基础是满足不同人群的需要。Hammerman 等(1964)在所著的《户外教学》中列出了户外教育可以满足的八种需求。这些需求与今天户外教育工作者所列出的户外教育的目标是一样的,主要为以下几个方面。

(1)有效学习的需要。将学习过程扩展到课堂以外的教学环境,为这些知识领域带来更深入的理解、更深入的洞察力和更明确的含义理解,这些知识领域往往只是阅读和讨论,并且缺少经验。

(2)基本概念的需要。户外教育为教师教学理解抽象概念带来了真正意义的工具。如学生在附近的公园收集土壤样本,然后对其进行测试和分析结果,这比学生在教科书中学到的土壤知识会有一个完全不同的概念。

(3)现实主义在教育的需要。真正的理解是通过做或经历来理解的。如当学生能够看到、触摸到、品尝到、闻到和听到随季节的变化时,通过观察环境来加深对书本知识的理解。

(4)意识的需要。现代年轻人对我们赖以生存的地球缺乏了解。户外教育对这一代人的最大贡献之一就是重建人类与自然环境之间的关系。

(5)欣赏自然环境的需要。因为我们的现实生活都集中在对物质的获取和使用上,所以有必要用内在更新来平衡这种对事物的热爱,这种更新可以从享受生活中得到。自然环境的复杂性和内在运作往往使事物进入正确的视角。

(6)环境素养的需要。人类的生存很可能取决于我们控制污染的能力。学校作为社会机构,在最终影响行为、态度和制定影响大众的指导方针及原则方面处于首要地位。

(7)休闲体验的需要。户外活动是改善身体健康和增进健康的主要力量。休闲的迫切需求可以通过户外休闲活动来获得部分满足。

(8)与他人建立良好关系的需要。在我们日益缩小的世界中,发展理解人与人之间的相互联系、个体差异以及有效沟通的能力所需的技能和态度至关重要。户外活动可以提供一个平台学习这些技能,并可实际练习。

户外教育向学生介绍各种户外技能本身就是一个有价值的目标,因为一个重要的教育目标是鼓励学生在一生中从事积极的体育活动,并为这种身体参与提供机会,即使身体活动水平较低,也能增进健康。通常强调身体健康和运动技能的水平会阻碍人们从事体育活动,而不是鼓励他们从事体育活动。户外娱乐活动可以激发一种积极的生活方式,而不必担心因协调不良而带来的不适应。

(三)户外教育的特征

户外教育历经了百余年的发展,其内涵的演变与社会生产力、社会经济文化发展密不可分,与国家教育政策方针相适应,但从欧美文献和实践情况来看,户外教育是一个上位概念,指以各种方式在户外环境中进行一系列有组织的活动。在不同国家,户外教育以符合不同的价值目标为导向,以学校内外的教育实践为形式。

由于国内外语境差异、学科分类差异等,基本属性不能反映事物的本质属性。事物的本质属性是其区别于其他事物的本身固有的诸多属性,本质属性指事物所固有的根本特性,决定着该事物的功能。那么,户外教育有什么特征呢?对于此问题的回答,有利于科学开展户外教育。

户外教育教学方法可以在多种学科领域,但在不同人群不同目标内实施,主要有四个必不可少的基本要素。第一,户外教育主要是体验性的,必须积极参与户外学习过程,通过结构化的活动体验来实现教育与学习。第二,应该与自然环境有联系。人类是自然环境的一部分,我们生存依赖于它,户外教育构建了环境和各种学科领域之间的联系。第三,户外教育总是鼓励人们反思、概括和应用。第四,户外教育是跨学科的,当学生能够看到或体验到自然与学科之间的联系时,他们会产生好奇并力求知道答案。

(四)户外教育的实践特征

户外教育的基本特征是指实施过程中相关要素所呈现出的特点,一般认为,户外教育基本特征主要体现在以下五个方面。

1. 户外教育价值取向的多维性

户外教育价值取向是户外教育活动的主体或决策者依据自身需要对教育价值做出选择时所持的一种倾向。在户外教育早期,研究的视角仅仅将其价值停留在提高个体学习效果方面(Sharp,1948)。伴随户外教育内容形式的扩展,研究逐渐深入,学者们运用定性和定量的方法对其价值进行研究,结果表明,户外教育体现出价值取向多维性的特征。这种多维性不仅仅体现在微观层面对个体发展的影响,还体现在宏观层面的社会、行业发展价值,涵盖了社会本位价值和个体本位价值。

2. 户外教育课程结构的独特性

户外教育课程结构指实施户外教育过程的程序。户外教育具备实践课程的主要特征。课堂教育对于学生来说是强调外在因素(如教师等)对学生的影响,实践内容则基于"学生身体活动与户外运动体验(如攀岩、登山、拓展训练、野外生存、绳索等)"。第一,教育理念与目标的变化,会对教育课程的结构产生影响;第二,户外教育以构建主义、人本主义为基础,教学不再意味着单向传达知识,学生被动接受,而是学生主动参与,与他人合作、共同决策、解决问题、分享成功、承担责任等;第三,户外学习同样需要汲取他人的经验,教师的经验传授或指导对学生自身身心素质提升也会起到积极的作用。同时,在这一过程中,教师担负活动的设计者(问题与任务的提出者)、参与者、经验传播者、讨论的引导者、激励与情绪的调节者、风险与安全的控制者等多种角色,由此户外教育产生了固有的模式和过程结构。

3. 户外教育场景的多样性与多变性

户外环境的多样性与多变性决定了户外教育的地域、场景具备多样性与多变性的基本特征,户外涵盖了不同地域自然环境和自然生态,如不同地域的地理地形状态、环境气候、动植物种群等不确定性,又如四季更替、气候环境的瞬息万变等,而户外教育将户外当作教育场景、运动场所以及教育内容和资源,正是这些的多样性与多变性,使得户外课程设计需要考虑多种因素并认真规划和精心实施,利用自然环境不确定性、复杂性和多样性对人的成长产生影响。

4. 户外教育教师角色的特殊性

户外教育的本质属性、目标功能、层次结构、教育环境等,决定了户外教师除具备通常的知识技能、教学技能之外,还需要有丰富的户外经验和管理能力。在许多情况下,教师要成为主持人,通过直接经验,为参与者创造了解自己和他人的机会(Knapp,1990);教育理念上,教师需要考虑自己责任,不满足于知识掌握,以激发学生主动追求新知、发掘潜质、提高智能、发展个性。对于个体自尊、认知能力和自我信心的积极影响的任务完成情况(Priest,1991),教育方法上,运用体验教育原理与方法,根据学生不同层次,运用有效组织形式,把握时机,有策略地提出问题,促进学生思考与反思、表达和解决问题,引导学生从身体心理的感受向素质与能力的转化,有效达成目标的技巧。做什么、该如何做、能够实现什么、如何去实现等是教师要经常考虑的问题。因此,教师担负活动的设计者、风险与安全的控制者等多种角色,凸显户外教师的特殊性。

5. 户外教育效果的不确定性

户外教育效果的不确定性是指学生的学习效果和收获存在差异。户外教育具有现实场景、创造性学习的特点(Morse,1957),对于不同的个体而言,教育效果受教育环境、活动方案、教师水平、学生感知和心理承受等影响,教育效果具有不确定性的特征。第一,教育环境的多变性与不确定性、受教育者对环境的陌生,会给教育效果带来不确定性(Willian,1975);第二,教育活动组织、活动时间、教师水平均对教育效果产生影响(Neill,2011);第三,户外教育方案、活动强度大小、个体身体状况、心理素质(如害怕受伤、失败或不接受集体)以及不同个体的真实感知、角色等(Humberstone,1992)会对教育效果带来很大的变数;第四,心理承受能力不同的学生在相同环境中的感知也会有差异(James,1995),如顶绳攀爬,经验丰富与经验不足的学生所产生的心理感知会不同。因此,Harriet(1965)、Frank(1968)、Dillon(1997)、Bryan(2012)等认为户外教育需要考虑多种因素并认真规划和精心实施,同时,评价体系应成为不可分割的组成部分。

(五)影响户外教育效果的要素

户外教育是一种主动的学习过程,需要学生和教师的积极参与,与体验中所有五种感官的使用相联系,以提高学习和记忆。影响户外教育效果组成要素包括自然环境、户外活动、团队、教练与教师、参与者等。

(1)自然环境。当人们离开他们熟悉的环境时,每个人的反应是不同的,他们对自己不太确定,做事情时更紧张,更容易接受,也更愿意尝试不熟悉的东西。这增加了他们的危机感和冒险感,但也让他们更有成就感。当户外教育课程被用来解决群体行为问题时,把角色带到不熟悉的环境中是一个很好的平衡,因为人们不再对他人或领域拥有同样的权力。来自封闭社区(如住宅区)的人在自己的地盘上可能是"小池塘里的大鱼",但在一个新的环境中,他们会像其他群体成员一样暴露在外,增加的外部压力可以带来转换性的变化,工作时不可能成为"主场"。

(2)户外(挑战)活动。户外活动带来结果的不是活动本身,不是孤立地从事某项活动,而是活动的质量和挑战、获得技能和成功的结合带来了个人的成长。挑战应该是全面的,并在困难的渐进阶段实施,这样就不会在早期压倒人们,而是让他们在前进的过程中发展和学习。虽然最终的目标是成功的,但有些失败事件在个人和团队发展方面可能是有积极的作用,任何觉得练习太简单或太难的人都可能从中获益甚微。如果得到适当的支持,参与者可以从失败或成功中学到更多东西。

在户外教育计划中,活动是次要的,如学生能正确划桨或每次都打好"8"字结就不那么重要了,重要的是,能循序渐进地学习,理解所教授的概念,发展人际交往和培养个人能力,也就是说要学会与人相处,也要了解自己和在别人心中的形象。

(3)团队。团队的几个特点促成了其结果。①规模可能至关重要。如果一个群体太大,可能很难有效发挥作用,但如果太小,那么可能就不允许团队成员的固有特征出现。②小组成员的性别和年龄构成对他们的表现有很大的影响,小组成员是否来自同一地区以及他们在户外教育过程之外是否有积极的关系也是如此。③团队成员之间相互作用的程度很重要。

(4)教练与教师。教师的表现、态度和行为对团队的表现互动等实现目标的方式有很大的影响。如果教练把自己塑造成一个冷静的角色,对团队的表现有一种乐趣和兴趣,结果就会不同,而如果教练表现得像一个"硬汉",团队成员无法与教练建立联系。此外,教练的同理心也是至关重要的,关系到教练能否站在他人立场上来理解参与者的感受或想法。

(5)参与者。每个人都有特定的背景,这些背景决定了他们的观点、期望和为团队和户外教育做出贡献的意愿。这影响着团队的反应,因此也影响着学生的表现,通过现有的感知、群体关系、过去的经历和对老师的本能反应(对老师的第一印象)来提高或降低学生的表现。

(六)户外教育的价值与目标

欧美户外教育伴随社会经济、社会矛盾不断变化,教育内容由教室外的科目学习,如农业、学校露营,发展到在自然环境中关注自然、适应自然的各类主题的教育,直至发展到户外文化教育;价值取向从关注学校科目学习、实践动手能力到关注个体发展、人与自然和谐发展,直至"人与社会的发展"及"人的全面发展"。文献显示,欧美户外教育的价值主要体现在人的发展、人与社会发展、人与自然环境和谐等方面,通过户外教育培养与促进个体认知、情感、心理和能力的发展。大量学者研究表明,户外教育在增加自我意识和自我观念,如独立、自信、自我效能感、自我认知、提高心理健康、增加克服挑战的能力、积极影响领导能力、提高决策能力、解决问题的能力、学术成就和学术自我概念、增加人格维度(如自信、情绪稳定、成就动机、内部控制点和成熟度)、减少攻击和神经症、改善社交能力、合作与人际沟通技巧等方面具有重要作用。此外,参与者增强了享受和参与生活的能力,对于参与者的生活产生较大影响。

户外教育的内容是由一系列具有挑战性的学术活动组成,包括解决问题的活动、团队建设活动,以及攀岩、皮划艇、山地自行车、定向越野、露营、山地徒步、洞穴探险、滑雪、帆船等运动项目,但它不以户外活动本身作为其目的,而是以设定主题的形式将运动项目带入教育领域,追求的是比"身体活动"更高层次的思想、心理(认知、情感、态度)等方面的目标,比如建立自信、自尊等,它增强了教育的分量,发展人的智慧,这给户外教育一个清晰的定位。归纳欧美学校户外教育中的目标,典型的课程目标包括以下内容。

(1)让学生了解他们的行为,尤其是与他人相关的行为。

(2)鼓励发展个人社交技能和关系,例如信任和团队合作。

(3)促进和发展自信、自尊并尊重其他人。

(4)改善和发展积极行为。

(5)通过引入新技能、挑战和经验来激发学习潜力。

(6)通过团体和个人挑战激励学生。

(7)促进健康、健身和娱乐方面的积极意识。

(8)鼓励探索和尊重环境。

(9)积极吸引学生做出决定,积极改变他们的行为和与他人的关系。

(10)促进、鼓励将积极行为和关系转移到学校及其他社会场合。

Neill 等(1997)的生活有效性测量调查包括以下几个方面。

(1)时间管理是一个人计划时间和最佳利用时间的能力。

(2)社会能力是个人在社会交往中有效发挥作用的能力。

(3)成就动机是为实现卓越而付出努力的动力。

(4)智力灵活性是一个人适应思维的能力,从不断变化的条件和不同的角度获得新的信息。

(5)任务型领导能有效地承担和执行领导角色,并提高工作效率。

(6)情绪控制是在面对困难或潜在压力时处理和控制情绪的能力。

(7)积极主动是一个人在新情况下主动采取行动和思考的能力。

(8)自信是对能力和成功的信心。

Neill 等(1997)的研究结果表明,户外教育对于人的素养具有提升作用,体现了户外教育是一个广域的概念,是各类主题的集合。当今,户外教育已是"全球议题",被欧美国家作为学校课程。Wattchow(2011)提出 21 世纪的户外教育将从知识、技能、态度上塑造"可持续"的生活,具有"改变世界的力量"。

户外教育是全面的,通常也被称为冒险教育、户外学习、户外学校、探险疗法、冒险娱乐、探险旅游、远征学习、挑战教育、体验教育、环境教育、森林学校和野外教育等,这意味着户外教育为横向学习提供了机会。

第二节 我国户外运动

一、我国户外运动的发展

(一)我国户外运动的发展简况

中国是个多山的国家,世界著名的喜马拉雅山脉、喀喇昆仑山脉、天山山脉以及全球14座海拔8 000m以上的高峰中的9座,主要位于中国的边界线上。在我国内地海拔1 000～3 000m的山不计其数,这样的地理环境,为我国开展登山户外运动提供了优越的条件。

我国户外运动发展要比国外晚了近百年,在计划经济时代,我国登山活动是由政府组织,以科学考察、创登高纪录等为目的,以团队的形式开展活动。1957年6月,中华全国总工会登山队登上了四川西部海拔7 556m的贡嘎山顶峰,这是我国登山运动员第一次独立组队进行的登山活动。以攀登贡嘎山的胜利为标志,中国登山运动进入了一个新的发展时期。

1958年4月,我国成立中国登山运动协会,制定了"中国登山运动结合高山科学考察为经济建设、国防建设服务"的方针,以"勇攀高峰"和"弘扬体育精神"为目标。此后,我国的登高记录不断被刷新,1959年中国男女混合登山队胜利登上了号称"冰山之父"的慕士塔格山顶峰;1960年,中国登山运动员从北坡攀登珠穆朗玛峰,中国登山运动跃入世界先进行列;1975年春,为了创造女子登山高度的世界纪录和进一步对珠穆朗玛峰科学考察的需要,一支包括10名女运动员在内的中国登山队再次攀登了珠穆朗玛峰;20世纪80年代,中国、日本、尼泊尔三国联合登上了珠穆朗玛峰,标志着人类登山运动进入了一个新的历史阶段。1988年12月中国的登山运动员李致新、王勇峰、金庆民(女)三人同美国登山家联合一举登上了南极文森峰,迈出了中国人去海外登山探险的第一步。同年,李致新、王勇峰用了11年的时间成功地攀登了世界七大洲的最高峰,为我国登山事业做出了卓越的贡献。

随着我国登山运动所取得的成就以及在野外科学考察研究领域做出的特殊贡献,登山运动逐渐为人们所认知。北京大学山鹰社、清华大学登山队等相继成立。他们攀登雪山进行地质科考,研究生态、环境、气象、动植物资源,取得了可喜成绩。

我国群众性户外运动始于20世纪80年代,在北京、广州、上海等一线城市地悄然兴起,20世纪90年代,高校也开设攀岩、野外生存等课程,成立学生社团。电视、杂志、报纸和互联网等媒体给予了强力报道,户外运动迅速成为一种社会时尚。1990年"昆明市登山探险协会"成立,这也是中国最早进行有偿服务的户外探险组织。

户外运动是融挑战性、刺激性、健身性、拓展性、观赏性和休闲性为一体的体育运动,同时也是一种新颖、健康、时尚的休闲生活方式。户外运动因其魅力在现代社会中占据着越来越重要的地位,2000年,我国将高山探险、攀岩、拓展等项目正式纳入职业社会体育指导员系列。户外运动成为全民健身的重要项目,业务工作由国家体育总局登山运动管理中心管理。

2005年4月,山地户外运动被设立为我国正式开展的第100个体育项目,标志着我国户外运动进入规范发展的新阶段。登山、攀岩、徒步、穿越、溯溪、溪降、漂流、越野自行车、探洞、直排轮滑、野外生存等一些刺激惊险、新颖奇特、张扬个性、充满想象力的山地户外运动项目已被国人所接受，随着户外运动在国内的蓬勃开展，走出城市的喧嚣，投入大自然的怀抱，成为了现代人的全新追求。户外运动作为全民健身的重要途径延伸到社会、企业及学校的更广泛领域。

（二）新时代背景下的户外运动开展现状

党的十八届五中全会提出的创新、协调、绿色、开放、共享的发展理念。2014—2018年，中共中央国务院、国家体育总局、教育部等部门连续下发多项指导加快我国发展体育产业的政策文件，户外运动整体的结构较10年前发生了质变，户外运动不再是小众的事儿，它与生活方式、兴趣爱好变得息息相关。中投顾问产业与政策研究中心发布的《2017—2021年中国户外旅游行业深度调研及投资前景预测报告》显示，目前我国每年有1.3亿人参与徒步旅行、户外休闲等运动，有6 000万人参与登山、攀岩、徒步等运动。

1. 国家政策驱动户外运动发展

2014年国务院发布《关于加快发展体育产业促进体育消费的若干意见》（国发〔2014〕46号），确立了体育产业作为国民经济新的增长点的战略地位。2016年10月，中共中央、国务院印发的《"健康中国2030"规划纲要》指出，积极发展健身休闲运动产业，创新健身休闲运动项目推广普及方式，积极培育冰雪、山地、水上、汽摩、航空、极限、马术等具有消费引领特征的时尚户外休闲运动项目，打造具有区域特色的健身休闲示范区、健身休闲产业带。

2016年11月，国务院办公厅发布《关于加快发展健身休闲产业的指导意见》，提出以户外运动为重点，推进具有消费引领性的健身休闲项目发展。其中，冰雪运动以实现习近平总书记"三亿人参与冰雪运动"为目标，山地户外运动要形成"三纵三横"山地户外运动布局，水上运动形成"两江两海"产业集聚区。在国家政策驱动下，我国户外休闲快速发展。

（1）户外休闲人口大幅增加。根据中国登山协会统计，2016年，我国有1.3亿人开展徒步旅行、休闲户外等泛户外运动，比上年增加了12%。据文化和旅游部国家旅游局公布的数据显示，2013—2017年，我国旅游人数从32.62亿人次增长到50.01亿人次，短短5年间增长了53%，年均增长10%以上。以赛事为抓手，户外比赛形式与内容不断创新，山地马拉松、水域马拉松、冰雪马拉松、百公里越野挑战赛、环青海湖自行车赛、滑翔伞挑战赛、水上定向越野赛及各类景观赛等大众喜爱的户外比赛层出不穷，形成以示范性赛事带动户外休闲活动广泛开展的局面。据最酷（zuicool.com）赛事平台数据显示，2017年，全国举办户外越野赛就有450余场，参与人次30万人，与上年同比大幅增加90%，形成国际级、国家级、省市县不同层次与级别的户外赛事。

（2）户外健身步道及相关运动设施建设增速。国家登山健身步道是由国家级机构审核通过的示范性绿色基础设施,2009年,我国第一条国家级登山健身步道——宁海国家登山健身步道建成;2010年《国家登山健身步道标准》颁布,截至2017年,已完成23条国家级登山健身步道的建设,总里程超过1 900km,同时,还有13条约1 000km的国家登山健身步道处于建设阶段。此外,青少年户外教育营地(基地)快速增长,城市步道建设总里程超过$10×10^4$km。2018年,包括国家体育总局在内的十二部委联合发布《百万公里健身步道工程实施方案》,计划"到2020年,力争在全国每个县(市、区)完成300km左右健身步道建设";登山健身步道作为百万公里步道中重要的组成部分,在未来创造一个庞大的市场。

2. 信息化助力户外产业发展

有很长一段时间,我国户外运动市场经营主要是群众自发组织、"线下俱乐部＋线上俱乐部平台"和"线上俱乐部"三种模式。随着移动互联网的高速发展,2015年,户外运动休闲行业出现线上线下融合模式,构建了全渠道营销及分销体系,助力户外运动休闲移动化、智能化发展,助推户外产业发展,户外运动产品逐渐与大众的健康消费密切相连,打破熟人经济、小圈子的局限,最终成为大众生活方式,为此户外产品向更加标准化、结构化方向发展。当前户外领域徒步、登山为大众户外旅游的热点,滑雪、骑车、滑翔伞、冲浪等越来越受广大户外活动参与者的青睐。

3. 户外成为推进素质教育的新途径

2016年,教育部等11个部门印发了《关于推进中小学生研学旅行的意见》,提出让广大中小学生在研学旅行中感受祖国大好河山、感受中华传统美德、感受革命光荣历史,增强对坚定"四个自信"的理解与认同;同时学会动手动脑,学会生存生活,学会做人做事,促进身心健康、体魄强健、意志坚强,促进形成正确的世界观、人生观、价值观,培养他们成为德智体美劳全面发展的社会主义建设者和接班人。户外教育和研学旅行成为学校教育和校外教育衔接的创新形式、重要内容与综合实践育人的有效途径。

（1）每年参加研学旅行等户外课程的学生总数超过1.5亿人次。

（2）全国有200余所高校开设与户外运动相关的体育课程;中国登山协会在2014年制定"攀岩进校园"和"攀岩希望之星"计划,截至2017年,全国约有200所学校开设了攀岩课,超过30万人青少年参与其中。

（3）青少年营地数量快速增长。中国登山协会青少年委员会网站等官方平台数据显示,中国登山协会主办的青少年夏令营和冬令营由2016年的44期增加自2018年的146期,青少年接受户外教育,为我国今后户外活动可持续发展打下坚实的基础。

4. 户外专业人才培养体系初步形成

户外专业人才培养与户外职业培训发展迅猛。自2005年来,中国地质大学(武汉)设立社会体育(户外运动方向)专业以来,全国开设户外专业的高校已达30余所,体育类专业院校、普通高等院校、专科院校纷纷涉足,涉及的专业领域涵盖社会体育、休闲体育、体育教育、旅游管理、运动休闲服务与管理等,户外专业人才培养形成了"专-本-硕"阶梯式人才培养格局。

此外,中国登山协会开展各类专业技能培训总计1 200期以上,发展了200余家社会承办单位,建设了40余门专业培训课程,包括户外技能、攀岩技能、高山向导、营地技能、户外师资、户外裁判、救援等职业技能培训,培训人数超30 000人。同时,国家人力资源和社会保障部还组织户外教育师资格培训,社会培训机构开展户外职业经理人培训等,户外职业资格培训呈现出多元化发展特征。

(三)我国户外运动发展的前景

与大自然保持联系是生活的基础,人们需要与自然接触,未来我国社会经济发展存在以下明显趋势。

(1)家庭收入和个人收入增加。国家的强盛和人民生活的富裕是户外休闲的基础条件。伴随我国社会经济的不断发展,人们在体育休闲方面的支出将持续增长,可以判断未来有更多的人会参与到户外活动中。

(2)人们健康意识与行为改变。在"健康中国"建设的号召下,人们的健康意识不断增强,健康行为不断提升,对利于身体健康的户外需求会不断得到释放。

(3)人口增长与老龄化。伴随我国的预期寿命逐渐增加,人口老龄化将进一步加剧,依据欧美经验来看,老年人也可以是户外活动的参与主体。

(4)城市化步伐加速。国家统计局数据显示,2017年末,我国城镇常住人口81 347万人,比上年末增加2 049万人,城镇人口占总人口比重(城镇化率)为58.52%,比上年末提高1.17个百分点,这一数据在未来几年还将继续扩大,一般认为,城市化步伐加速也为户外运动发展奠定了基础。

(5)户外教育快速发展。由教育部门有计划地组织的中小学生户外教育、研学旅行等成为我国素质教育与实践育人的创新形式和重要途径,学校可自由安排时间从事户外、研学等实践课程,为青少年户外教育快速发展创造广阔发展前景。

(6)交通运输状况的完善。我国高速公路的通车里程达到14.26×10^4 km,居世界第一,国家高速公路主线基本贯通,为户外活动开展带来便利的交通条件。

此外,由于个人自由支配时间的增加、户外设施建设完善和户外休闲服务的网络化、标准化、规范化,我国户外休闲人数的增加将成为必然趋势。在未来10年,作为当今已经接受了户外教育的青少年将成为户外运动人数增加的主力军。可以预计,在国家政策的大力驱动下,我国户外运动参与人数将经历一个持续增长的过程。

二、我国户外运动的概念与内涵

(一)户外运动的概念界定

如何界定户外运动一直是学者们探讨的话题,由于户外运动(Outdoor Sports)这一术语在英文中几乎不涉及,意味着户外运动是中国独有的体育术语。对一个新事物内涵的认识需要一个过程,给一个事物相对准确的定义是件难事,任何定义或概念的出现与其本身发展变化密切相关。

我国的户外运动起步于20世纪80年代,当时人们对于登山、攀岩、徒步、露营、漂流等或具有探险性、冒险性的活动有不同的称谓,如野外运动、荒野运动、野外生存等。伴随户外运动的发展,2015年,国家体育总局正式将此类活动命名为"户外运动"。户外运动在我国快速发展的几十年中,人们对于户外运动概念存在不同的见解,国内关于户外运动相关定义的研究有广义和狭义之分。广义的户外运动就是室外运动,可以指所有在室外进行的运动。狭义的户外运动归纳起来,可以分为以下几个类别。

1. 探险视域下的户外运动

2003年,国家体育总局登山运动管理中心主任李致新在《户外运动的健身意义及其规范化》研究报告中指出,户外运动是指在自然场地(非专用场地)开展的体育活动。同年,国家体育总局登山运动管理中心户外运动部主任李舒平在《登山户外运动在体育领域中的研究与对策》研究报告中指出,户外运动是一组以自然环境为场地(非专用场地)的带有探险性质或体验探险的体育项目群。在这两个关于户外运动的概念中都提到"自然场地"和"体育活动"。

自然场地(非专用场地)主要包括大自然和人工非运动目的的建筑物,如公路、楼房等,对于户外运动来说,是一种自然(存在)的状态,排除了在室外人工专门场地进行的体育运动项目,如足球、沙滩排球、高尔夫球等虽在室外却采用人工专门场地的运动。体育活动则是规定了此项活动的性质,排除了自然场地中进行的其他活动,如旅游、生产等活动,这样定义也与社会户外运动表现为人们认知的"荒野运动""野外生存"等活动相呼应。

"以自然环境为场地"说明了户外运动发生的环境是自然环境,明确了户外活动的环境,特别强调了探险或体验探险性质,说明了户外活动具有一定风险性、挑战性和探险性,提高了户外运动参与者对安全的重视。李舒平(2002,2003)特别指出,有些户外运动发展到一定阶段,部分又搬回了市内或室内,如在人工模拟制造的岩壁上的攀岩。此定义的另一个重要涵义,也是我们非常认同并强调的一个观点:把教育的功能融合在户外运动概念中,扩展了它的外延。

2. 竞技视域的户外运动

张志坚(2003)将户外运动定义为在自然场地(非专用场地)开展的体育活动,并对自然场地(非专用场地)进行了补充说明,他认为,自然场地包括大自然场地和人工非运动目的的建筑物,如公路、楼房等,它们对于户外运动来说,是一种自然(存在)的状态。这就排除了在室外人工专门场地举行的各种体育项目,如足球、沙滩排球、高尔夫球等,虽在室外却是人工专门场地的运动。同时还将体育活动规定为此项活动的性质,排除了自然场地中进行的其他活动,如旅游、生产等活动。张志坚提出的这一"自然场地"概念,对于分辨和区别户外运动与其他体育运动有着重要的意义。

2005年,中国登山协会在申请"我国正式开展的体育项目"立项时,将户外运动定义为"在自然场地进行的一组集体运动项目群",正式名称是"山地户外运动",简称户外运动,此定义已被广为引用。该定义为了突出与登山运动的关联、我国体育运动管理体制以及避免字面上的理解歧义而最终采用"山地户外运动"这个名称。该定义依然突出以自然作为场地形式,以人的体育活动为主体,强调的是集体活动形式,显然不鼓励个人行为,说明了户外运动与传统体育项目的区别,提出了项目群的概念,强调了团队合作的重要性。

上述定义共同点:①自然是作为户外运动的场地,强调自然环境;②描述为项目群,即不是单一项目,而是多个项目组合而成。这是户外运动概念中的基本观点,也是户外运动必须明确的概念要素。

3. 生态视域的户外运动

随着我国社会经济的快速发展,越来越多的人喜爱户外运动。到大自然中去,放飞心情,追求健康的生活,成为人们生活的一部分,形成一种社会时尚和一种健康的生活方式。户外运动也体现出了层次性与内容的广泛性。

2013年,马欣祥等研究认为户外运动是人们在自然以及与自然相关环境中开展的一类体育活动的总称,指出这一类运动项目主要是以身体或自然为动力,不包括使用机械动力为代步工具的项目,如自行车是双腿的力量,漂流是利用水流为驱动,体现了自然生态的特征。而越野车、骑马、游艇等并不属于户外运动类别,意在突出人类自身的能力和自然。特别指出将户外运动作为体育来看待,主要是考虑:①规定了户外运动的性质;②体育运动涵盖着体育休闲、竞赛等兼具有育人功能;③便于推广、普及和提高,同时更容易规范与管理。

4. 休闲视域的户外运动

改革开放四十多年来,我国经济实现新跃升,《2017年国民经济和社会发展统计公报》显示,我国国民生产总值(GDP)占世界经济的比重为15%,超越日本稳居世界第二位,人均可支配收入25 974元,人民生活水平大幅提升,城乡环境面貌明显改善,人民健康水平和身体素质持续提高,健康意识与行为日益增强。按照国际标准,人均GDP达到3 000美元以上即进入休闲时代门槛,我国经济早已跨入休闲时代。

伴随社会经济发展,人们思想意识也不断改变,户外运动的内涵日渐宽泛,其外延也不断扩展。通过享受大自然、挑战自我来锻炼体魄、激发灵感、修身养性、陶冶情操、洗涤心灵、丰富情感世界,为广大民众所接受。

李红艳(2006)将户外运动定义为人们在闲暇时间,为了满足自身身体健康、放松与休息、人际交往、刺激与冒险等多方面的需要,采用体育运动的方式(包括步行、滑雪、登山、骑自行车等)在山地、水域、荒漠、高原等各种特定自然环境下进行的各种户外体验活动。这一界定中,"闲暇时间"体现了休闲概念中的自由性和时间因素;"体育运动的方式和体验活动"指出了活动性质;"特定自然环境"说明了活动背景或地域特征,将户外运动视为一种与自然环境联系、与城市生活不同的休闲生活状态。

当前,人们对于户外运动认知还在转变,提出了"大户外""泛户外"的概念,将"户外"描绘成"与城市生活相对立的一种生活形态,而不仅仅局限于探险和挑战"。大户外概念无疑要比专业户外宽泛得多,迎合了更多人的价值追求,必然带来更广泛的消费群体,同时产生更丰厚的经济利益。

(二)户外的蕴意与内涵

户外运动将自然环境作为活动的地域,对于从事户外运动的人而言,户外的蕴意深刻且广泛。

第一,户外应理解为野外环境,这样的环境是人们不熟悉的状态,会突破人们正常生活的舒适区,产生心理失衡、刺激、不安全感等,因此,户外运动具备一定的风险性。

第二,户外特指一种与城市生活完全不同的特殊状态,衣食住行脱离了社会保障、社会服务,所有事情必须自己动手或团队共同努力完成,因此,户外运动具有发展实践动手能力和培养独立生活能力的价值。

第三,户外蕴含了自然与人的相互作用。自然环境不确定性和不可控性对于人来说有可能是可怕的,因此,需要参与者具备较强的调适应能力、应变能力、应对能力、团队合作和创造能力。

第四,户外蕴含了特定的身体活动技能与活动能力。"特定地域"需要特定身体活动和运动技能。这里"特定地域"指与野外自然环境相联系的运动技能,如在水域中具备游泳、皮划艇等运动技能;身处山地高原地,则具备徒步、登山技能;面对悬崖则有攀岩技能。这也是区别于传统体育运动的一项重要特征。通过与自然之间的交流,参与者获得成就感、满足感、愉悦感,利于自我完善。

第五,户外有其广泛的自然科学、生态科学、人文地理等学科基础内涵。户外运动不是一种简单的体育运动,它的诞生与科学考察、自然探索等紧密联系,具备将运动与科学、人类发展、文化传承、人与自然环境融合的内涵。

第六,户外蕴含了人们对于自然的美好向往,并从自然中汲取能量,以更加积极的态度回归社会生活,因此户外运动更关注环境问题,更需要人与自然的和谐发展。

(三)户外运动的特征

户外运动与一般运动项目相比,突出的特征如下:一是运动与自然的高度融合,自然资源成为运动和教育的组成要素。大多数户外运动项目完全以自然环境为背景,常常具有旅游、审美等附加功能。二是对人体发展的全面锻炼。参与者不仅在自然中谋生,还可在体验过程中锻炼出过人的胆识、健全的意志、灵活的头脑、良好的应变能力等,这一特点带给户外运动更丰富的社会功能。

户外运动具有挑战性和回归自然性、风险性和刺激性,场地的非人工性、极大的挑战性,能够培养个人的毅力、团队之间的合作精神,提高野外生存的能力,挑战自我。另外,大自然千变万化,有助于参与者积累经验和提高随机应变的能力。户外运动的特点可总结如下。

(1)综合性运动,运动项目众多。

(2)在自然环境中开展,具有挑战性、探险性和决策应变能力要求。

(3)体现人与自然协调发展和环境保护的观念,具有环境教育与体验教育功能。

(4)有专门的技术、技能与能力要求。

(5)要求有一定的体能,以有氧运动为主,竞赛需要全面的体能。

(6)健身运动,既展现个人能力,又体现团队精神。

(7)知识面广泛,涉及多学科。

(8)它是体验式教育的重要形式。

(9)具有独特的观赏性和审美价值。

(10)它是人类社会生活的一种体现形式。

由于户外运动的独特性,因此对于参与者的影响也是全面的,从技能学习、生活适应、身心锻炼、环境认知与自然环境适应方面,也促进了个体发展和成长,为从生物的人到社会人的成长和发展提供平台。中国古代就把"读万卷书,行万里路"作为人们知识积累和能力发展的一种境界,"行万里路"就是将知识转化成能力的标志,融于自然,适应自然,并从自然中获取推动人类社会进步的重要元素。因此,推进户外运动发展应贯彻环境保护的主张,推崇德智体美劳(身心、知识、技能、能力)全面发展的理念,倡导"科学、健康、舒适"的生活方式,崇尚"真诚、协作、平等"的人文精神。

三、我国户外运动的价值功能

(一)户外运动社会价值功能体现

美国户外休闲的价值功能主要体现在个人、社会文化、环境和教育,以及经济四大领域。而从户外运动现实发展状况和涉及领域来看,我国户外运动不仅仅是体育项目,对于个体也具有教育意义,同时它可辐射到社会发展的各个方面。当前,我国登山户外运动已融入政治、经济、社会文化、教育、生态文明与环境保护等多个领域,并发挥了重要作用。

(1)政治方面。如2008年奥运火炬登珠穆朗玛峰树立了国家形象,通过"重走长征路"活动进行革命传统教育等,体现了户外运动为国家意志服务。

(2)经济方面。体育产业是带动经济发展的直接力量,它在国民经济中的地位越来越重要,已成为国家供给侧改革、社会经济转型的重要抓手。而户外运动作为体育产业的重要组成部分,在推动户外市场繁荣、促进户外消费、发掘户外资源、促进户外就业等所产生的经济价值中,占有越来越大的比重。

(3)社会文化方面。我国一直坚持挖掘、整合区域民族文化、自然奇观、传统民俗、人文景观和民族传统体育文化,将其融入户外活动和大型户外赛事中。此外,户外运动在促进中外文化交流、打造企业文化、增进民族团结、推进国家民族文化繁荣中发挥越来越重要的作用。

(4)教育方面。户外教育进入学校教育、社会教育领域,在育人和个体自我实现中发挥重要作用。户外运动在促进自然科学知识学习、促进身心健康、增强身体活动能力、培养独立生活能力、增强自信心、发展意志品质、培养人际沟通交往能力、团队协作精神和社会责任意识等具有积极的作用。人们通过享受大自然,挑战自我来锻炼体魄、激发灵感,丰富了情感世界,促进人的理性发展,为人们实现自我价值提供了途径。

(5)生态文明建设方面。户外运动以自然环境为基础,是参与者与自然环境互动的过程,在国家大力倡导生态文明建设的今天,人们通过户外运动感受自然、认知自然、享受自然,领悟人与自然和谐的重要性。通过户外教育,青少年掌握人与自然和谐的知识与技能,产生尊重自然、敬畏自然的意识和环境保护行为,在推进人与自然的和谐发展中必将发挥更为重要的作用。

（二）户外运动的育人价值功能

20世纪90年代末，户外运动作为一项新兴运动项目进入高校，目前已成为学校体育和素质教育的组成部分。马克思在人的全面发展学说中指出，人的全面发展既是社会和谐进步的全面体现，又是作为社会主体的人与社会互动的结果，尤其是人的综合素质能力对促进社会全面进步有着直接的推动作用。通过野外生存生活，提升动手实践与独立生活能力；通过运动，如攀岩、徒步以及应对自然中各种状况来提升身体适应能力，增强分析判断和决策能力；通过团队共同完成任务，学习团结协作技巧，增强团队意识和培养团队精神；通过参与者自我激励挑战身体心理极限，继而发现自我、突破自我、发掘自身潜能等，对于人的全面发展具有积极作用。

1. 促进体质健康

参加户外运动对促进人体机能发育、增强体质、促进身心健康有着重要的作用。同理，参与户外运动也需要以一定的身体素质为基础条件，研究显示，这些项目能有效地促进人体的新陈代谢，提高身体抵抗疾病的能力。

户外运动项目内容丰富，包括登山、攀岩、徒步、溯溪、溪降、漂流、探洞、野外生存等广泛的户外运动，能提高人的力量、耐力、灵敏、协调等身体素质。个人或群体可以根据喜好有目的地选择户外运动项目进行锻炼。同时，在空气清新、植被丰富、污染较少的户外环境中运动，对身心健康的益处更加明显。它对人体的神经系统、呼吸系统、心血管系统、消化系统等均有较好的促进作用。

2. 促进心理健康

户外运动对人的心理健康也有很大影响，心理学家对许多野外遇险又成功生还的人进行调查后发现，户外运动的健身意义不仅表现在促进身体的健康上，而且体现在心理健康方面。它吸引人们从了解到喜欢这项运动，解决了参加健身运动者的内心动力问题，对社会的进步和发展起到了积极的推动作用。

1）陶冶情操、愉悦心情

天人合一是中国哲学的一个基本观点。天人合一追求宇宙、自然、人、物的和谐统一，它至少包含着人体身心的和谐、人际和谐、天人和谐，而户外运动通过人类与自然的融合，将人体身心的和谐、人际和谐、天人和谐充分展现出来。

户外运动将人们带出快节奏的生活、带出钢筋水泥的高楼大厦，不仅仅是人的体质得以增强，最重要的是面对壮丽的山河而激发灵感，获得积极的心理体验，孔子的"登泰山而小天下"，杜甫的"会当凌绝顶，一览众山小"等脍炙人口的诗句，当陶醉于大自然美景中时，清新的空气、美丽的风光，可以愉悦人的身心，还可以从自然界中体会人生的哲理，陶冶情操，正所谓人依木而"休"。户外运动使人与自然融为一体，在饱享自然之美时，体验自然赋予生命的真、善、美，使古朴的天人合一思想在运动过程中得到完美展现。人们也感受到了成功的喜悦,从而调节了心理平衡,减轻心理压力,消除了心理忧郁,使人胸襟开阔、心性广大,促进了人们心理健康发展。

2)培养坚韧不拔、拼搏向上的精神

从社会心理学角度来看,人们参与户外运动大都存在冒险和挑战的驱动力。合理的有成功机会的冒险和挑战,总是胜过这些需求。户外运动成为现代人们超越自我、挑战极限的重要形式之一,它迎合了人们追求刺激、猎奇的心理。

人们在大自然中体验着自然生命的生机勃发,体验人生的价值,感知生命的充盈,更重要的是,激发生命的活力和超越一切的勇气,气候多变、环境复杂、条件艰苦,跨沟壑、涉山溪、攀岩壁,不仅能炼就过硬的技术,还能锻造超强的胆识、敏捷的思维、沉着冷静的处事作风和勇往直前、坚韧不拔的英雄气概。饥渴和劳累、严寒和酷暑带来恐惧和焦虑,但正因为如此,也挑战自我、发掘潜能,培养坚韧不拔、拼搏向上、勇往直前的意志品质,锻造了参与者坚定信念和勇敢顽强的心理品质。

3. 促进沟通交流,培养团队意识,增强社会适应能力

社会和谐很大程度上是指人际和谐。人际和谐是社会和谐的组成部分,是和谐社会一个重要的标志。人只有融入社会,才能不断地发展自我、完善自我,才能成为真正意义上的人。然而,现代的人际之间的关系并不如人们想象的那样能够随着社会的进步而发展。市场经济增强了人们之间交往的功利意识,一些人把人际关系、情感、友谊湮没在利己主义的冰水之中。钢筋水泥的高楼大厦减少了人们之间的交往与交流,信息技术的发展改变了人们之间的交往方式,却引起了人际之间的情感淡化和信任危机等。

户外运动将团队发展作为主要手段和教育目标,通过团队建设增进参与者间的沟通与交流,增强人际交流技能,学会人际交往的技巧;通过团队完成生活和活动任务,大家相互配合、相互帮助,由此认知团队的重要性,提高了人与人之间的信任,增强团队意识和团队精神,同时也培养人们的团队精神,增强了社会责任意识和社会适应能力。

4. 美育价值

户外运动以其惊险、刺激、挑战而极具有观赏价值。同时,陡峭的岩壁、湍急的河水、荆棘密布的丛林等又赋予人们一种神秘色彩,吸引观众观看并为之激发震撼的激情。此外,大自然美丽怡人的风光更是吸引人们热爱大自然、欣赏大自然迷人风光、领悟大自然壮阔与宏达、感受大自然的魅力,很好地丰富了人们的文化生活,满足了人们的精神生活需要。通过户外教育,教师传授大自然为什么美、美在哪里、美的组成等知识,培养学生发现美、欣赏美的知识技能,培养构建美、创造美的能力。由于户外极具观赏价值,也因此带动了不少爱好者去涉足户外运动,由观看上升到参与,从而达到热爱、衷情于户外运动。

5. 个体自我实现价值

在户外运动中,人们相互尊重每个个体的独立人格地位,通过不同的环境和活动内容,实现个人参与活动的愿望。通过如登山、徒步、攀岩、滑翔、漂流、蹦极、冲浪等充满激情与活力的户外项目,为人们提供了能够最大限度地挑战自我、表现自我、追求自我、战胜自我、体现自我实现价值的平台,满足人们达到自我实现的目的。人们通过体现自我实现价值,获得了自我满足感,增强了自信心,增进自我认知和自我效能,有助于积极向上的人生观和价值观的形成,更能以积极平和的心态、饱满的热情投入到工作和生活中去。

6. 安全教育价值

户外运动项目具有一定的风险性,同时也具有挑战性,而户外运动的知识与技能本身蕴含有安全知识技能。在户外运动中,安全知识与技能融入到每一个具体的运动项目或活动中,依据戴尔金字塔理论,这种在实践中掌握知识的方法,所学知识与技能在大脑里的留存率高达75%,远高于其他学习方式。因此,户外运动有利于加深对安全知识与技能的理解和掌握。依据弗洛伊德的风险防范机制,户外运动参与者在直面悬崖、雷电、陡坡等危险情景时,会切身感受危险所带来的内心的紧张感,从而产生对安全的渴望,这种紧张和安全渴望是人的一种基本需求,有助于安全知识的学习和安全意识的形成。此外,户外领队、教育者丰富的户外活动实践经验和安全素养对参与者的安全观念会起到潜移默化的作用,进而影响参与者的安全行为,参与户外运动对获得户外安全知识与技能非常有帮助,从而增强参与者的安全意识。因此,户外运动具有安全教育的功能价值。

(三)促进人与自然的和谐发展

人类进入工业革命以后,西方一些国家在全球范围内展开了对自然资源的疯狂掠夺,没有意识到人类只有一个地球,大自然是一个有限的整体,直至环境污染、森林锐减、水土流失、洪水泛滥、资源破坏,大自然伤痕累累,并严重威胁着人类的生存与发展,人们这才意识到与自然的和谐,保护自然环境、节约资源和维护生态是人类可持续发展的重要基石。

户外运动是连接人与自然的活动,户外运动将环境认知与环境保护纳入其知识体系,并将环境保护作为确定预期成效的结果加以考察,也将尊重自然、培养环境意识的环保行为作为非常重要的成效目标,与自然接触是培养环境意识的一种非常重要的途径。通过户外运动,人与自然的对话、人与自然互动及情感沟通,实现人与自然的和谐统一是户外运动自然性的体现。人们融入自然、探索自然、认知自然、学习自然环境知识，掌握人与自然的和谐相处知识与技能，提升人与自然的和谐相处的能力，感受大自然宽阔与博大，增强与大自然的感情，领悟人与自然和谐相处的真谛，从理念上和情感上加强对自然环境的认知，将环境与现实生活、社会经济和可持续发展紧密地联系在一起，理解人类和自然之间复杂的、相互依赖的关系，最终增强爱护环境的责任意识和行为，促进人与自然的和谐共生与发展。

第三节 户外运动教育教学的理论基础

正如前一节所说，户外运动是户外探险、户外教育、户外休闲等概念的综合，为了厘清户外运动在教育中如何发挥作用，有必要探讨户外教育教学的理论基础。在大自然当中感悟户外生活和活动，对于参与者而言是一种受教育的过程。而将户外运动从一种身体锻炼手段升华为促进人的全面发展、人与社会发展以及人与自然和谐发展的关系途径，是非常有必要的。户外教育、户外休闲之所以在西方国家成为一种备受推崇的教育形式，是因为它本身拥有深厚的理论基础，不仅有多种教育哲学理论作积淀，还有多种学习原理作用于其中，并且兼具多学科的知识原理。

户外运动以自然环境为运动场地，具有风险性和挑战性、强调团队协作、多学科知识等特点，强调个人、人与社会、人与自然的全面协调发展。因此，与此相关的哲学思想，如人本主义、实用主义、自然主义等成为户外教育重要的理论基础。充分认知这些哲学理论，对于推动我国户外教育的发展同样有着积极的意义。

一、人本主义教育思想

（一）人本主义教育思想的历史发展

人本主义教育思想在西方起始于古希腊，古希腊哲学家苏格拉底、柏拉图和亚里士多德总结了以雅典和斯巴达为代表的城邦国家的教育实践经验，并结合自身教育实践活动，提出了许多有价值的教育思想。这些教育思想，无不闪烁着人本主义的光辉。文艺复兴时期（14世纪下半叶到16世纪），"以人为中心"的观念逐渐形成一种思潮，被称之为"人文主义"，有学者为了强调与当代人本主义的渊源关系，将其称之为"传统人本主义"。

20世纪60年代末至70年代，美国兴起了人本主义教育运动，现代人本主义教育思想应运而生，马斯洛、罗杰斯、凯利等是其中的杰出代表。

现代人本主义教育思想是当今世界各国基础教育的共同取向，对我国的素质教育也具有借鉴价值。我国的素质教育兴起于20世纪80年代，主要的理论依据是马克思的"人的全面发展的学说"、西方人本主义思想和习近平"立德树人"教育论述。素质教育强调尊重、关心、理解、信任每一个学生,尤其强调培养有创新精神和实践能力的人。以人为本、以学生为本的思想成为我国基础教育改革关注的焦点。

(二)人本主义思想概观

哲学视野中,人本主义是指从人出发、以人为本,最终根据最高目的去考察、去说明、去处理一切问题。教育学视野中的人本主义是指一种以弘扬人性为主要目的的全面教育;心理学视角中的人本主义是以人为本研究人的本性、经验与价值,即研究人的本性潜能、经验、价值、意向性、创造力、自我选择和自我实现。人本主义心理学以西方人文主义思想为依托,以存在主义哲学为理论基础,关心的是个体的独特性、个性和人性,反对传统的教育学和心理学把人机械化、非人性化。

户外运动以人本主义为哲学基础,将其渗透到户外理论和实践的每一个部分,户外运动的特点决定了人在户外活动中的中心地位,能够满足人发现自我以及自我实现的需要,突出人的个性、自我意识的发展。人本主义教育思想提倡将人格教育与生活教育融合在一起,户外教育所追求的也正是这样一种境界。

1. 关注"完整的人"

人本主义反对"还原论"的方法将人的身心各个方面,如认知、行为、情感等机械地割裂开来,倡导整体论的方法,把人看作是知情合一的"完整的人"。罗杰斯的"意义学习"强调的是学生"全身心"的投入,使学生在身体、理智、情感等方面和谐发展,以完美人性的形成为宗旨。

户外教育是在户外情境中,以户外活动为形式,利用户外资源来达到教育目的的学习方式。对学生而言,需要通过感官参与,经由直接、具体的体验来了解自然学科、人与环境的关系,使得认知、情感、态度、能力等同时得到发展。同时,户外运动项目离不开体育的属性,对学生身心健康的促进作用显而易见。

2. 重视学习的"个人意义"

人本主义认为当学生觉察到学习内容与他自己的需求有关时,即知识对学生具有个人意义时,学习速度会加快且不易遗忘。不同的个体存在兴趣、爱好、需求及成长经历不同,须承认并尊重个体的独特性和差异性。意义不是内在于教材,而是由学生所赋予的。因此,人本主义特别强调个人经验在学习中的重要作用,认为教学内容要与学生的生活经验相联系,要通过教学去帮助学生去发现学习经验中的个人价值。对教师来说,明智的做法是要发现那些对学生来说是现实的,同时又与所教课程相干的问题,即教师要通过构建真实的问题情境,让学生面临有意义的或有关的问题。

户外体验式教育理论强调学生的参与性和实践性,注重学生体验过程,尊重个体差异,建构属于自己富有个性的意义。实际上,体验式教育理论的产生和发展也正是源于人本主义教育观,人本主义思想观中"重视学习的'个人意义'"对户外教育(户外运动)影响深远。

3. 以人为中心

人本主义学者如罗杰斯、马斯洛等提出,凡是可以教给他人的知识,相对来说都是无意义的,唯一能对行为产生意味深长的影响是学生自己发现并加以同化的知识。当学生自己选择学习方向、参与发现自己的学习资源、阐述自己的问题、决定自己的行动路线、自己承担选择的后果时,就能在最大程度地从事学习。

心理学家加德纳(1983)将人类智能分为九类,依据学生的智能和兴趣,精心设计教学过程,使学生在更多的户外活动(如划船、定向越野、游泳、远足、水上运动等)中认识自己的长处,发展自身能力,获得自信自尊,树立良好人格,形成积极参与运动的生活方式,从而为其探索未来的学习意义奠定良好的基础。

二、实用主义教育思想

实用主义认为,认识客观事物最好的方法是找出问题的来源并解决问题。所以教育必须引导学生有效地了解社会和自然环境,这样才有助于培养学生解决问题的能力。户外教育特别强调"做中学"的教学思想与活动设计,实用主义的教育思想为户外教育提供了有力的理论支撑,有利于充分彰显户外教育的教育价值。

(一)实用主义教育思想概述

1. 起源与发展

实用主义(Pragmatism)是从希腊词 $\pi\rho\alpha\gamma\mu\alpha$(行动)派生出来的,产生于19世纪的现代哲学派别。在实用主义的演化历程中,有三位重要的代表人物分别是皮尔士、詹姆士和杜威。1871—1874年,哈佛大学的"形而上学俱乐部"被认为是美国第一个实用主义组织。俱乐部的主持人是实用主义创始人的皮尔士,参加者有哲学家、心理学家赖特(1830—1875)、律师霍尔姆斯(1841—1935)、历史学家费斯克(1842—1901)以及后来成为实用主义最大代表之一的詹姆士。到19世纪末20世纪初,通过詹姆士以及美国实用主义另一位代表人物杜威的发展,实用主义成为在美国影响最大的哲学流派。20世纪40年代以前,实用主义在美国哲学中一直占有主导地位。在其他西方国家中,实用主义也有流传,例如在英国出现过以席勒(1864—1937)为代表的实用主义运动,强调哲学以人的利益为中心,将实用主义改称为人本主义。实用主义的根本纲领是将确定信念作为出发点,把采取行动当作主要手段,以获得实际效果作为最高目标。

2. 实用主义的主要观点

实用主义在一定程度上继承了经验主义路线,经验是实践的基础,人的认识局限于经验的范围。实用主义把理论行动主义化和功利主义化,强调生活、行动和效果,经验和实在归结为行动的效果,知识归结为行动的工具,真理归结为有用、效用或行动的成功。

实用主义思想体现了如下主要论点:①知识是控制现实的工具,现实是可以改变的;②实际经验是最重要的,原则和推理是次要的;③信仰和观念是否真实在于它们是否能带来实际效果;④真理是思想的有成就的活动;⑤理论只是对行为结果的假定总结,它是一种工具,是否有价值取决于是否能使行动成功;⑥人对现实的解释,完全取决于现实对自身利益有什么效果;⑦行动优于教条,经验优于僵化的原则;⑧概念的意义来自其结果,真理的意义来自于印证。

基于实用主义哲学上述论点,衍生的哲学流派有人本主义、工具主义、逻辑经验主义、逻辑学派等。现如今,实用主义仍然是一种非常有影响的思想体系,它将哲学从一种人生观的思想体系降为一种研究问题和澄清信息的批判方法,将知识解释为一种评价过程,以科学探索的逻辑作为人们处世待物的行为准则。

3. 实用主义的特点

实用主义的特点在于,将实证主义功利化,强调生活、行动和效果,它将"经验"和"实在"归结为"行动的效果",将"知识"归结为"行动的工具",将"真理"归结为"有用""效用"或"行动的成功"。实用主义的要义体现在皮尔士所表述的这一观点:认识的任务不是反映客观世界的本质和规律,而是认识行动的效果,从而为行动提供信念,即"思维的唯一职能在于确立信念"。

(二)实用主义教育思想与户外运动的联系

1. 以学生发展为本

实用主义产生的背景是社会发展对教育提出了新要求。工业发展需要培养大量能胜任工作、有知识、有能力、有创新精神的高素质人才。新的生产方式愈来愈强调合作的重要性,进而要求一种新型的个人与个人、个人与社会之间的关系,并需要新的道德观甚至需要重塑信仰。这与户外教育中"以学生为中心"的教育思想一致,户外教育强调学生的德智体美劳全面发展,满足了社会对人才的需求。

2. 活动课程与学科课程相结合

杜威的芝加哥实验学校是美国第一所采用主动作业课程形式并在教学实践中运用的学校,杜威的主动作业课程为活动课程提供了丰富的理论与实践基础。活动课程也称"生活课程"或"儿童中心课程",是以儿童的主体性活动的经验为中心组织的课程,旨在培养具有丰富个性的个体。它以学生的兴趣、需要来组织学习的内容,符合学生的心理特征、情感需求,使学生的认知世界与体验世界相结合,是一种探究性的教学活动,让学生在探索知识的过程中去发现问题、解决问题,形成对知识的亲身感知与体验,实现感性认识与理性认识的结合。

3. 以经验发展为中心

实用主义强调经验优于僵化的原则,主张学生从实际生活中汲取知识,杜威提出"教育即生活""教育即生长""学校即社会"。实用主义教育特别强调学生参与实际活动,强调教学过程重视学生自己的独立发现、表现和体验以发展自己的经验。杜威的"从做中学"的活动课程论也为体验式学习理论的提出奠定了基础。在户外教育的过程中,教师只是引导者而不是传授者,强调学生的主体性,通过学生自身的观察、反思与总结,形成自己的经验。实用主义的教育思想为户外教育提供了有力的支撑,使户外教育更能彰显教育价值。

三、自然主义教育理论

自然主义,广义理解一般指那些主张用自然原因或自然原理来解释一切现象的哲学思潮。自然主义教育理论是西方教育发展史上的一个重要理论,历史上夸美纽斯、卢梭、裴斯泰洛齐等著名教育家从各自不同的角度论述了自然、适应自然及自然教育的含义。以户外运动为载体开展的户外教育,很好地契合了自然主义教育思想中的"归于自然",充分利用大自然环境对人进行教育的理念,为户外教育奠定了重要的教育学理论基础。

(一)自然主义教育思想的形成和演变

自然主义教育思想最早发端于古希腊。哲学家亚里士多德首次提出教育应当"效法自然"的原理,认为教育的目的及其作用犹如一般的艺术,原本就在效法自然,并对自然的任何缺漏加以殷勤的补缀而已,合理的教育就应当遵循人的这种自然进程,通过体育、德育和智育使人得到多方面的和谐发展。这些关于自然教育的重要论述,对西方自然主义教育思想的发展起了奠基性的作用。人文主义教育家从文艺复兴时期开始逐渐重视自然教育。从教育目的上看,要解放人的思想,发展个性和才能,追求德智体和谐的自然发展;从教育内容上看,注重对自然科学知识的学习;从教育方法上看,提倡直观的循序渐进的自然教育。

第一位从教育学的角度揭开自然教育序幕的教育家是夸美纽斯。他在《大教学论》中指出要想改革旧教育,就必须贯彻适应自然的原则。根据夸美纽斯的观点,"适应自然"包括两层涵义。一方面,遵循自然界的"秩序"。在自然界存在着一种起支配作用的普遍法则,人类是整个自然的一部分,人的发展以及对人进行的教育应服从于这一普遍法则;另一方面,依据人的自然本性和身心发展的规律进行教育。他还认为,人生而具有智慧、道德和信仰的种子,但这些种子的发展如何,取决于人所受的教育。所以实施这种教育时不用鞭笞,无需严酷,也不用强迫,可以实施得尽量和缓、快乐、尽量自然。

到了18世纪,"客观自然"已不适应时代要求,开始转变为"主观自然"取向。这是自然主义教育理论重心的转变,促成这一转变的关键人物是卢梭,在他看来"自然"主要是指一种事物保持其本来面貌,原始倾向,外界不强加干预,非人为的意思。卢梭认为,一切自然界的东西都是与自然相适应的,因此,教育应当遵循成长中人发展的自然进程,考虑其年龄特征,适应其本性施教。卢梭理解的自然已纯人本化了。卢梭对自然主义教育的贡献在于赋予了自然主义教育人本化的内涵,突出儿童在教育中的主体地位,开辟了教育科学人本化的道路。

教育思想家裴斯泰洛齐把人的本性发展更确切地理解为人的心理发展,提出了"教育心理化"的命题,要求教育教学与人的心理发展协调起来。随后的福禄培尔、第斯多惠等教育家对此做了不懈的努力,进一步发展了自然主义教育思想。福禄培尔继承了裴斯泰洛齐的自然适应性原理,把教育适应自然的原则理解为适应潜藏在人身中的力量和能力的自我发展。第斯多惠的贡献在于,他不仅提出了教育适应文化的原则,为教育适应自然原则进行了必要的补充,更为重要的是他明确地提出把心理学作为教育科学的基础,强调由于人的心智发展总是与肉体的发展联系在一起的,因此教学的重要任务就是要使精神与肉体和谐与协调地发展,既要发展心理,也要发展体力。在第斯多惠以后,教育学著作中一般不再使用"教育的自然适应性"这一术语,而是直接应用生理学、心理学等学科的知识来论证和阐明教育必须依据儿童生理和心理的发展规律,将教育要遵循其对象,即人的本身发展规律的思想提高到一个新的阶段。

(二)自然主义教育思想概观

尽管每个阶段的教育家的研究角度迥异,但各自都以独特的形式论证了自然主义教育对于时代的意义,也塑造了自然主义教育的一些主要特性和致力的取向,在教育要促进人的身心发展上却是殊途同归。

1. 关注不同年龄儿童的心理特点,遵循发展规律

夸美纽斯的"适应自然"教学原则的重要内容之一,即要求教学要适应儿童本性的自然发展。他认为凡事都要跟随自然的领导,要去观察能力发展次第,要使我们的方法依据这种顺序的原则。他还认为,人生来就蕴藏着各种能力和力量的萌芽,渴望并要求获得发展。教育应该考虑不同年龄阶段儿童的心理特点,充分把握儿童发展的自然法则,这是教育成功的关键。第斯多惠直接继承和发展了裴斯泰洛齐的理论,把心理学看作是"教育科学的基础",明确要求教育应遵循儿童发展规律,考虑儿童的年龄和心理特点。

2. 确立学生在教育过程中的主体地位

重视学生的主体性是夸美纽斯教学论的另一个重要原则。他强调应该用一切可能的方式把学生们的求知与求学的愿望激发起来。首先,教师要循循善诱,用一种吸引人的方式,称赞学生当时所学功课的美好、快意;其次,教学要遵循自然,凡是自然的事情都无需强迫。卢梭同样特别重视学生在教育中的主体地位,他指出教育应以学生的生理、心理特点为依据,以学生的本能、需要、能力、爱好为基础,帮助其发展本能和各种器官。

户外教育强调以人为本,美国户外教育机构提出"自发性挑战的参与原则":参与者有权根据自己能力和意愿选择参与的难度、形式和时间;挑战过程的任何时刻可以随时选择暂停或停止并可再参与;尝试挑战的意愿比最后的结果更重要;尊重每个学员的不同想法、需求、价值与选择。因此,户外教育强调包容不同特质的学生,尊重不同意见和意愿。

3. 以自然环境为教学地点

卢梭主张让15岁之前的学生在远离城市的乡村环境下自然地生长,只有归于自然的教育、远离喧嚣城市社会的教育,才有利于保持人的善良天性。雷切尔·卡逊(1956)特别强调学生与自然的接触,坚信"感性"的重要性。这里所说的感性就是要让学生接触自然,到自然中去,发现自然的奇妙,发现自然的美,要有一双密切关注自然的眼睛。户外运动是培养学生对自然感情和环境责任感的有效途径。由此可见,户外教育也是开展环境教育的重要方式和有效途径。

第四节 户外教育蕴含的多学科理论

户外教育是主要发生在自然环境中,强调自我、他人和自然世界之间的关系(Ritman,1993;Priest,1999)。从世界范围来看,户外运动对社会的进步、人的发展、经济的发展、科学技术的发展以及自然环境的发展均产生良好的影响,因此,户外教育实践涉及到多种不同学科的理论。

一、户外教育的关键理论

体育知识技能的学习最初是通过"演示-模仿-体验"而获得。教师必须向学生解释该怎么做、为什么这么做,这么做的结果是什么等涵盖原因、行为、过程和目标的相关知识内容。而作为学生,不仅要明白自己在做什么,还要明白为什么这么做，最终获得知识技能。这既是体育教学的基本过程，也是教育活动实施的基本程序。

1. 户外教育为什么需要理论支持

在本课程学习前，有学生说："户外不就是体育活动吗，教会学生户外知识技能就行呀，为什么需要理论？没有考虑过这一问题"；也有学生说："为什么我要学习这些？我要做的就是教会他们技能呀！"笔者则会反问，"作为研究生，你们本科阶段都有带领青少年或成年顾客从事户外活动的经历，那么你带领学生出去后，他们有什么收获？你凭什么说学生获得某些方面的知识呢，依据是什么？你怎么知道达成了教学目标？活动过程中学生出现害怕、懈怠、冲突时，你如何解决？面对户外复杂环境时，你如何控制风险？你又如何在保障活动安全前提下带领大家完成任务？"面对这些问题，研究生们则无言以对！

在教育中，"为什么"和"如何做"被认为是指导实践的理论，"理论可以为教育决策提供指导，那么户外教育是否需要理论，户外教育实践有哪些理论可以运用呢？优秀的户外教师做什么都是有目的的，为了实现目标，他们明白用什么方法和技能来完成，达到最佳的教育效果。他们能够将技能与经验相结合，在适当的时机，使用适当的户外资源，使用最适当的方法来进行有针对性的教育教学，特别是户外环境在作为教育资源的状态中，人的个体复杂性、多样性（性别、年龄、知识储备、心理认知、态度、行为、喜好、身体状况等）、环境的不确定性、项目的风险和挑战性（难易程度），尤其需要相应理论作为依据和教育决策指导。

许多户外教育组织者想让参与者感觉到给他们的生活带来积极的影响，包括获得自信心，提高自我效能感，或者仅仅培养独立自主能力、提升社会技能等不同的能力。学习与发展理论所涉及的是参与者如何学习的，而解释性理论解释了对一种情况或一组情况的更主观的描述。例如归因理论、自决理论、自我效能理论等可以解释户外是如何创造这种有益变化的原因，在户外教学和学习的实践中体现其核心价值。在教育教学中选择哪种理论取决于教师对当时状况的判断以及不同学生相应的解释，或者取决于教师对教育教学的价值观。因此，理论解释将极大地影响教师对活动中发生事情的原因和处理方式。例如，自我效能理论可以作为参与者了解其个人能力和优势的有效方法等。此类理论的主要目的是作为教师的决策依据以及学生如何通过活动能够获得技能知识。

2. 理论是什么

理论是研究系统的一般模式、结构和规律的学问，是人们对自然社会现象，按照已知的知识或认知，经由一般化与演绎推理等方法进行合乎逻辑的推论性总结。理论被定义为关于观察和推断变量之间关系的解释性描述，理论通常用来连接各种概念和潜在假设的一组要素组件间的一种关系,或者是概念之间相互联系强弱的表达,为某种事物提供解释和实施的工具,或说明为什么以及如何高效工作。理论在户外实践中无处不在,因为教育实践背后隐含的理论是人类在自然中承担一切结果的基础,这些理论可以为教育活动提供组织和实施方案,同时,理论也可以用来反思实践,理论是对某种行为模式的解释,具有一致性和可预测性。

理论与个人观点不同。理论表达的行为模式是一致的、可靠的或可预测的,个人观点是一个人或一群人的价值体系,由观点来解释行为有时带较大的不确定性或变数,而理论描述的行为模式与个人的价值观无关。例如,户外教育如何让参与者感觉到参与项目后他们的生活发生了更改,包括信心得到提升、自我效能感得到增强,或者更愿意尝试不同的挑战等,为户外教育者思考课程目标、内容、方法以及评价的科学性提供支持。

3. 户外教育教学常用理论

户外教育的实践具有复杂性和多样性,同时对于不同个体的结果具有不可预测性,目前还没有关于户外的专门理论,户外研究者和教育实践者倾向于借鉴由其他学科开发的理论,例如心理学、教育学、社会学、管理学以及和行为科学中最广泛适用性的理论。现有研究已证明,这些学科理论在一系列环境和各类人群中是有效的并得到广泛认同,它们为实践提供指导性的解释,也成为一个相互关联的证据链。

人们为了体现户外教育实践的价值最大化,对于影响户外教育效果的理论进行深入研究。研究显示,户外教育中常用的理论有教育学理论,包括建构主义理论、体验教育理论、多元智能理论等;学习理论包括学习风格理论、系统发展理论、多元智能理论等;社会心理学理论包括马斯洛需求层次理论、自我效能理论、期望价值理论、最优激励的理论、自我效能、归因理论、压力理论、舒适圈理论等;管理学理论有风险管理理论、团队管理理论等;生态学理论包括教育生态理论、社会生态理论等;社会学理论有团队发展理论、冲突理论、领导力理论等。这些理论在户外教育实践中对特殊的教育行为进行解释、预测教育结果,指导教育活动向预定的目标发展,为户外教育的最终目标达成建立起内部联系,在户外教育实践中扮演着重要的角色。例如许多户外教育项目在促进个体成长和发展时是基于有关归因理论和自我决定理论的,是学生自身的反思、自我激励、成就动机的结果。再如,学习理论为不同类型的学习和达成教育目标提供框架,在发掘参与者的学习能力、发掘学习潜力等方面提供帮助,虽然它们通常隐藏在表象的背后,但在具有指导实践如何有效工作,解释户外教育为什么对于人的发展产生影响,切实为教师提高户外教学实践效果提供了帮助。

二、户外教育中理论的价值与作用

户外教育实践是一个复杂的系统工程,参与主体是人,关注人的成长发展,针对其为什么及如何影响人,通常与教育学、体育学、心理学、管理学、社会学及行为学等学科理论相关。实践证明,运用这些理论作为支持工具,来解释户外运动为什么对人的发展会产生影响,实施中确定行之有效的途径和方法来实现特定领域的教育目标。

第一,科学的理论是确保教师高质量设计与实施户外课程的基础。理论通常是课程设计和实施工作的根基,如教育学理论。在户外教育中,由于参与者的知识、教师能力与素质、教学内容、教学方法、教学环境等要素均存在极大不确定性与差异性,理论有助于全面地理解与掌握户外教育结果产生的原因、影响因素和应对策略。正如 Kurt Lewirfs 所说,在户外冒险教育中,没有什么比一个好理论更有用。

第二,由理论产生的模型对于实施高效的户外活动具有指导作用。科学理论能清晰地呈现各要素的内在联系与作用机理,为户外教育实践者预测实践影响和达成实践目标、开发有针对性的学习体验工具提供依据。如基于体验教育理论产生的"体验学习圈模型"能清楚描述学习成果的内在体现过程,许多参与者感觉他们的信心、自我效能感等在体验户外项目后得到了明显的提升。

第三,理论具有预测和解释作用。可用理论来判别户外活动性质,对教育目标进行预测,对如何产生结果进行说明。例如,通常认为归因理论、自决理论、自我效能理论解释了户外体验如何创造了有益的变化。从结构的角度考虑,解释特定的户外体验的效果,应考虑影响结果的变量。

第四,理论为制定教育策略提供了依据。户外运动包含户外环境、教育者、受教育者、挑战项目、实施方法与促进等结构要素。欧美国家大量研究证实,在户外实践中,理论无处不在,它们相互作用,最终促进人的发展。如教育者应掌握体验教育理论、学习理论等;户外环境要素涉及环境作用论;挑战项目涉及心理学理论、风险理论等;团队要素涉及社会学、管理学等理论,这些均对教育实践中的教学策略的选择提供了科学依据。

第五,户外教育实践需要多学科的理论共同作用。通过户外实践实现个体发展、个体与社会发展、人与自然和谐等教育目标,需要多学科理论同时运行,为安全、健康的户外运动开展提供帮助。

户外运动作为一个文化符号,历经不同社会文化的洗礼,具有文化多元性的特征。有关资料显示,世界各国,如新西兰、澳大利亚、加拿大、美国、印度、罗马尼亚、马来西亚、丹麦等均将户外教育纳入学校体育课程计划,在促进青少年自然科学的兴趣,发展青少年生活能力、动手能力、实践能力、创新能力等方面发挥作用。

我们将突出的理论制作成案例教学集,帮助研究生更好地理解为什么户外教育可以对于人的发展,人与社会、人与自然协调产生影响。希望这些理论与实践案例能够帮助学生对理论知识的理解并能够在教学实践中得到运用。本教学案例虽然不可能涵盖所有相关理论,但这些理论具有较强的针对性,与教育哲学、教育理念、教育目标设定、过程管理控制、效果达成、保障安全等密切相关,并能够在户外教育效果的达成中起到指导性的作用。

第二章 户外运动相关理论教学案例

户外运动的环境极其复杂,涉及许多变化的要素,优秀的从业者知道什么时候运用关于人类行为的多学科理论来应对特定户外实践中遇到的问题。许多理论可以用来理解为什么和如何使户外教育更有效,通过掌握相关理论,使教学更加有意义。本章提出的理论教学案例与回答上述问题有密切关联,可以帮助教师理解学生如何学习以及如何科学安全高效地从事户外教育。

第一节 学习与发展理论案例

学习理论描述的是人们如何学习,帮助教师理解学生的学习行为,还能够帮助教师引导学生更好地学习。发展理论涉及认知、知识、能力,通常包括个人发展方面或描述了社会心理的影响过程,或涉及身体能力和年龄之间的关系,或解释学生学习或行为的原因和方式。当一个学生因为教师的指导,使他们增强了学习的积极性,或敢于完成有一定风险的任务,或尝试与同伴交流,或与同伴共同完成任务,或主动承担任务为大家服务,或学习到新的知识技能,或不良态度习惯,提升了某些技能的时候,教师会认同理论运用价值。本节选编了建构主义学习理论、体验式教育理论、马斯洛需求层次理论、多元智能理论四个重要的教学案例供大家学习理解。

一、建构主义学习理论案例

户外教育中学生的学习是如何发生的?经验是如何获得的?对人与社会、人与自然的关系是如何认识的?怎样的学习环境是理想的?以上问题,建构主义给出了清晰的答案。建构主义本来就是源自关于儿童认知发展的理论,由于个体的认知发展与学习过程密切相关,因此,利用建构主义能较好地说明学生参与户外实践过程的认知规律。

1. 理解建构主义学习理论的内涵。
2. 依据建构主义学习理论分析案例,解决实际问题。
3. 将理论与实践相联系,付诸于户外教学实践。

(一)概述

1. 建构主义的由来与发展

建构主义也称作结构主义,是一种认识论,最早提出者可追溯至瑞士的皮亚杰。他所创立的关于儿童认知发展的学派,被称为日内瓦学派。皮亚杰的理论蕴含了唯物辩证法,他坚持从内因和外因相互作用的观点来研究儿童的认知发展。他认为,儿童是在与周围环境相互作用的过程中逐步建构起对外部世界的知识,使自身认知结构得到发展。

皮亚杰的建构主义理论提出儿童与环境的相互作用涉及两个基本过程:同化与顺应。同化是指把外部环境中的有关信息吸收进来并结合到儿童已有的认知结构(也称"图式")中,即个体把外界刺激所提供的信息整合到自己原有认知结构内的过程。顺应是指外部环境发生变化,而原有认知结构无法同化新环境提供的信息时所引起的儿童认知结构发生重组与改造的过程,即个体的认知结构因外部刺激的影响而发生改变的过程。可见,同化是认知结构数量的扩充(图式扩充),而顺应则是认知结构性质的改变(图式改变)。认知个体就是通过同化和顺应这两种形式来达到与周围环境的平衡:当儿童能用现有图式去同化新信息时,他是处于一种平衡的认知状态;当现有图式不能同化新信息时,平衡即被破坏,而修改或创造新图式(顺应)的过程是寻找新的平衡的过程。儿童的认知结构就是通过同化与顺应过程逐步建构起来,并在"平衡或不平衡中形成新平衡"的循环中得到不断的丰富、提高和发展。

在上述理论的基础上,科尔伯格在认知结构的性质与认知结构的发展条件等方面作了进一步的研究。斯腾伯格和卡茨等则强调了个体的主动性在建构认知结构过程中的关键作用,并对认知过程中如何发挥个体的主动性进行探索。维果斯基创立的"文化历史发展理论"则强调认知过程中学生所处社会文化历史背景的作用,在此基础上以维果斯基为首的维列鲁学派深入研究了"活动"和"社会交往"在人的高级心理机能发展中的重要作用。所有这些研究都使建构主义理论得到进一步的丰富和完善,为实际应用于教学过程创造了条件。

2. 建构主义学习理论

在建构主义思想指导下形成一套新的比较有效的认知学习理论,并在此基础上实现较理想的建构主义学习环境。下面从"学习的含义"与"学习的方法"这两个方面简要说明建构主义学习理论的基本内容。

1)建构主义学习的含义

学习是获取知识的过程。建构主义认为,知识不是通过教师传授得到,而是学生在一定的情境即社会文化背景下,借助其他人(教师和同伴)的帮助,利用必要的学习资料,通过意义建构的方式而获得。由于学习是在一定情境即社会文化背景下,借助其他人的帮助,通过人际间的协作活动而实现的意义建构过程,因此建构主义学习理论认为"情境""协作""沟通"和"意义建构"是学习环境中的四大要素或四大属性。

情境:学习环境中的情境必须有利于学生对所学内容的意义建构。这就对教学设计提出了新的要求,也就是说,在建构主义学习环境下,教学设计不仅要考虑教学目标分析,还要考虑有利于学生建构意义情境的创设问题,并把情境创设看作是教学设计的最重要内容之一。在户外教育中,教育者在教学目标指导下,创设能为受教育者提供体验的各种情境(社会情境、生活情境、挑战情境、团队协作情境等),为使参与者获得更多与生活相联系的经验。

协作:发生在学习过程的始终。协作对学习资料的收集与分析、假设的提出与验证、学习成果的评价直至意义的最终建构均有重要作用。在户外教学全过程中,教育者是与受教育者在目标设定与共识、过程的实施与控制、结果的评价与反馈中积极互动的。双方积极密切的互动有利于达成对目标的共识,促进参与者全面、清晰地理解学习内容和要求,从而使其将实践目标与自身情况相结合内化为学习的动力和方向,有助于教师对学生进行适时的引导提示与及时纠错,以保证户外教育实践过程更安全、流畅和有效地进行,有效发挥教育评价的激励、导向和反馈功能。Vygotsky(1978)指出,在户外教育计划中,通过团队协作模式学习,让知识渊博或经验丰富的参与者参与教学和指导他人,教师工作和生活在参与者的附近,频繁正式和非正式的个性化指导是实现导"学"和导"教"的双向作用。

沟通:协作过程中不可缺少的环节。学习小组成员之间必须通过沟通讨论如何完成规定的学习任务。此外,协作学习过程也是沟通过程,在此过程中,每个学生的思维成果(智慧)为整个学习群体所共享,因此沟通是达到意义建构的重要手段之一。户外教育实践项目大多具有团队合作性,如野外生存、潜水、帆船、皮划艇、团队拓展训练等,教师通过为参与者创设团队合作学习或工作的情境,使其相互依赖,团结协作朝着团队共同的目标努力。良好的沟通是团队协作的基本前提。团队成员之间无障碍和无威胁的沟通能使其在团队目标上达成共识,学会如何协作,了解和发挥每位成员的优势,才能发挥出团队最佳的工作效率;提升团队凝聚力形成一种成员诚实表达和分享情感的氛围(Bacon and Kimball,1989),进而产生日常生活中不常体会到的强烈归属感,使青少年个体在行为和态度上变得积极主动(Harun,2010),更大可能性地重新审视和探索自己的价值观(Chapman et al,1995)。

意义建构:整个学习过程的最终目标。建构的"意义"是指事物的性质、规律以及事物之间的内在联系。在学习过程中帮助学生建构意义就是要帮助学生对当前学习内容所反映的事物的性质、规律以及该事物与其他事物之间的内在联系达到较深刻的理解。这种理解在大脑中的长期存储形式就是前面提到的"图式",也就是关于当前所学内容的认知结构。户外教师通过一定的方法手段去了解参与者原有认知结构(学情),在此基础上借助环境和材料探索学习内容本质的规律或原理,使教育者在体验中获得与生活相联系的有益经验,并且通过引导反思迁移至生活以实现学以致用、深刻理解。例如户外教育使学生明晰自然与人的关系,其通过对自然中农作物的生长环境、生长规律、种植及采摘等知识的学习和体验,从而深刻理解人与自然之间的紧密联系。

由以上所述"学习"的含义可知,户外学习的质量是学生建构意义能力或获得有益经验的函数,而不是学生重现教师思维过程能力的函数。换句话说,获得知识的多少取决于学生根据自身经验去建构有关知识意义的能力,而不取决于学生记忆和背诵教师讲授内容的能力。

2)建构主义学习的方法

建构主义提倡在教师指导下的、以学生为中心的学习,也就是说,既强调学生的认知主体作用,又不忽视教师的指导作用,教师是意义建构的帮助者、促进者,而不是知识的传授者与灌输者。学生是信息加工的主体、是意义的主动建构者,而不是外部刺激的被动接受者和被灌输的对象。学生要成为意义的主动建构者,就要求在学习过程中从以下几个方面发挥主体作用:①要用探索法、发现法去建构知识的意义;②在建构意义过程中要求学生主动去搜集并分析有关的信息和资料,对所学习的问题要提出各种假设并努力加以验证;③要把当前学习内容所反映的事物尽量和自己已经知道的事物相联系,并对这种联系加以认真的思考。"联系"与"思考"是意义构建的关键。如果能把联系与思考的过程与协作学习中的协商过程(即交流、讨论的过程)结合起来,则学生建构意义的效率会更高、质量会更好。协商有"自我协商"与"相互协商"(也叫"内部协商"与"社会协商")两种。自我协商是指自己和自己争辩什么是正确的;相互协商则指学习小组内部相互之间的讨论与辩论。

户外中的学生是在教师指导下发挥自身的优势,自主地去体验活动和探索自然,从而获得经验(如知识、技能、认知等)补充和改变自身的认知结构。另外,情境中所要解决的问题或要达成的目标将引导学生利用不同的智能或学习风格去搜集、分析和制定解决问题或达成目的的方法,并在实践中加以验证。在整个过程中,学生不断创新和完善解决问题的方法,其过程中无论在逻辑思维能力、创新能力,还是动手实践能力等方面都能得以发展,辅以团队协作更能使其在交流沟通中拓宽思维、学会分享与表达及提升社会交往和团队协作的能力。

教师要成为学生建构意义的帮助者,就要求教师在教学过程中从以下几个方面发挥指导作用:①激发学生的学习兴趣,帮助学生形成学习动机;②通过创设符合教学内容要求的情境和提示新旧知识之间联系的线索,帮助学生建构当前所学知识的意义;③为了使意义建构更有效,教师应在可能的条件下组织协作学习(开展讨论与交流),并对协作学习过程进行引导使之朝着有利于意义建构的方向发展。引导的方法包括:提出适当的问题以引起学生的反思和讨论;在讨论中设法把问题一步步引向深入以加深学生对所学内容的理解;要启发诱导学生自己去发现规律、自己去纠正和补充错误的或片面的认识。

户外教育是实践性的教育活动,学生的积极参与是保证学习行为产生的重要前提。在教学活动前,教师在了解学生的需求的基础上,要准确传达活动相关的内容和目标,使其获得对活动价值的认识和自我期望的产生,从而激发兴趣和动机;教学过程中,教师以由浅入深、循序渐进的序列性小目标,在连续性的新旧知识更替中不断刺激和激励学生获得新体验。其中,教师引导学生反思和讨论是户外教育之所以为"教育"的原因之一,是学生经验迁移和能力拓展的重要环节。

(二)案例与分析

案例:根据已有绳结技能在不同地点建设保护站

背景:2017年4月,中国地质大学(武汉)北区拓展基地,基础技能教学。

目标:理解保护站建立的原则,习得在不同地点建设保护站的方法。

内容:由于户外环境中地形多样,学生需要理解保护站建立原则和熟练灵活运用建设保护站的方法,才能创造性地建设安全可靠的保护站。学生在熟悉树干和栏杆上建设的保护站后,教师要求他们小组讨论,如何利用灌木丛(小树丛)、岩石建立安全科学的保护站,并进行实地操作。经过30分钟的讨论,各组对于给定的任务提出了极具创意的解决方案,但在选择绳结和遵循"独立、均衡、备份"的合理性和原则性方面存在一定的不足。教师为各组所建设的保护站给予中肯点评,并提出改进建议,学生的参与积极性和学习热情高涨,各组表现出极强的执行力,在短时间内完善了解决方案,甚至还提出了其他对策和猜想。

互动讨论:

1. 本案例中,学生的学习可以分为几个阶段,每个阶段具有什么特征?

2. 本案例中,学生圆满完成了教师的任务,营造了良好的学习氛围,教师是如何设计教学的?教师担任了一个什么样的角色?

提示启发：

1. 学生对于保护站建设的认识变化是该案例呈现的最显著特征，在已有认知、重构认知和产生新认知这三个阶段，每个阶段学生会有不同的学习行为。

2. 依据案例中的学情、目标、教学内容、组织形式、教学方法等方面，分析教师在其中的教学行为。

(三)拓展与深入

建构主义学习理论指导实践学习

引言： 建构主义学习理论运用于户外教学实践中的原则和程序。

问题引入：

1. 建构主义学习理论可用于哪些特定环境的户外运动项目？

2. 构思基于建构主义学习理论的教学设计，须包含学情分析、目标引入、创设情境、问题提出、教学方法与组织、引导反思及意义建构等部分，并形成可直接用于教学实践的书面教案。

提示启发：

1. 理解建构主义学习理论的内涵和特点，结合户外教育实践项目的特点，分析其理论在户外实践中的运用原则和指导意义。

2. 在运用理论指导教学设计时，要考虑到学生是认知的主体，应强调学生的主体性和自主性，教师是情境的创设者、学习的推动者和过程的控制者，强调对受教育者的目标指引、反思引导和意义构建。

(四)总结与反思

建构主义学习理论强调以学生为中心，认为学生是认知的主体和知识意义的主动学生。因此，以建构主义学习理论为指导来建立一种新的可行的户外教学形式，从而摆脱在教学中教师"一包到底"的教学方式，充分发挥学生学习主体的自主性、合作性和创新性，以期有效地提高体育教学质量。它在教学中的优点，主要表现在以下五个方面。

(1)由学生构筑、理解、转变、拓展知识与技能，学生是主动构建者。要求学生在学习过程中充分发挥主动性，并能体现创新精神。

(2)学习过程是通过原有的知识经验与外部环境的交互活动以获取、建构新知识与技能，具有积累性。教师应注重引导学生运用已有的经验进行新知识的建构。

(3)建构活动要有一定的社会文化背景，具有社会性，即学习要与情境相联系，使学生利用自己原有的知识和经验去同化和顺化眼前的新认知。

(4)学习过程具有情境性。它强调学生的学习是在一定的情境中通过探讨、发现来获取对自己有利的信息,并建立起自己的知识体系。

(5)合作学习可以建构起对知识更深层次的理解。建构主义认为学生与周围环境的交互作用,对于意义构建起着关键性的作用。

二、体验式教育理论案例

体验性是户外教育的显著特征之一,尤其是在自然性和探险性项目中更突出体验教育的重要性,通过野外训练让参与者提升生存和人际能力,改善人格和心理素质。因此,拓展训练、营地教育、自然教育等户外教育形式都将体验式教育作为其课程设计与实施的指导理论。但体验式教育究竟是什么?它的形成与发展的过程如何?如何科学地指导户外教育实践?作为户外教育者,这是我们必须关注、研究的内容。

1.掌握体验式教育理论的概念,理解体验式教育、体验式学习和体验式教学的联系和区别。

2.明确体验式教育理论的内涵,能依据其理论分析户外教育相关案例,解决实际问题。

3.将体验式教育理论与户外教育实践相结合,合理运用于课程设计、教学组织等教育实践活动。

(一)概述

1. 概念

1)体验

在古汉语中,就有对"体"和"验"的注解。"体"的最原初的意义为身体及其各个部分。"验"的原始意义为"马名"。从词源上看,"体"着重强调运用身体去听、去感、去做等等;而"验"是指证实、考察。"体"和"验"的合意即为运用身体去听、去感受、去做,从而得到验证、体会、感受。"体验"具有几种基本释义:①亲身经历,实地领会;②通过亲身实践所获得的经验;③查核,考察。

2)体验式教育

美国体验式教育学会将"体验式教育"定义为"教育者有目的地把学生置于直接经验和专心反思中,使其增长知识、发展技能和澄清价值的一种教育哲学和方法论"。李放滔(2003)认为"体验教育"就是学校组织和引导学生亲身参加实践,从而使他们把做人做事的思想道德规范内化为健康心理品格,转化为良好行为习惯的过程。依照教学过程,体验教育的基本思路是把传统的以教师为"主角"单一说教训导的教育方式,以及由它所导致的在学生心理上形成的教育者居高临下的远距离态势,变为将教师和学生共同置于一种学习的情景和氛围之中,使双方在共同感悟和体验的过程中,在心理上拉近距离并产生情感的共鸣。这种界定其实是将体验式教育等同于体验式教学。依照教育目的,舒志定(2007)认为"重视体验教育,实质是关注学生在日常生活中形成意向结构,让学生意识到与周围世界交往活动的方式、向度和敏感性,使学生自觉体验日常生活世界,感悟生命活动,反思人活在世上的意义,关注人与周围世界的和谐,实现人的主体性。

总体来说,可从五个方面把握"体验教育"的概念:第一,体验教育的主体是受教育者与教育者;第二,体验教育特别强调让学生在复杂的生活事件中进行判断;第三,教师要运用各种措施创设学习情境,使学生乐于体验、喜爱体验,积极主动地进入情境;第四,要引导学生各有所"乐";第五,体验的目标是使学生学会思考、学会学习,理性的说法是使学生呈现主体性。

户外教育是体验式教育的完美体现,例如在野外观察、篝火露营、登山等活动中,使学生通过观察大自然的变化以及人类对大自然的利用和改造,加深对大自然的作用、人与自然的关系以及人类自然改造能力的理解。同时,让学生在自然环境中轻松快乐的自由成长,也能够在与平时不同的生活环境及经历中增长见闻,在接近自然和文化的同时体验集体生活,培养公众道德。

3)体验式学习

学习是一种社会过程精心设计的体验。这一提法挑战了"教学即传递"的观念,并且将学习的环境从课堂转移到车间、家庭、社区等,任何使我们能聚集在一起工作、娱乐或表达情感的地域。学习不能没有体验,否则就不会有反思与感悟,学生的成长与发展则无从提起。

体验式学习与传统理性主义教育方法和行为主义的学习方法有着本质的区别。首先,体验式学习关注学习更加关注学习过程,它不再以传授知识和技能为唯一目的,而注重学习方式对学生的内在影响。正如库伯所说,体验式学习是一种过程,而不是一种结论。其次,体验式学习是以体验为基础的持续过程。它会重视学生进入学习情境时的已有经验,学习不再仅仅是传授新思想,更重要的是处理和修正学生原有的经验。

4)体验式教学

体验式教学是一种教学方式,指通过教师积极创设情景,引导学生由被动到主动、由依赖到自主、由接受性到创造性地对教育情景进行体验,并在体验中学会避免、战胜和转化消极的情感,从而达到促进学生自主发展的目的。它强调知识与学习主体互动联系的学习,强调学生的参与性和实践性,注重学生全过程深入地参与,突出人与人、读者(学生)与作者双向交流沟通,不强求划一认识,而尊重个体差异,通过自身的实践活动,建构属于自己的富有个性的知识意义。

2. 起源与发展

国外关于"体验式教育"的研究大致可以分为三个阶段。

第一阶段:古希腊时期到16世纪——体验式教育理论的萌芽阶段。在古希腊著名哲学家和教育家苏格拉底、柏拉图的教育论述中都蕴含着体验教育的深邃思想。比如,苏格拉底不将已经形成的理论直接告诉学生,而是通过谈话、问答、辩论引导学生寻求真理。

第二阶段:17世纪到20世纪早期——体验式学习理论的雏形阶段。夸美纽斯强调,教育必须适应自然,在自然界中存在着一种起支配作用的普遍法则,他称之为"秩序"或"事物的灵魂",将人看作是自然的一部分,重视认识实际事物,重视通过观察和思考学习有益的知识,教学亦要遵循自然法则,不能违背儿童的天性与成长的规律。而卢梭在其著作《爱弥儿》中主张,自然主义教育强调儿童真正的老师应该是儿童自身的经验和感觉,因此,凡是儿童能从经验中学习的事物,都不要他们从书本中去学。美国教育家杜威在《学校与社会·明日之学校》中指出,进步学校的教学应该利用现实生活中的各种机会,让学生从经验中学习,以获得达到直接需要和目的的各种技能和技巧,培养学生的个性,学生应灵活地学习适应现实世界的知识,自由地表现个性,而要做到这些,最根本的方法是使学生"从做中学"。人本主义心理学家罗杰斯提出的"有意义学习"的学习方式对应他所提出的经验学习类型,其特点非常接近我们现在所提到的体验式学习。它是一种包括了个人经验融合,知识增长,行为改变,情感、态度、价值观形成等综合因素的整体性学习。皮亚杰的建构主义认知理论认为,学习过程得以发生和发展,是个体与环境之间周而复始相互作用的结果,学习结果是在经验顺化与同化的平衡状态中产生,用该理论来解释体验式学习,更能说明体验式学习对学生认识发展的作用机制。

第三阶段:体验式学习理论的正式提出阶段。体验式教学的建立可以追溯到20世纪初(Knapp,1994),室外教育和源于杜威的进步教育运动享有共同的哲学基础。库尔特·哈恩(Kurt Hahn)强调个人体验的重要性,而且导致了户外锻炼活动和相似教育机构的发展。20世纪80年代初,美国凯斯西储大学维德罕管理学院的组织行为学教授大卫·库伯,正式提出了体验式学习理论。他在《体验式学习——让体验成为学习和发展的源泉》中把学习看作是一个整合了体验、感知、认知与行为四个方面的统一过程,基于对体验式学习特征的准确把握,库伯教授构建了其经典的体验式学习圈模型,如图2-1所示。

如今,美国教育深受杜威"做中学"理论的影响,对体验式教育的重视程度不断

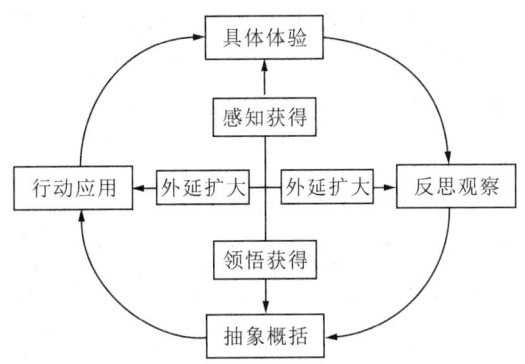

图 2-1 大卫·库伯体验式学习圈模型
（据吕映,1995）

提升,国际体验式教育协会(Association for Experiential Education,简称 AEE)应运而生。美、英等国还成立了许多体验式教育的机构,如美国探索教育(Project Adventure)、英国外展学校(Outward Bound School)等,为受教育的学生带来更多实践和体验的机会。此类机构的教育教学强调通过各类活动让学生来进行自发的学习,给学生创造团队合作、小组交流、相互尊重与帮助的机会;为学生搭建认识和亲近自然的平台,培养他们热爱自然、热爱世界的观念;帮助学生学会独立,建立良好的价值观,形成与情境相适应的行为与反应。

3. 体验式教育的基本特征

1) 从教育的过程看

体验式教育有效改进了传统教育中所体现出的弊端,提高了学生在学习过程中的参与度。从教育过程审视,体验式教育与传统教育相比主要表现出以下特征。

(1) 观念导向与行动导向的整合。体验式教育注重的是学生通过体验来解决认知冲突,并能够将知识加以外化运用,从而赋予知识以个人意义;而传统的学习注重的仅仅是观念的获得,这种观念对于个体来说是外部的观念,是不含有个人意义的,也是没有经过个人检验的,容易造成知识与运用之间的断层。因此,体验式教育就用行动主导的学习来弥补这个不足。在户外教育过程中,学生与教师、学生与学生之间地位平等,学生在做中学,可以把握每个细节,提高学习效果。从另一种角度来看,户外教育是传统课堂教育的补充和延伸。

(2) 关注结果与关注过程的整合。传统教育强调教育的结果,忽视教育的过程,导致了教育者习惯根据学习的结果来给学习或者学生下定义,却忽略了这些认识其实是在长期经验积累的过程之后对特定刺激所表现出的行为反应。户外教育以学生为主体,以教师为主导,学生在开放环境中自由的以自己的方式寻找问题答案,而问题的答案也是丰富多样的,不同的人对问题的看法和解答总有个人的见解,学习成果存在个性化的倾向。例如在自然观察活动中,学生对秋天的声音和颜色有不同的认知,因此学生们以"树叶画"的形式体现自己的见解。

(3) 关注理性与关注情感的整合。布卢姆认为,认知领域与情感领域之间有一定的关系,情感目标可以作为达到认知目标的手段。传统的教育比较注重对学生理性知识的注入,但这种注入是一种较为机械的行为,在这些冷冰冰的知识背后,很少有情感或是感受的元素。但是体验式教育不仅强调认识,而且更强调个体认识的过程,要求学生在操作和亲历中获得认识,要求将自己感受融入认知过程。既然有了亲历过程,学生得到的就不单是作为结果而存在的知识,还收获了情感体验。学生所经历的人、物、事等,都将对其产生影响。有研究显示,荒野治疗对参与者感知能力、情感、认知等都有积极的影响,同时探险性、挑战性户外教育活动使他们产生成就感,增强其对自身能力的认识。学生在教育中的亲历过程具有重大意义:首先,帮助学生进行更为深刻的记忆;其次,有利于调动学生的学习情绪;最后,鼓励学生的探索精神,有利于提高学生的学习兴趣,激发学习生活的学习动机。

(4) 显性知识与隐性知识的整合。如果说人类的知识是一棵大树,那么我们能看到的暴露在外的部分(叶、茎、干)就是明确而外显的知识,而隐身于土壤中的庞大根系则是隐性知识。因此,一种完全明确的知识是不可能存在的,正如一棵没有根的大树是无法生存的一样。没有根的知识就像泥土上的枯叶,是无法根植于生长的。同样的,教育工作者要做的也并不是在富饶的土地上撒上厚厚的枯叶,而是要通过对学生隐性知识的培养,使学生能够基于强大的知识根基上进一步发展,否则知识的传递便没有了意义。正如户外教育,学生在每项活动中都有自己的体验和感悟,自然环境对他们的影响是相对隐性的,最深刻的体验在于与人相处,学会互助、合作、欣赏和分享等。同时,在教师引导下,在户外教育各项任务中培养角色意识与责任感;独自整理生活内务,培养了自理能力;尊重教师,培养学生的自尊心;控制自己的时间、情绪和行为,培养了自控能力;在团队竞赛中培养了上进心。总之,学生在户外教育活动中通过野外生活、体验各项活动,获得了显性和隐性的收获。

2) 从教育的结果看

(1) 体验式教育可以导致人情感、态度和价值观的转变。出现在库伯将"学习不能没有体验,没有体验就没有儿童的成长与发展。"这句话书写于《体验式学习——让体验成为学习和发展的源泉》的封面,足见体验式学习对于学生的成长与发展的重要作用。教学目标包括知识技能、方法过程等方面的目标,还包括情感、态度和价值观的发展目标。后者的达成无法通过教师的口头传授完成,必须要调动个体的主观能动性,通过内部的加工才能得以实现。体验式教育强调学生的个体性参与,强调在学习过程中情感的融入,更强调学生要构建知识的个体意义。因此,通过体验式教育能够促进学生情感、态度和价值观的转变。在户外教育活动中,借助良好的自然环境让参与者亲自体验、感受自然与人之间的关系,同时教师有意识地引导参与者们认识、欣赏大自然,学习如何与大自然相处,并让其意识到保护自然环境的重要性。

(2)体验式教育可以提高个体获得知识的质量。人类通过经验和反思获得知识,并通过二者的交替互动而不断修正直至熟练。通过经验获得的知识是感知性的、即时的、外在的,是存在于当前的行动中的。而通过反思获得的知识是领悟性的、持续的、内在的,是经过个体内部消化与思考之后的结果。经验与反思的双重认识为个体认知提供了更多的途径,为个体对知识的内化,形成对自己有用的知识提供帮助。通过这种方式获得的知识更具有个人意义,相对于传统教育来讲,体验式教育中获得的知识像树一样,有生命的,可发展的,是具有更高质量的知识,而不是如枯叶一般覆盖泥土,缺乏生命的意义。户外环境教育就是一个很好的例子,户外环境直接给学生提供与大自然接触的场所,使学生体验自然,获得直接经验,这也是环境教育意识、技能、理解力的首要环节。Tanner(1980)对美国环境保护主义者的性格研究表明,在促进他们成为环境保护主义者的各种因素中,最常见的影响是童年时代在自然的、乡村的或者其他相对比较原始的环境中的经历。

(3)体验式教育更加有助于智能的全面发展。如果把传统教育比作吃盒饭的话,那么体验式教育就好比是自助餐,学生可以根据自己的需要进行体验和操作,选择自己需要的学习内容和发展方式,以努力达到自身机能的最高水平,如自我实现、对意义的理解或对成长的渴望等,而不是仅仅围着与自身相分离的知识符号打转,始终未得到真正的提升。在户外教育中,学生可以把自己当作学习对象的主人,除了掌握户外知识与技能外,更要进行价值判断,正确判断自身的水平,以及知识、技能的长远意义。当学生学会这些的时候,他也就学会了如何根据环境的变化对自己做出相应的调试,积极地去适应变幻无常的世界,那么个体得到发展的并不仅仅是智力,而是整体的智能。

4.体验式教育的原则

1)主体性原则

学生是教育的主体,更是发展的主体、体验的主体,学生的品德形成和社会发展,是在各种活动中通过自身和外界的相互作用来实现的。为此,教师要由单纯的知识传授者向学生学习活动的引导者、组织者转变,创设有助于学生体验的氛围。例如在户外教育中,教师尊重学生的主体地位,引导并调动学生的内在动力,将德育内化为身心发展的需要,那么学生正好在体验中学到道德知识,形成道德意识和行为。

2)活动性原则

德育课程目标主要通过教师指导的各种教学活动来实现,活动是教和学的中介。在体验式教学中,要让学生直接参与主题、游戏和其他实践活动。这是让学生提高道德认识、形成道德行为的重要途径。通过长期持续的参与活动,学生获得大量的知识和经验。教师要根据教学内容将活动的过程、方法、技能与知识加以融合,寓德育于活动,有目的地为学生创设恰当的情境,引导学生积极参与学校、家庭和社区的活动。在活动中体验、在体验中提高道德水平。德育的目的是通过一定的德育环节影响、引导受教育者培养良好的道德习惯,这也是个体发展的内在要求,必须发挥受教育者的自主性,也正如王正栋(2015)所说,户外营地教育是德育目标的指南针,是德育内容的中和剂,不仅为德育与生活提供桥梁,还为德育注入了人文关怀。

3)探究性原则

引导学生探究是实践体验理论的有效形式,"体验式教学"强调学生的探究活动,提倡探究性学习。让学生在课程领域或现实生活的情景中,通过教师引导、小组合作、个人研究等组织形式,培养学生发现和提出问题的能力、搜集和处理信息的能力、分析和解决问题的能力、交流与合作的能力。例如,户外教育教师引导学生探究自然环境与项目活动的内在规律,使学生在获得内心体验的同时逐步提高认识能力、参与能力、适应能力、创新能力等。

4)生活化原则

《学会生存》一书中指出,学校不能和生活脱节。课程要从脱离学生生活的状况中转变过来,成为面向学生生活的课程,无论是课程目标、课程内容都应当向学生的生活回归,这应是"体验式教育"的基本原则。新课程要从过去的理想化、政治化、模式化的框架中走向生活化,让学生在生活中深刻认识社会和自我,从切身的体验中学会识别美与丑、善与恶、真与假,并在生活交往中学会做人处事。让学生大胆面对纷繁复杂的社会生活和多元道德价值观念,不回避现实生活矛盾,放手让学生在多变的社会生活中,灵活运用知识去分析、比较,做出正确而合理的选择。坚持"生理—心理—情感—个体经验"等体验经历的融合。例如在野外生存活动中,通过野外辨向、钻木取火、净化水源等与生活密切联系的项目,让学生在生活实践中体验到生活的不易,自己离开家人后并不能达到一种理想化的生活状态,从而产生感恩父母、珍惜当下的情感。

(二)案例与分析

案例1：为学生创设真实可观的情境提高学习效果

背景：营地教育基地开展的自然教育活动。

目标：使学生发现自然美、认识自然美、描绘自然美。

内容：在欣赏自然美景前，王老师给学生安排了一项任务：欣赏完美景后，要把自己所认为的自然美景用彩笔和树叶等工具在纸上描绘出来。任务下达后，学生开始跟随老师进行徒步活动，每到一处风景好的地方，王老师都会为学生细致地讲解美在哪里、为什么美、美的组成等知识，学生逐渐在心中构建起美的画面。回到营地后，学生开始创作自己心中的美景。最终，每位同学都描绘出一幅属于自己的美丽景色。

小组讨论：

1. 王老师运用了什么方法让学生发现美、认识美进而达到创作美？

2. 依据案例，谈谈如要使得体验式教育中创设的情境真实可观，有效促进受教育者产生深刻的体会与感悟，应把握哪些基本原则？

提示启发：

1. 每个人认识的美都不一样，教师不应规定哪种美更好，而是应鼓励学生发现属于自己的美好。

2. 教师应熟练把握体验式学习圈的四个阶段，掌握各阶段采用什么方法。

案例2：使抽象的概念或理论具体化
（LNT课程教学中的体验式教育）

背景：2017年5月，中国地质大学（武汉）北区拓展基地；LNT课程教学。

目标：教授户外专业学生LNT理念，即对环境最小冲击法则。

内容：在LNT课程中，保证安静的前提下，将教学环境模拟成野外环境，要求学生闭上眼睛，让学生想象自己是大自然中任何一种生物，在自然环境中自由自在地生长，使学生处于一个较为平和舒适的状态。在经历一段舒适的状态后，教师突然大声说话、揉学生头发或推学生身体等，使学生感受到来自外界的冲击带来的不适。

小组讨论：

1. 上述案例是如何有效促进受教育者对学习内容产生体会与感悟？相较传统的语言有哪些优势？

2. 只要创设相关情境，就能使受教育者产生感悟，获得教育效果吗？在创设情境时需要把握哪些原则？

提示启发：

1.结合游戏中的切身感受，学生发表自身最真实、最直接的感受，同时引出 LNT 概念。

2.深入浅出，通过创设情境引出 LNT 深刻内涵后，将其总结为通俗易懂的几个方面，便于学生理解记忆。

（三）拓展与深入

案例 3

2017 年在贵州的大数据峰会上，阿里巴巴集团董事局主席马云演讲道：知识是可以学来的，但是智慧是一种体验。所以人类和机器未来的竞争，是智慧的竞争，是体验的竞争。

案例 4

以拓展培训的兴起为例：改革开放后，中国的企业规模与数量井喷式发展，但因其时间之短、速度之快，导致了我国的人力资源和现代化管理培训水平与发达国家之间存在相当大的差距，中国企业发展处于一个发展速度与管理水平非正向增长的畸形状态。由此，20 世纪 90 年代香港的 Outword Bound 传入大陆，企业逐渐意识到在拓展培训形式下的体验式教育能够很好的应用于企业内训，体验式教育对于企业人力资源和管理培训有较为明显的作用，继而拓展培训逐渐被社会所认可。

深入思考：

依据案例 3 和案例 4，既然"体验"将成为社会发展和竞争中强有力的"助燃剂"与"竞争力"，体验式教育理论又在我国企业发展中初露锋芒，那么"体验式教育理论"是否也能在其他领域中发光发热，去解决一些实际问题呢？

（四）总结与反思

我们利用体验式教育理论主要是为了让学生在实际生活创建的情境中体验、感悟，通过反思体验和体验内化形成个人的道德意识和思想品质，在反复的体验中培养自己的思想道德行为，坚持"间接体验—直接体验—反思体验—体验内化"等体验方式的结合，即反思已经形成的概念或观念，产生新经验、新认识，并不断产生循环的阶段。由此可见，体验式教学是促使学生不断产生新经验、新认识，并由此发展学生适应自然与社会的能力，形成积极的人生态度，促进个性成长的教学方式。作为教育者当所教授的内容无法直接接触或感知时，应合理利用体验式教育理论依托环境和可利用资源去模拟和创设类似情境，创设比喻性启发教学情境，让学生感知和体验需要学习的内容,并在创设情境的过程中把握好应有的四项原则的内容,帮助学习和理解。

三、马斯洛需求层次理论案例

马斯洛需求层次理论是人本主义的基础理论,描述了人由低到高五个层次的需求,即生理需求、安全需求、情感和归属需求(社交需求)、尊重需求以及自我实现需求。作为一种支持性基础理论,马斯洛需求层次理论对户外运动或户外教育具有极其重要的指导意义。

1. 能够理解马斯洛需求层次理论中每一个需求层次的含义;正确区分每一个需求层次;将每一个或每一类需求对号入座至每一个需求层次。
2. 能够运用马斯洛需求层次理论指导户外运动实践与教学。

（一）概述

1. 起源与发展

马斯洛需求层次理论是人本主义科学的理论之一,由美国心理学家亚伯拉罕·马斯洛在1943年发表的《人类激励理论》论文中首次提出,随后被《人类动机理论》著作收录。马斯洛需求层次理论将人类的需求划分成五个阶段,如同楼梯一样逐级升高,这五种需求由低到高依次为:生理需求、安全需求、情感和归属需求（社交需求）、尊重需求以及自我实现需求。《人类动机理论》首次提出"自我实现"理念,希望人类能更加注重追求创造力,发挥自己的能力,实现个人理想。

马斯洛在1954年出版的《动机与个性》中提出了"动机"一词,他将"动机"描述成人性本质中的善根。在书中,他提出动机是由多种不同性质的需求组成的,进一步深化了需求层次理论。

马斯洛在晚年间提出了"超个人心理学"学说,着重研究宗教精神和"人性的最高境界"。在此基础上又提出了"自我超越"这一理念。有学者将"自我超越"置于"自我实现"之上,将马斯洛需求层次分为六层,但也有学者将"自我超越"归属于"自我实现需求"中。1970年新版的《动机与人格》,首次提出另外两个需求:求知需求和审美需求。自此,马斯洛需求层次又添加两层需求。但被人们所普遍接受的仍是生理需求、安全需求、情感和归属需求(社交需求)、尊重需求与自我实现需求这五个层次。

2. 主要内容

1)第一层:生理需求

生理需求是人类本能的、原始的需求,它包含饮食、呼吸、睡眠、生理平衡等;毫无疑问的是,如果这些需求的任何一项得不到满足,生理机能就无法正常运转,生命就会因此受到威胁。马斯洛认为,只有这些最基本的需要满足到维持生存所必需的程度后,其他的需要才能成为新的激励因素。在户外教学中应教会学生如何满足户外生活温饱需求,只有吃饱穿暖了才能更好地进行户外活动。例如在户外出行与准备时,要教会学生准备食品、服装、背包、帐篷和睡袋等物品,只有最基本的生理需求得到满足才能更好地乐享户外。

2)第二层:安全需求

安全需求主要指个体预防自身身心健康受到损害或威胁的需要,包含人身安全、健康保障、财产保障、家庭安全、工作保障等。马斯洛认为,人体的整个有机体是一个追求安全的机制,人的感受器官、效应器官都是寻求安全的工具,甚至可以把科学发展观和人生观都看成是满足安全需要的一部分。户外教育具有风险性和挑战性等特点,而安全是进行户外教育的基本保障,也是发展户外教育的重要条件之一。因此,在户外教育中应做好风险管理,例如参照户外教育风险防范机制转移、避免风险或对学生进行户外安全教育,将风险降到最低。

3)第三层:情感和归属需求(社交需求)

情感和归属的需求,也称为社交需求,它包括归属感和情感两个方面。每个人都希望得到相互友好的关系和照顾,同时希望得到家人、朋友、同事等的关怀,这些都是对亲情、友情、爱情、温暖、亲密度的需求。户外教育具有团队性,在团队协作共同解决问题的过程中有助于学生获得归属感和增强团队凝聚力。例如在户外教学中,教师前期可组织学生做团建活动,创设不同情境使学生在与团队一起排除困难的过程中互相沟通,增进情感,找到归属感。

4)第四层:尊重需求

尊重需求主要包括自我尊重、被他人尊重和尊重他人三个方面,同时又可分为内部尊重和外部尊重。内部尊重指一个人希望在各种不同情境中充满信心、有实力、能胜任、能独立自主。简而言之,内部尊重就是人的自尊。外部尊重是指一个人希望有地位、有威信,受到别人的尊重、信赖和高度评价。马斯洛认为,尊重需要得到满足,能使人对自己充满信心,对社会满腔热情,体验到自己活着的价值。在户外教育中,学生要学习LNT原则,也就是学习尊重环境、尊重风俗、尊重野生动物和尊重其他人等,同时在户外环境中践行LNT原则也会潜移默化地将尊重万物迁移到学生日常生活中。例如,学生在户外活动中互相帮助得到对方高度评价和信赖的同时也增强了内部尊重。

5)第五层:自我实现需求

自我实现需求是马斯洛需要层次中的最高层,属成长性需要。在基本的生理、安全、情感、尊重等需要得到满足后,是对自我实现的追求,即通过追求更高目标,将个人潜力发挥到极致,实现个人理想,最终满足自我需要,实现自我的境界。其主要包括创造力、自觉性、接受现实的能力等。马斯洛还认为,在人自我实现的创造性过程中,产生出一种所谓的"高峰体验"的情感,此时人处于最激荡人心的时刻,是人存在的最高、最完美、最和谐的状态,这时的人具有一种欣喜若狂、如醉如痴、销魂的感觉。通常,人们总是先考虑最基本的需求,自我实现需求一般难以满足,但是在登山运动中却容易达到自我实现需求。曾经有人问"你为什么登山",英国探险家马洛里给出了最经典的答案:因为山就在那里。从某种意义上来说,登山是为了自我实现需求,登山者不仅仅是为了路途中的美景和登顶后的快感,更重要的是要翻过自己心里那座高山,并在攀登过程中获得"高峰体验"的情感,达到和谐状态。

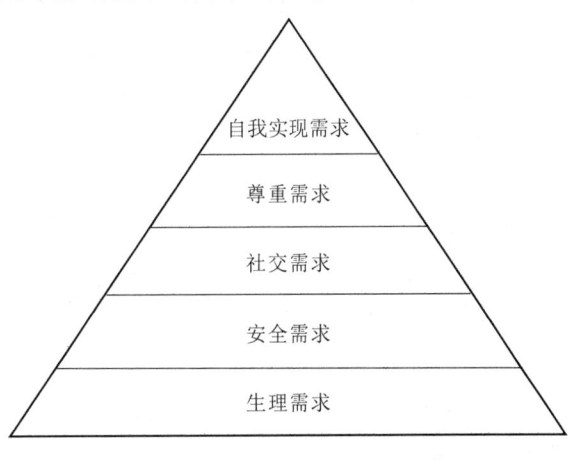

图 2-2 马斯洛需求层次模型

如图 2-2 五种需求中,生理需求和安全需求更多的是依赖于物质满足,统称为物质价值需求。而社交需求、尊重需求和自我实现需求的实现大多是依赖于文化、心理精神层面,因此统称为精神价值追求。户外教育能够带给我们的也正是这种精神价值需求,如人们常说的"眼睛在天堂,身体在地狱",学生在户外环境中不仅身体素质能得到发展,心境也会更加明亮。

3. 主要观点

(1)每个人都是有需求的,需求是人类与生俱来的本能,但对不同层次的需求主要取决于后天的生活环境,在某一时期内人们的需求会被某一层次的需求占据主导,该层次的需求成为优先需求。只有在优先需求得到满足后,人们才开始对更高层次的需求产生渴望,从而导致优先需求的转换。户外教育本身具有风险性,在环境相对恶劣的环境中教学,安全需求显得尤为重要,因此户外教师首先要做好安全教育,保障学生在户外教育中的身心安全,帮助学生从恐慌区顺利转换到学习区,对学生掌握户外安全知识、技能,提高安全意识也有一定的效果。

(2)人类的需求不会随着优先需求升高而消失,只是对于得到了满足需求的欲望逐渐弱化,但该需求却始终存在着。如当一个人在追求社交需求时,其生理需求与安全需求始终存在,并不会因此消失。户外教师要注意的是当学生的安全需求得到满足时,吃饱穿暖的生理需求仍然是存在的,因此在户外教育过程中教师不能因为学生更高层次的需求出现而忽视学生更低层次的需求,教师可遵循马斯洛需求层次理论的规律充分调动学生的积极性和课堂氛围。

(3)并不是所有的需求都能够轻易得到满足,随着需求层次的升高,得到满足的概率就越小。一般来说,生理需求最易满足,自我实现需求最难满足,满足的概率也越小。在户外教育中,教师应该给学生物质价值需求是比较容易实现,但精神价值需求却是难以实现的事实。因此,教育者在进行户外教育过程中要有足够的耐心,因地因时制宜为学生制定不同的教学目标和教育内容,以达到更好的教育效果。

(二)案例分析

案例1:马斯洛需求层次理论如何指导户外运动教学与实践

背景:2016年4月,湖北省广水市三潭景区;野外生存课程。

目标:掌握野外生存的知识与技能。

内容:2016年4月,某校户外运动专业的学生从武汉出发,前往广水市三潭进行为期3天的野外生存课程实习。4月的武汉已入初夏,气温已高达30℃,大多数学生均着单衣单裤前往,并没有携带任何保暖衣物。湖北省广水市三潭景区,最高海拔近1 000m,到达三潭景区后,天气突变,狂风暴雨,致使温度骤减,降至10℃左右。教师在进行技能教学时,学生衣物均被雨水打湿,绝大多数学生躲在背风处避寒,教师教学无法进行。教师遂暂停了技能教学,指导学生生火烤干衣物取暖。第二天天气放晴,温度上升,学生身着干爽的衣物,学习积极性大大加强。

小组讨论:

1.在寒冷环境下,为什么学生会躲在背风处避寒而逃避学习?但天气转晴气温上升后,学习积极性会大大增加?用马斯洛需求层次理论解释这一现象。

2.作为教师或领队,如何清晰判断学生的基本需求,保障其基本需求,从而增强学生在学习活动中的积极性和参与度?

提示与启发:

1.引导学生思考,在寒冷的环境下,学生的优先需求是什么?天气转晴之后,学生的优先需求又是什么?

2.提示学生思考野外生存中各阶段占主导的需求层次,结合自身实习或带队经历进行相关思考。

(三)拓展与深入

案例2:撰写一份户外活动策划方案

内容:一份详尽合格的户外活动策划方案常包含活动时间、地点、参与活动人数、活动内容、食物与装备清单、教练配置、风险评估与预防、替代方案等。

深入思考:

分析户外活动策划如何体现马斯洛需求层次理论,依据该理论结合户外活动策划方案写作方式,撰写一份野外徒步穿越活动策划书。

(四)总结与反思

作为户外运动的支持理论,马斯洛需求层次理论对解释户外运动现象,指导户外运动实践有重要意义。如在野外生存教学中,在很多野外环境下,学生的优先需求是最低层次的生理需求。要重视学生的优先需求,不能违背规律盲目要求学生追求更高层次需求。分析户外运动现象、指导户外运动实践时,要拓宽思维,尝试运用相关理论,从根本上进行指导。

四、多元智能理论案例

生活中,每个人都有擅长的领域。例如,有些人歌唱得好听,有些人运动能力强等。为什么会出现这种现象呢?传统的智力理论认为人类的认知是一元的,个体的智能是单一的、可量化的,而美国教育家、心理学家霍华德·加德纳(Howard Gardner)提出的"多元智能理论",该理论认为,过去对智力的定义过于狭窄,未能全面反映一个人的真实能力。通俗讲,多元智能理论不是让学生千军万马过独木桥,也不是简单的要求给学生多架几座桥,而是主张给每位学生都铺一座桥,让其"各得其所"。

1.明确多元智能的分类及含义。

2.运用多元智能理论创设有利于个体发展的环境,促进人的个性发展。

3.能够运用多元智能理论分析学生智能优势,为学生制定多元化的发展规划。

(一)概述

1. 智能的定义

智能是指人的智慧和行动能力。霍华德·加德纳在不同时期对"智能"的定义进行了不同层次的研究。1983年,加德纳通过对人类潜能的多年实验研究认为,人的智能能够为个体所遇到的难题带来真正解决问题的技巧或产生出制造问题的潜力,为获得新知识打下坚实的基础。1989年,加德纳进一步提出"智能是个体用以解决或生产出为一种或多种文化或环境所珍视的问题和产品的能力"。"智能"应该是以能否顺利解决现实生活中遇到难题的能力为衡量标准。1999年,加德纳对"智能"进行了更为精辟的定义,即"智能是一种文化环境中个体处理信息的生理和心理潜能,这种潜能可以被交化背景激活以解决实际问题或创造该文化所珍视的产品"。

2. 智能的结构

1983年,加德纳在《智能的结构:多元智能理论》一书中介绍了七种智能,即语言智能、数理逻辑智能、音乐节奏智能、身体运动智能、视角空间智能、人际交往智能和自我内省智能。1995年又补充了"自然观察智能"。

(1)语言智能:人掌握语言文字的能力。此项智能占优势的人往往拥有较强的语言运用和理解能力,能够很好地运用语言描述事件、表达思想、表达感情、与人沟通和交流,能够很好地运用各种复杂的表达形式,如诗歌、幽默、故事、语法、暗喻、明喻、抽象推理、符号思维、概念图形、阅读和写作等。作家、诗人、雄辩家、主持人和记者等人群语言智能通常异常突出。在户外教学中,多引导学生表达自己的观点,促进与他人的沟通和交流,能有效增强团队凝聚力,还能锻炼语言智能。

(2)数理逻辑智能:顺利运用推理、逻辑思维和科学分析等方式分析解决问题的能力。如识别图形、运用抽象符号、辨别信息之间关系。此项智能占优势的人能通过数理运算和逻辑推理来发现模型,建立因果关系,进行可控的实验等。数学家、软件分析师、科学家和建筑师等在这种智能上表现异常明显。针对数理逻辑能力强的学生,在户外运动教学过程中应注重知识点的串联。例如,在教授皮划艇运动时,可根据"水环境""水的特性"等,引发"如何更好地掌握皮划艇划行技术"的思考,进而加深对皮划艇运动的理解。

(3)音乐节奏智能:人能够掌握并运用音调、节奏和旋律等的能力。此项智能占优势的人能够通过音乐来表达自己的感情。作曲家、歌唱家、表演家、指挥家及音响师等在这种智能上表现得尤为突出。对于户外教育者而言,在露营或游戏环节中要充分利用音乐智能强的学生,他们不仅可以展示自己的才艺、收获自信,还可以带动他人融入团队。

(4)身体运动智能:人能够灵活地运用自己肢体的能力。如运用身体表达情感、做游戏和运动的能力。此项智能占优势的人很容易通过操作外物来进行精确的身体运动,通过运动和表演达到最好的学习效果。这种智能在舞蹈家、运动员和外科手术医生等人身上表现得相当突出。在制定户外运动课程的目标和内容时,要充分考虑这些人的因素,由于他们具备比常人更强的身体运动能力,所以活动难度要相对增加,才能使他们走出舒适区,达到锻炼的效果。

(5)视角空间智能:人对空间概念的解读和辨别的能力。如视觉艺术、航海、航空、地图绘制和建筑。此项智能占优势的人擅长形象思考,常常运用敏锐的定位感和方向感,将文字、感想转换为心理图像。画家、建筑师与航海人员在这方面表现得相当突出。在户外教学中,可充分利用自然环境的丰富性开展教学,例如实地观察野生动植物、观察地形地貌、观察星空等。

(6)人际交往智能:人与人之间交流和沟通等方面的能力。人际交往智能占优势的人能通过交流和沟通来理解别人的情绪、性格、动机和意向。这种智能一般在推销员、公关、律师和社会活动家等身上表现得较为突出。在户外运动课程中,人际交往智能差的学生较难融入团队,应多给予关注,找到他的兴趣,激发其与人交流的动机。

(7)自我内省智能:人具有不断反省自身的能力,能正确地认识自己和评价自己,能很好地控制自己的行为、情绪和动机等。哲学家、小说家及律师等人群在这方面具有较大的优势。"先体验而后反思"是户外教育的核心要义之一,要求每位参与者在完成活动体验后,要在教师引导下进行反思感悟,由此形成对日常生活的指导。

(8)自然观察智能:通过观察自然中存在的各种事物,洞察自然及辨认事物的能力。这种智能在农业家、植物学家和生物学家等人群身上表现显著。户外教育能对青少年儿童自然观察智能的提升发挥作用。比如,通过自然考察,认知其他生命物种,激发参与者的好奇心,教会学生理解生态和辨别生命形态,认知生命的丰富性和保护生态的重要性,正确认识人与自然的关系,培养其观察和探究的能力。

3. 多元智能理论的具体涵义

(1)人的智能各具特点。每个人都同时拥有八种智能,这八种智能在每个人身上以不同的方式和程度组合在一起。假如学生语言智能水平较高,很可能成为顶级演说家。即便同一种智能,表现形式也有多种形态。如两个同样具有高运动智能的人,一个可能在篮球场上很出色,而另一个游泳很厉害。因此,在户外教育中要充分考虑各种可能性,尽量依据学生不同的智能特点,有针对性的制定教学目标,让每个学生都能参与其中有所收获。

(2)智能的发展受环境与教育等多方面因素的影响。个体智能的发展方向和程度因自然环境、社会环境和教育条件等因素影响而有所差异是正常现象。环境和教育对人的思维、人与人、人与自然的交往内容和方式产生深刻影响。例如,计算机即时通信的出现,使得人与人之间的交往方式产生了极大的变化。户外教育多在自然环境中,通过具体体验获得感受,对青少年智能的发展非常重要。

(3)强调培养解决实际问题的能力和创新能力。现今社会,尤为重视解决问题的能力和创新能力的培养,多元智能理论也更强调人的全面发展和个性发展。在户外教育中,教师在制定教育目标时,要考虑学生多元智能的发展,促进学生的全面发展。

(4)提倡灵活地、多维度地分析问题。基于多元智能理论,个体智能均由八种智能组成。与此同时,八种智能也在不断发展变化,不排除其他类型智能存在的可能。

(二)案例与分析

案例1:野外徒步穿越

背景: 湖北省神农架林区;野外徒步穿越实习。

目标: 巩固山地户外运动知识与技能。

内容: 野外营地生活、户外赛事组织与管理和徒步穿越三个模块。

学生由户外专业学生组成,都经历过专业的运动训练,具有较强的身体素质和运动能力,学生大多来自于城市,对野外环境较难适应,欠缺野外实践经验。实践过程中,平时在课堂上技术和组织能力平平的A学生却表现十分突出,不仅在营地生活中组织和帮助其他学生的生活起居,还在户外赛事组织中担任起了勘探路线和线路设计的任务,甚至在徒步穿越中对于地形和动植物的辨别都显示出优于其他同学。经了解,A学生在贵州某山区长大,对山地环境非常了解,此后教师多次委派他担任领队,其学习的自主性和积极性明显提升,技能、组织和社交等方面的能力也提升显著。

深入思考:

1.案例中A学生相较于其他学生哪些方面的智能比较突出,反思自己及身边的人是否也有某些方面特别突出的,都属于哪类智能?

2.如何根据智能的特点在户外教育中因材施教?

(三)拓展与深入

案例2:多元智能理论指导户外教学

引言: 多元智能理论如何指导户外教学实践。

问题引入：

1. 如何辨别学生的智能特点，不同智能类型的外显特征是什么？
2. 举例说明：依据学生的智能类型，如何运用适合其智能特点的教学方式指导户外学习？
3. 多元智能理论对于户外教育实践具有什么运用价值？

提示启发：

1. 清晰理解多元智能理论的内涵和特点，从智能类型及其特征出发分析不同学生个体的外显特征。
2. 在运用理论指导教学设计时，要考虑学生的智能类型，依据其较强的智能类型设计教学组织形式与教学方法，增强他们的兴趣和积极性，以建立对自我更清晰的认识和强大的自信心，激发其反思不足，发挥优势，全面发展各项智能。

（四）总结与反思

多元智能理论对教育教学有很大的启示作用。人的智能是多元的，通常将言语智能或数理逻辑智能表现不够好的学生称为"差生"，但多元智能理论认为，"差生"的其他智能也许具有发展潜力，若得到适当的鼓励和教育，他们也能发展得很好。多元智能理论认为每一个学生都有自己独特的智能特点和学习方式，教师的教学方法和手段应该因人而异。传统考试难以准确地反映学生解决实际问题的能力和创新能力，仅通过试卷考核评估选拔的学生已不能很好地适应现代社会对全面发展和个性展示的要求，所以要摒弃过去以考试成绩为重点的评价观，树立灵活多样的评价观，切实考察学生的实践能力和创造力。

第二节 解释性理论案例

户外教育作为教育的一种途径或方式，需要证据来支持和说明教育教学目标、方法、策略制定的依据和教育效果产生原因，心理学理论提供了一系列与人行为和动机的相互关联的理论，教师可以利用这些理论来解释说明。例如，归因理论能帮助教师了解强化的语言对学生的影响，而期望价值理论可与现实的成就动机相联系，为激发学生的参与积极性的教育手段运用和最终结果的预判提供理论支持。本节将马斯洛的需求层次理论、期望价值理论、自我效能、自我决定理论和归因理论编成教学案例以便于研究生学习理解与运用。

一、自我效能理论案例

在人类现实行为的表现中，拥有相同行为技能的人或同一个人在不同条件下执行同一行为时，其表现的出色程度不同，甚至相差悬殊，是什么原因造成的呢？

美国著名心理学家班杜拉(Albert Bandura)用社会学习理论中的自我效能机制解释了这一现象,自我效能机制影响着人表现的出色程度。

1. 能够较深刻地理解和把握自我效能理论的内涵和外延。
2. 能够区分自我效能、自信与自尊等概念及内涵。
3. 能够运用自我效能理论解释户外教育实践中的现象,并运用自我效能理论指导实践。

(一)概述

1. 自我效能理论的提出与发展

自我效能是指对自己是否具有在从事和完成某项活动过程中达到指定操作表现目的的能力判断,简而言之,个体对自己能力和能力可能产生效能的认识。

自我效能理论是美国心理学家班杜拉社会学习理论的支柱之一,他于1977年提出"自我效能"一词,将自我效能界定为期望。20世纪80年代之后,他认为自我效能是一种对自我生成能力的知觉(包括判断和评价),是个人对自己的学习或行动能够达到的某个水平,通俗讲,是指个体相信自己有完成特定任务的能力。

在学术研究和教育实践中,"自我效能"和"自我效能感"这两个概念时常互用,并无本质区别,只是"自我效能感"更强调主观感受。

2. 自我效能的性质

自我效能理论主要关注主体因素在认知学习中的重要作用,即俗语"师傅领进门,修行在个人"所说的个人主体学习。这一理论强调认知学习中个人的主观能动性,与唯物主义中"客观通过主观产生影响与作用"有异曲同工之妙。

1)自我效能是一种人类生成能力

班杜拉认为,自我效能在本质上是一种自我生成能力。它指效能是一种生成能力,它综合认知、社会、情绪及行为方面的亚技能,并能把它们组织起来,有效综合地运用于多种目的。这一生成能力能够将个体所具有的各种能力与技能综合运用到一种实际情景中,激发认知、动机和情感过程,支配着我们从认知和能力过渡到熟练活动的转化。

2)自我效能是一种动因机制

班杜拉认为效能信念是人类动因的基础,个人效能信念是构成人类动因的关键因素,自我效能在任何指导和动机激发作用的因素中起着"核心信念"的作用。简而言之,如果人们不相信自己能够有能力引发一定的后果,那么他们将不会主动地尝试去做这件事情,因此这件事也不会得到发生与发展。班杜拉在《自我效能:控制的实施》一书中明确指出动因是指"有意图的行动",突出了行动的目的性。他认为"为达到某一目的而产生行动的力量是个人动因的关键特征"。因此,我们可以认为自我效能是一种动机激发因素,人们首先产生某种行为并解释其行为结果,在这种解释中形成了在类似情境中做出此种行为的能力信念,此后又根据这些信念行动,如选择相应目标、维持行为等。

自我效能是一种动因机制,在户外教学中,教师如果熟练掌握自我效能理论,利用此理论充分调动学生学习动机,使学生树立相应目标、形成信念、做出相应行动从而达到特定目标。学生若能熟练掌握自我效能理论,了解"效能信念是人类动因的基础",增强自信心,树立合理目标,从而认真努力学习户外教育的理论与实践操作,最终达到个人学习目标和教师教学的目的。

3. 自我效能的特征维度

自我效能具有水平、强度和广度三个维度。

1) 自我效能的水平

自我效能的水平指的是个体完成某项任务时所需行为的水平。如果活动任务没有要克服的苦难或者障碍,那么每个个体对它都会有高效能感。这也就是说,由于活动的难度不同,而个体在活动中付出的努力会有所不同,这就决定了主体自身在完成不同任务时所具有的自我效能预期。例如,某学生认为自己20秒能登顶攀岩国标赛道,也有人认为自己10秒能登顶,更有攀岩高水平运动员6秒登顶,不同水平下的学生对速度攀岩国标赛道成绩的预期会有所不同,自我效能的水平由此便产生了简单水平、中等难度水平和高等难度水平之分。

2) 自我效能的强度

自我效能的强度指的是个体"确信自己能够完成受到怀疑行为的坚定性"。例如,对于能在水下憋气两分钟的人来说,要求他在水下憋气两分钟以内的自我效能强度是随着时间的延长而逐渐变小的,但是仍然保持较高的自我效能强度,如果要求他在水下憋气两分钟甚至更多,这时他就会逐渐减少完成此项任务的自我效能,因此在强度上就会逐渐弱化。自我效能的强度表明容易在困难面前妥协或者放弃的人,在困难到来之时,往往不能坚持自己的行为,自我效能就不会在积累中逐步提高。反之,如果一个初学者在速度攀岩中坚持科学训练并使成绩得到不断提高,那么他就会获得较高的自我效能,速攀成绩也随之提升。

3) 自我效能的广度

自我效能的广度指的是在某一项目上获得较高水平的自我效能是否能够延伸或者泛化到其他没有取得成功的领域或者行为中去,其强调的是自我效能的平行迁移与泛化应用,重点在于对不同情景模式下自我效能的积累与提升。仍然是速攀的例子,一位能够不断挑战自己速攀极限的学生,如果能够将这一运动中积累的高强度的自我效能投射到日常生活中的其他尚未取得成功的领域,例如减肥,那么他离成功减肥也就不远了。

4. 自我效能理论的外延

1)自我效能信念与个体行为

(1)自我效能信念与个体行为的关系。自我效能理论既是学习理论也是动机理论。班杜拉主张行为和认知的结合,他认为必须以环境、行为、人三者之间的交互作用来解释人的行为。自我效能是一个个体与行为和结果具有因果联系的体系。个体是否执行某项行为受效能期望的影响,行为结果又会影响自我效能。人们在行动之前,会先对自己执行某些行动以达成预期结果的能力做出判断,即效能期望,然后根据他们的判断再决定是否参与这些活动,并影响他在活动中的努力程度、坚持性和效率(图2-3)。如攀岩运动员在攀岩项目中对线路的难度与自身的实力有一定的预判,并采取相应的策略完成线路,那么运动员对线路和自身能力的认知无论偏高或者偏低对其策略的制定和行为都有相应的影响。

(2)自我效能信念对个体行为的作用。自我效能对个体行为能产生如下作用:影响选择执行的行动进程;影响在指定的活动中投入多大的努力;影响在面对阻碍和失败时能坚持多久;影响从逆境中恢复的能力;影响思维方式是自我阻碍还是自我帮助;影响在应对高负荷的环境要求时体验到多大的压力和抑郁;影响所能实

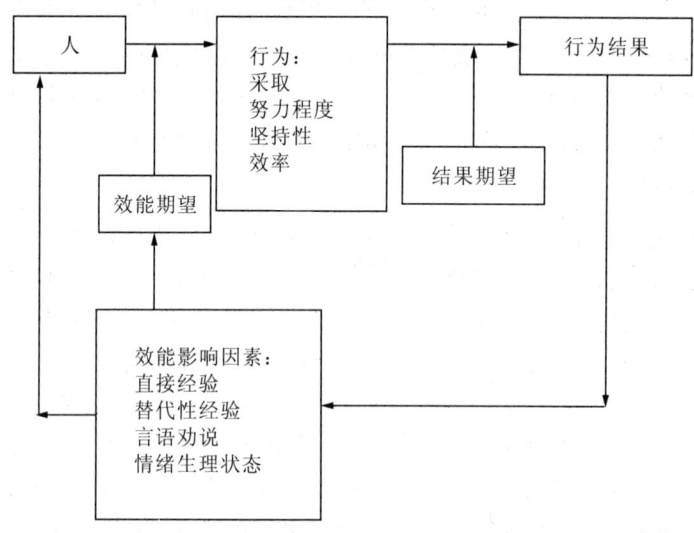

图2-3 班杜拉自我效能理论示意图(据古素娥等,2009)

现的成就水平。

在户外教育课程中,学生会出现消极、倦怠、参与程度低等现象,他们具有身体自我效能感较低的共性,经常在课程中怀疑自己是否具有学习和完成户外运动技能的能力,故难以积极主动参与到课程中,教师可根据班杜拉自我效能理论采取相应的策略提升学生自我效能感,改善教育形式,完善教育目标,提高学生主观能动性,从而达到更明显的教育效果。

2)自我效能感与自信

自我效能感类似于自信,但与自信又有所不同。

第一,自我效能是心理学专业术语,最接近日常生活中所言的自信心。如果不做学术研究,通常这两个概念可以互用。但如果是专业学术研究,则更多使用自我效能而非自信心。

第二,自我效能感是个人对自己从事某项工作所具备的能力和可能达成的一种主观判断或信心,主要针对某一具体任务或事情。因而,关于自我效能感的研究多是在某一领域,如教学效能感、学习效能感、身体效能感等。而自信是个体对自己的信任,表现为对自己的知识、能力、行为、判断等有信心。相对而言,自我效能感是动态的,所以范围更窄,比如同一学生,他的自我效能感在面对攀岩时很高,但在学习定向越野时却很低。而自信更具有稳定性,范围较之更广。

3)自我效能感与自尊

自我效能感和自尊是自我心理结构中两个最重要的成分,二者在核心内涵、心理结构、客观基础等方面有明显差异。自尊是个体对自己的重要性、价值感的主观判断,是对自身整体上"做人"的自我评价,具有整体性、体验性、终极性。而自我效能感是个体对自己具体"做事"的自我评价,往往针对具体领域的展望性。一个自尊感比较强的个体,或许他在户外运动中的自我效能感并不高。

4)自我效能感与习得性无助感

习得性无助感是指个体经历多次挫折和失败后,产生消极情绪、自暴自弃的心理状态,它的形成过程为频繁体验挫折—产生消极认知—产生无助感。习得性无助感会使个体表现出反应性降低等消极行为,妨碍学习。这与自我效能感体现的个体对于自身的一种自信与期望形成鲜明对比,深化到价值系统就成为自我效能信念,即有关自己能力判断的认知取向。因此,将习得性无助感转化为自我效能感,有助于提高学习效率和学习水平,具体策略:树立榜样、建立信心、积极暗示、激发潜能、创造条件、寻求成功。例如,教师在日常教学中甄别出习得性无助感的同学,对其在户外教育课程项目中的表现制定出有针对性的计划,结合自我效能理论采取干预手段,助力学生由习得性无助感转向高自我效能感。

5)高自我效能感学生的表现

教育心理学家斯滕伯格(2003)在总结何谓优秀的学生时指出,"高自我效能感"是优秀学生的表现之一。

高自我效能感的学生,在面临复杂任务时将之看作是一种挑战,能够客观分析自己是否具备完成任务的条件与环境,并确信自己具备完成任务的能力。而低自我效能感的人,往往容易放弃。例如,在户外运动知识技能学习时,高自我效能感的学生能够明确只要认真听课和练习,即能够掌握户外运动技能,能够找到学习复杂技术动作的方法以及知道寻求教师、教材与视频等资源支持。而低自我效能感的学生,往往认为自己不具备解决问题的能力,陷入困境无法自拔。

在面临障碍和困难时,高自我效能感的学生往往不会轻易放弃,反而会有效组织各种技能,整合性的提出解决问题的策略。而低自我效能感的学生则容易放弃,并阻碍自身各种技能的展现,甚至阻碍天性中本来具备的能力,使自己缺乏对自身能力的认同,缺少直接表现能力的动机。同时,高自我效能感的学生,往往在更广泛的范围中显现高自我效能感。如在户外运动学习中,表现为较强的学习迁移能力以及均衡稳定的运动成绩,在某一方面获得的成功经验,在其他领域中也能够很好地被复现。

高自我效能感的学生,在面对超出能力范围内的任务时会评估自身能力状况,并作为一项挑战,能够为胜任任务进行充分准备。低自我效能感的学生,往往无法对自身能力作出客观评估,在超出能力范围的任务失败后,往往归结为自身能力有限。

5. 影响自我效能形成的因素

班杜拉把"人是一种信息加工系统"作为研究前提,认为自我效能的形成过程实质上就是人们对效能信息进行加工的过程。效能的信息加工具有两个独立的功能,即选择信息的种类与综合启发性作用规则。这种规则能比较和整合选择来的自我效能信息以形成效能的自我信念。班杜拉和他的同事提出了自我效能的形成是建立在四种信息来源之上:

(1)直接经验,即学生亲历的成败经验,为学生自己的能力提供反馈。例如,攀岩运动员自身有过先锋攀登冲坠绳子烧伤皮肤的体验或亲眼见到攀登冲坠绳子烧伤皮肤的过程,相对于领队教练多次教导提醒更为有效。

(2)替代性经验(又称间接经验),即提供有关他人成就的比较性信息,或他人的榜样示范效应。例如,甲和乙在速度攀岩中水平相当,或者甲运动员的水平比乙运动员水平较高,当乙运动员突破速度攀岩纪录后,甲运动员的自我效能就会激励自己,增强自身创造新纪录的信心。

(3)言语劝说,即给学生提供别人相信他能做到的信息,包括说服性的建议、劝告、解释等。例如,在拓展训练的"高空抓杠"项目中,若有队员一直在高空中做着心理斗争不敢迈步,这时拓展教练一般会组织其他队员为其加油打气,使其克服心理障碍完成挑战。

(4)情绪和生理状态。班杜拉在"去敏感性"的研究中发现,高水平的唤醒使成绩降低而影响自我效能。例如,高原反应及生理上的疼痛会使登山者产生是否能够顺利登顶的怀疑,慵懒的情绪状态不利于登山计划任务有序开展等。

班杜拉认为,这四种信息根源常常综合对自我效能的形成产生影响,人们对效能信息的认别与选择,不仅仅是对所表现出行为的能力判断,而且还决定着下一步行为的选择,并制约着人们的思想与情绪。

(二)案例分析

案例1:拓展训练——高空项目

背景:2018年4月,某高校拓展基地,拓展项目——空中抓杠。

目标:体验高空项目,克服恐惧心理,挑战自我。

内容:空中抓杠属于高空项目,对学生们来说具有较大的挑战性。教师在项目讲解中告知学生要从10m高的跳台跃起抓住到距离1.2m的高杠,有学生跃跃欲试;有学生静静地看着其他人挑战;有的学生表现出焦虑的神态……项目开始后,A学生表现得最为紧张,教师让他观看第一位男同学的跳跃动作和高空表现,并鼓励A学生尝试,但是A学生还是克服不了恐惧心理,不敢尝试。这时与A学生情况相似的B学生表示要尝试挑战,教师边安抚A学生并让她关注B学生的表现,B学生上高空之后犹豫了一会,在教师和同学的鼓励下,奋力一跃,成功抓杠!在教师的询问和同学的鼓舞下,A同学决定试一下,她穿戴好装备,上高台,犹豫了片刻后,在师生的鼓励下,A学生稳定了一下情绪,纵身一跃,并成功抓住了单杠,挑战成功!在场的全体师生都为她的勇敢表现鼓掌叫好。

小组讨论:

1.挑战前,为什么学生们面对同样的挑战会有情绪差异?

2.A同学当看到第一位男同学成功表现时无动于衷,但在看到与自己情况相似的B同学挑战成功时为什么却能激励到她?

3.在户外运动教学中,运用哪些方法可帮助学生提升自我效能感?

提示与启发:

1.根据不同类型学生的行为表现,结合自我效能感强的学生群体的行为特征,分析学生情绪差异现象的成因。

2.参照自我效能形成的影响因素分析A同学敢于挑战与自我效能的关系。

3. 依据自我效能形成的影响因素,结合户外运动的特点,探究提升学生自我效能的手段和方法。

案例2:自我效能与户外安全

研究显示,1951年至2007年间,美国发生的登山事故(905人)的第二大致因是自我效能过高(高估自己的能力),如无绳攀登,是高估能力造成的结果。例如,某学校带着大三学生去四姑娘山实习,有一处较为崎岖的路段需要搭建路绳通过,领队老师一再强调路段危险,需要路绳的辅助,并设置好路绳,绝大多数学生们都按照老师的要求顺利通过,但有个别野外经验较丰富的学生自认为有能力在没有路绳的情况下可以通过,最终不慎滑坠,致其腿骨粉碎性骨折。

小组讨论:

1. 案例中该学生的"高自我效能感"源自于哪里?过高的自我效能感是否就是自负呢?为什么?

2. 我们该如何看待户外安全和自我效能的关系呢?如何从学生的自我效能方面切入,防控好户外教学风险?

提示与启发:

1. 依据自尊、自信的概念、内涵及自我效能的特征,结合该案例中粉碎性骨折学生的表现,分析在户外活动中高自我效能感与自负的区别。

2. 户外运动具有冒险性、挑战性等特征,结合高自我效能的表现与户外运动的特征,分析教师与学生如何运用自我效能理论进行户外运动风险防控。

(三)拓展与深入

如何将自我效能理论和户外运动冒险性、挑战性特征有效结合起来指导户外运动实践,使教学安全进行的同时学生获得更多的知识(效果最大化)。

案例:撰写一节拓展项目课教案

引言: 自我效能理论运用于户外教学。

内容: 拓展训练通过巧妙设置行为情境,创造出一种无法依赖已有经验的环境,在陌生且有挑战性的环境下,一般人们会利用自我效能理论对自己能否独立完成挑战项目,作出判断和分析。如果判断能够完成,会表现出自信、积极参与、勇于尝试的行为;如果判断为完成不了,人会产生焦虑、担心、无助等消极情绪,急于向他人寻求帮助。

独立思考:

如何在户外运动中提高参与者的自我效能?基于自我效能理论,编写一节以某一拓展训练项目为内容,以提升学生自我效能为目标的课程教案。

（四）总结与反思

根据班杜拉的自我效能理论，自我效能感属于非智力因素，与学生的学习动机、素质提高、能力发展等都有密切的关系。在户外运动课程中探索科学的途径与方法可以提高教师和学生的自我效能感，找出运用自我效能理论指导户外运动教育与学习的规律，是提高学生学习、教师教学效率的一项重要措施。

二、期望价值理论案例

人的行为受诸多因素影响，在为实现某一目标或某种动机的引导下产生。然而户外教育项目的多样性为不同需求的参与者提供了多种选择；户外教育的体验性决定了参与者需要积极参与才能获得深度体验；实践性决定了参与者的学习行为较为开放和自由。如何认识学生的心理动机与行为规律，促进学生自主选择、积极参与和自由学习，是户外教学实践中常常遇到的问题。期望价值理论是动机心理学最具影响力的理论之一，它是从个人价值与期望出发解释动机和行为的规律，探究户外教学过程中如何将预期与价值的组合功能最大化，从而调控行为方向，强化行为动能。

1. 理解期望价值理论的内涵及其主要观点。

2. 理解期望价值理论的实践作用和价值，能够将其合理运用于户外运动相关的实践之中。

（一）期望价值理论概述

1. 理论简述

期望价值理论是动机心理学最具影响力的理论之一。该理论认为，个体完成任务的动机是由他对该任务成功可能性的期待及该任务具有的价值所决定的。个体认为达到目标的可能性越大，从中获取的激励值就越大，个体完成该任务的动机也就越强。

在20世纪60年代初期至80年代初期的将近20年中，阿特金森的期望价值理论在"成就动机"研究中占据了非常重要的地位。此后，许多研究者分别对阿氏的期望价值理论进行了修正和拓展，较具有影响力的人物有Eccles、Feather、Heckhausen、Fishbein和Ajzens等。为了区别于早期阿氏的期望价值理论，一些研究者把这些研究统称为"现代期望价值理论"。该理论以阿氏的期望价值模型为基础，将成就、坚持及选择与个体的相关期望、任务的价值信念联系起来。

2. 主要内容

1) Eccles 等的期望价值理论

Eccles 等阐述并验证了一个与成就选择相关的期望价值理论模型。在该理论模型中,他们假定选择同时受到消极与积极任务特征的影响,并且假定所有的选择都有着相应的精确花费,因为一种可预见的低花费的选择通常降低了其他选择的可能性。因此,对成功的可能性预期与相对价值是选择的决定性因素。

期望与价值被认为是受到特定任务信念的影响,如能力、不同任务难度、个人目标与自我图式。以上这些社会认知变量,经由情感记忆及对先前成就结果的解释,反过来受到个人知觉到他人对自己态度与期望的影响。Eccles 等还假定,个体的任务知觉以及对过去结果的解释,受到其行为、信念、文化环境等方面的影响。以下从成功预期、能力信念与任务价值等方面对其理念进行阐述。

(1) 成功预期:个体对眼前的、近期或将来远期的任务能够做到多好的信念。班杜拉的自我效能理论中也包含了预期。他区分出了两种期望效能,一种是效能预期,即个人对能够完成任务的信念;一种是结果预期,即特定的活动能够带来特定的结果。班杜拉认为早期的期望价值理论研究者集中于结果预期,进一步说明效能预期比结果预期更能预测成绩与选择。Eccles 等接受了班杜拉的观点,他们对预期的构建更类似于班杜拉的效能预期而不是结果预期。因此,在户外教育实践中,学生不仅要获得对活动目标实现所带来的特定价值,还应通过对自我能力的审视来得到能够完成任务的感知和信念,使参与者的学习行为变得积极主动。例如参与者了解攀岩项目具有强健体魄、克服恐高和突破自我等作用,若所设置的目标高度和难度令其力所不及,产生的不良效能预期会阻碍其积极行为的发生。

(2) 能力信念:个人对自己不同领域能力的评价。在期望价值理论中,能力信念被认为是在特定领域更广泛的信念,而不是对某一具体任务的成功预期。与期望不同的是,能力信念集中于当前任务而期望集中于将来的任务。能力信念在户外教育中表现为学生在面对某些特定问题与任务时对自我能力的评估判断,但评估的结果不理想时,会大大降低学生的参与热情。对此,多元智能理论(Howard Gardner)认为人在特定情境中解决问题时会表现出差异化和多元性的能力。学习风格理论同样指出学生对相同内容学习的不同环节具有一定的偏好。因此,在教学过程中发掘不同个体的优势与不足有助于学生扬长避短,增强自信,提高参与积极性和学习效率。

(3) 任务价值的四种成分:①获取价值定义为成功完成特定任务对个体的重要性;②内部价值是个体从某项活动中得到的乐趣或对这一对象的主观兴趣;③效用价值取决于任务与当前或将来目标联系的紧密程度,甚至就个体自身而言,学生对一个任务本身没有兴趣,仅是因为该任务能够对实现将来的重要目标有作用,这个任务就具有积极的价值;④花费是价值的关键部分,从参与任务的消极方面给出花费的概念,消极方面的花费像户外实践中面对挑战的焦虑紧张或对成功与失败的担心等不良情绪,以及选择放弃后失去提升自我机会或实现成功所付出的努力等。

2)Fishbein 和 Ajzens 的期望值理论

Fishbein 和 Ajzens(1975)的期望价值理论假定,人们的行为是以目标为导向的,并将试图最大化预期成功与价值的结合。同时,理论假定行为是个体对结果的价值以及通过行为实现期望结果的期望值的函数。该理论通常由方程表示为 $B=f(E*V)$,其中 $B=$行为,$f=$函数,$E=$预期,$V=$价值。这个理论可以在许多方面应用于户外冒险教育中的行为,为了使期望和价值的产品最大化以期改变行为,那么必须要让参加者的期望达到一定"高度",并重视与之相关的利益,他们才会付诸积极持续的行动,好比一个教育组织重视"节约资源"的教育,他们可能会向其成员推荐绿色出行,而不是驾驶汽车。如果一个家庭有完全充足的露营条件,但没有一个家庭成员重视露营经验的好处,他们仍不会去露营。

3)Heckhausen 的期望价值理论

在 Heckhausen 的期望价值理论中,他尝试整合许多不同的动机研究方法,对阿特金森理论模型进行了精细化。在他的理论中区分出了四种不同的期望模型:①情境—结果(在特定的情境下没有行动而获得结果的主观可能性);②活动—结果(通过行动获得结果的主观可能性);③经由情境的活动—结果(情境因素促进或阻碍了活动—结果预期的主观可能性);④结果—影响(与特定影响相联系结果的主观可能性)。Heckhausen 还指出,任务操作不是仅由预期的自豪感与羞涩、积极的自我评价与重要他人(教师、父母)的表扬等决定的。任务操作可能是达到上级长期目标的中介,或具有外部的副作用(目标附带的好处)一定要予以考虑。需要着重注意的是,在 Heckhausen 的期望价值模型中,结果是行动的直接后果,其本身没有多少诱因价值。诱因价值仅仅是个人活动的影响(如自我评价与外部评价)而致。因此,活动的动机主要取决于个人对行为影响的价值认识。Heckhausen 的期望价值理论强调户外教育者为调控学生参与行为和学习行为时,不仅只是利用活动目标所带来的诱因价值,还应考虑个体在家庭教育、社会环境、受教育程度、个体需求及特征等层面的差异导致对活动价值的认识,如一个不注重安全教育的家庭,居住在自然环境优美的山区或是从未接受过任何正规教育的人,就不会对以"亲近自然"或"安全教育"为主题的户外实践活动有深刻的价值认识和强烈的参与意愿。

3. 现代期望价值理论的评价与应用

现代期望价值理论是以阿特金森的期望价值理论为基础展开研究的,该理论最重要的贡献是期望与价值建构的精细化及其关系研究。在现代期望价值理论中,期望与价值两个部分更为具体,并且与更广泛的心理与社会文化因素相联系。现代期望价值理论的一个重要特征是在教育领域丰富的实证研究。

在教育中,预期价值理论(Eccles et al,2002)表示学习任务的动机是学生成功完成任务的期望和他们重视任务程度的函数。该理论描述了学生对成功的期望和主观任务价值观的发展,并确定了一些影响这一发展的因素,如文化环境、社会工作者的信仰和行为以及以往与成就相关的经验(Gfield,2002)。在这一理论中,对成功的期望和主观任务价值是与成就相关的选择和绩效最接近的决定因素。研究发现,学生对成功的期望和主观任务价值观可以预测他们的动机与成就(Wigfield et al,2000;Simpkins et al,2006)。更具体地说,学生的主观任务价值观往往是对某一学科继续感兴趣的预测因子,而预期往往是对学业成就的预测因子(Wigfield et al,2000)。因此,主观任务价值观构成了学生支持和反对任务参与的理由,而任务价值干预功能则帮助学生认可任务参与的理由。

(二)案例分析

案例1:运用期望价值理论促进青少年学习参与

背景:某青少年户外体育营地活动。

内容:2019年7月,某教育机构组织开展了青少年暑期营地活动。在营前会上,教师采用了故事与小游戏结合的形式,为全体学生讲解本次营地实践活动内容、流程及各项规定,讲解生动诙谐、引人入胜,营造出了轻松愉悦的氛围,学生对即将开始的户外活动表现出十足的兴趣和期待。其后,教师组织学生参观活动场地,户外装备与场地设施引起了学生们的好奇心,并表现出跃跃欲试的兴奋。在观看速度赛的攀爬表演,引发营员们欢呼——"我想学,我要学""好酷啊""我想像他那样"不绝于耳。

最后,教师通过开放性的问题,引导学生思考本次营地活动的目标和期望,自我要求,个人的优缺点并让学生书面记录,粘贴在床头,每日督促自己。在接下来5天的营地活动中,学生们表现十分优异,对在营期间的学习和收获都十分满意。

小组讨论:

1. 案例中为了激发学生的参与积极性和兴趣,教师采取了哪些干预手段?成效如何?

2. 案例中针对学生的哪些具体期望和价值采取了干预手段?为他们积极行为

和良好的发展产生了什么作用?

3.除了在营前可采取干预手段提升其动机外,在活动开始后如何继续调控其期望价值以保持学生积极的态度和行为?

提示启发:

尽管营前会花大量的时间,运用各种手段,调动学生的兴趣和积极性,对实现最终的教育目标起着关键性的作用。活动过程中的调控也至关重要,需考虑到青少年身心发展、户外实践教学等特点等,采用合理有效的、可操作性强的方法手段,引导和控制参与者的动机与行为。特别要注意的是,参与者的需求和动机是在持续的干预中不断变化的,正负向的变化要求教师细心观察并适时调整干预策略。

案例2:期望价值在青少年体力活动中的研究

期望价值理论作为认知主义动机理论的重要组成部分,在研究青少年参与体力活动选择、参与动机和成就行为方面有重要的指导作用。国外学者大多运用了Eccles等(2002)的期望价值理论模型来研究体力活动,现有文献显示:期望价值理论能够影响青少年对体力活动的选择、参与动机和成就行为,并与参与动机和成就行为呈正相关性。此外,还发现期望价值理论运用在体力活动中存在性别差异,期望价值各因素对男生和女生参与体力活动的动机具有不同影响,如Grasten等根据一个学年的跟踪研究发现,只有实用价值对女孩的参与动机有重要的影响作用且两者呈正相关关系;只有获取价值对男孩的课后体力活动的中高强度值有重要的影响作用且两者呈正相关关系;男孩更愿意在体育课程中参与体力活动,而女孩则更愿意在课后参与体力活动。

小组讨论:

1.根据本研究中期望价值理论对青少年体力活动的不同层面的研究成果,能为户外运动的课程教学或活动组织带来哪些启示?

2.讨论男女生之间为何存在本研究中所呈现的性别差异,列举几条导致差异化的影响因素并寻求一定的理论依据予以简单论证。

提示启发:

1.提示学生要考虑受教育者的动机与需求、个体间差异及其年龄段的发展特征等问题。

2.从文献资料中查找关于青少年男女身心发展特征、家庭教育、社会交往方式等方面的差异,并联系期望价值理论中的要素进行分析讨论。

(三)拓展与深入

期望价值理论认为,个体完成任务的动机是由他对该任务成功可能性的期待及该任务具有的价值所决定的。个体认为达到目标的可能性越大,从中获取的激励值就越大,个体完成该任务的动机也就越强。

独立思考:

期望价值理论可指导户外运动实践或教学的哪些方面,解决哪些实际的问题?如何将其运用于实践或教学之中,增强组织者与参与者或教育者与受教育者某方面的动机和行为,最终促进达成目标和发挥效用?

（四）总结与反思

学习动机对于学生学习行为的研究有重要影响。期望价值理论作为认知主义动机理论的重要组成部分,在研究学生学习动机和学习行为方面有重要的指导作用。

期望价值理论对教师的工作具有现实意义,以下五条建议可指导教师教学实践,但在具体的教学情境中需要灵活调整:①帮助学生保持相对准确和高的期望;②给学生挑战性的任务并帮助他们取得成功;③培养学生胜任能力或能力信念很重要;④教学过程中减少对学生能力方面的评价信息;⑤使学生对自身能力的感知能够具体化。

三、自我决定理论案例

在户外教育教学中,不是每个学生都有明确的学习动机。教师应如何激发他们的学习动机呢?自我决定理论是一种关于人类自我决定行为的动机过程理论。该理论以社会认知理论为基础,根据驱力理论和成就动机理论确定了决定人类行为的三种基本需要,即自主需要、能力需要和归属需要,并认为自我决定是在充分认识个人需要和环境信息的基础上,个体对行动做出的自由选择。经过几十年的发展,自我决定理论已逐渐形成了一套较完善的关于人类动机和人格的理论体系,并广泛应用于管理、教育、咨询等实践领域。

1. 了解自我决定理论的概念及内涵。

2. 能够阐述外部动机的四种调节状态分别有哪些表现及相关调节过程。

3. 能够运用自我决定理论从外部动机转向内部动机,提高户外活动参与的主动性进而提升学习效果。

（一）自我决定理论概述

1. 自我决定理论内涵

自我决定理论(SDT)是由美国心理学家 Deci 和 Ryan 在 20 世纪 80 年代提出

的关于人类自我决定行为的动机过程理论。它关注的焦点是人类的行为在多大程度上是自愿和自我决定的。

自我决定理论假设人是积极的有机体,人天生就具有追求心理成长和发展的倾向,努力去应对持续的挑战,并把外部体验与自我感知进行整合。但是,这种先天的倾向并不会自发地起作用,而是需要有社会环境的持续支持。自我决定理论认为,支持个体健康成长和发挥功能的动因应满足三种基本心理需要。当基本心理需要得到满足时,个体就可以有效地执行各项任务,并以健康的方式发展;如果基本心理需要不能得到满足,个体就将表现出病态和不理想的功能状态。

2. 自我决定理论的基本内容

自我决定理论包括有机整合理论、基本需要理论和认知评价理论。不同的理论可以解释来自不同领域的不同问题。

1) 有机整合理论

自我决定理论与自我动机关系密切,但其不把动机看作一个单一概念,也不把动机简单地区分为内部动机和外部动机,而是根据自我决定程度的不同,将动机看作是一个从无动机、外部动机到内部动机的连续体,外部动机又可以根据外部规则与个体自我感的整合程度分为外部调节、内摄调节、认同调节和整合调节四种类型。无动机是完全无目的、无意向、无自我控制的状态。外部动机主要指个体的行为受外界环境的制约而产生,通常需要个体付出一定的意志努力。它被划分为四种状态,①外部调节:个体的行为与报酬或者避免惩罚相联系;②内摄调节:当行为与自尊或自我价值密切相关时,个体就会在乎外部的规则和要求,但却没有接受这些规则和要求,这些规则的遵守与个体的自尊有密切关系,否则他就会感到内疚和羞愧,因而个体是受控制的;③认同调节:当个体充分地认识到某种行为对于自己的重要性,并能够认同这些行为的规则时,他在行动过程中就不会感受到压力和受控制,而是更多地体验到自由和意志;④整合调节:最高程度的外部动机的内化,与内部动机具有很多共同之处,但因其具有工具性成分,还不是内部动机,行动本身还不是个人的终极目标。

在四种调节状态中,外部调节和内摄调节主要呈现出受控制的状态,个体更多的是迫于外界的压力而行动,因此可以把它们看作是受控制的动机。受控制的动机所涉及的行为通常伴随着压力,而且为了达到特定的结果而强迫自己这样做,它类似于传统的外部动机。在认同调节和整合调节中,自我决定的成分较多,个体已经接受了外部环境的要求,并在很大程度上将外部环境的要求与自我进行了整合。内部调节状态则是一种完全自发的行为,个体在此状态下,不需要做任何自我控制方面的努力,从认同调节、整合调节到内部调节都是以内控为主,自我决定的成分渐增,因而可以把它们看作是自主动机。自主动机是指个体的行为是在个人意志的驱动下做出的,它与个人的核心自我完全一致,并且体现出自己全心全意、优先选择和接受的价值观,它类似于传统的内部动机。个体在从事一种行为时,会因为动机的不同而体验到不同的控制点,需要不同程度的自我努力,心理感受和行为效果也有很大的不同。每个户外运动参与者的动机存在差异,例如有些学生只是为了拿到学分,有的职员是完成公司的任务,而有些参与者对户外运动特别感兴趣。作为户外教育者,我们应通过营前会等形式详细了解每位参与者的动机和兴趣,通过自我决定理论帮助学生从外部动机转化为内部动机。如图 2-4 所示。

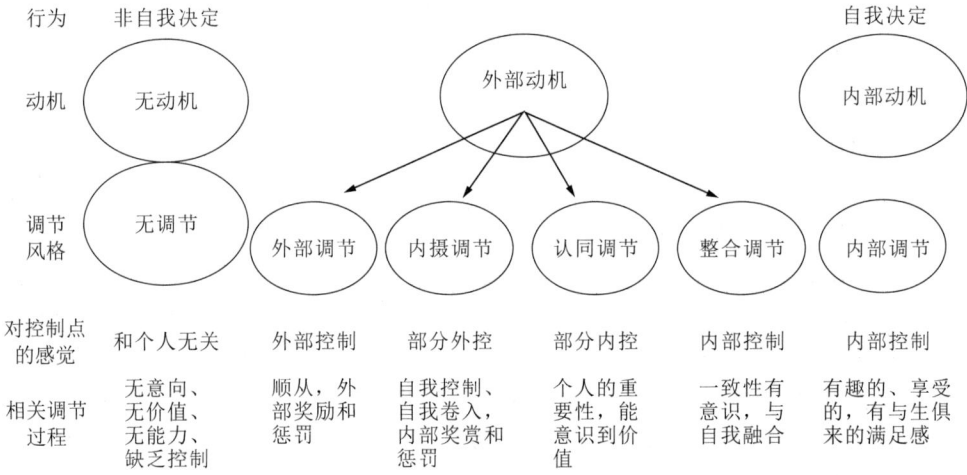

图 2-4 动机连续体上不同的动机类型对应的调节风格、控制点和调节过程
（据 Ryan et al,2000）

2)基本需要理论

自我决定理论的另一重要内容是关于个体的基本心理需要。自我决定理论认为,内部动机和外部动机的内化是一个自然的过程。但是,这一过程需要支持才能发挥最佳的功能,而这个支持就是满足基本心理需要的三个方面,即自主的需要、能力的需要和归属的需要。这三种需要的满足为内部动机和外部动机的内化提供了支持。当环境能够让个体体验到自主性(例如个人意志、发表看法、采取主动等),或者个体在某个活动上的自我决定程度较高时,他体验到的是一种内部归因,感到自己能够主宰自己的行为,自己是行为的主人。此时,他参加活动的内部动机就高。所以,在户外活动设计时就应考虑到参与者的需求,多听取他们的意见和建议,让参与者感受到自己是活动的主人。能力的需要与自我效能感同义,是指个体

对自己的学习行为或行动能够达到某个水平的信念,相信自己能够胜任该活动。例如,恰到好处、有效的户外挑战项目,能把个人的积极性最大程度地调动起来,在活动内容的选择上要考虑到学生的差异性。归属需要(与某人相联系或属于某个团体)即个体需要来自周围环境或其他人的关爱、理解和支持,并体验到一种归属感。这时,人们通常会表现出较强的自主动机和更强的环境适应能力。对于性格比较内敛、不善表达的学生应适时的给予关注,让他们体会到团队给予的关怀。总之,满足三种心理需要的社会情境能够促进外部动机的内化,促使个体更长久地坚持某项活动,使个体保持积极的心理状态,产生更积极的行为,使个体能够更好地成长。而阻碍这三种需要满足的环境或条件通常会降低个体的自主动机、工作成绩和幸福感。

3)认知评价理论

有关研究表明,影响人们心理需要满足的因素包括奖励和人际氛围等。围绕奖励对内部动机影响的研究表明,对于个体而言,奖励等外在因素具有信息性和控制性。信息性的奖励是指积极的反馈,即奖励所传达的信息是个体能够胜任所从事的活动,或者让个体知道如何更好地胜任该活动。这会使个体提升能力的需要得到满足,因此能够增强个体的内部动机。如果要求个体在获得某一特定的结果之后才给予奖励,即如果规定了个体要获得某种奖励,必须在特定的时间、特定的地点,用特定的方式完成某事,那么这一类的奖励就具有控制的性质,个体的自主需要就得不到满足,此类性质的奖励就会削弱个体的内部动机。

人际氛围也会影响个体的动机。如果在群体中个体感受到压力或控制,通常是能力和自主需要的满足受到阻碍,就会降低他们的内部动机。如果所提供的是支持性的信息,如一些有意义的解释,就会让个体归属的需要得到满足,从而增强他们的内部动机。在户外运动训练中,教练在设计一组练习、进行不同的分组训练时,以及在对队员的成绩做出评价时,就会有意无意地形成了人际氛围。这种人际氛围对队员的动机具有很大的影响,如果在训练中过于强调同伴之间的竞争,过于强调成绩以及输赢的结果,就会使队员陷入一种外控的状态,从而丧失自身积极主动性的发挥,即内部动机就会缺失。

(二)案例分析

案例1:运用自我决定理论提高青少年内部学习动机

背景:某营地教育活动。

内容:2019年7月,某营地教育机构组织的青少年暑期营地活动开始了。在分组团建中,A同学(男,10岁)性格十分开朗、外向,主动承担组长的角色,积极参与团队建设,很快融入了陌生的集体。而 B 同学(男,12 岁)性格比较内向,在团队建设中不愿发声,很快他就有了被孤立的感觉,在其后的活动中,他总是闷闷不乐地跟随大家,几个活动下来,哭喊着要回家。户外教师主动与他沟通,交流中,发现 B 同学对各类石头非常感兴趣,于是主动带他观察营地周边的各种石头,给他安排较擅长的工作。渐渐地,B 同学的态度有了很大的变化,在接下来的活动中表现得越来越好,积极参与各项活动,也主动与同伴交流,并得到了同伴的认可,几天的营地活动,他收获颇丰。

小组讨论:

1. A 同学和 B 同学在活动的第一天分别是哪种学习动机?
2. 作为户外教师利用了哪些方法和手段使 B 同学融入活动中?
3. 营地活动中,不可能所有的活动都是青少年感兴趣的,我们应该如何引导他们从外部动机转化为内部动机?

提示与启发:

通过满足三个基本心理需要,使学生由外部动机转化为内部动机,从而提高参与感和学习效果。

(三)拓展与深入

自我决定理论的核心是强调人的自主性。周围环境对自主性的支持和自主需要的满足,可以促进内部动机或外部动机的内化。Deci(2000)等的研究发现,支持自主的老师所教的学生内部动机更强,更具有好奇心,更喜欢接受挑战,做出独立探索的尝试。Vansteenkiste 等(2004)的研究表明,支持自主型的交流风格比控制型的交流风格更能够使学生创造出好成绩,且拥有内部目标的学生比拥有外部目标的学生更能表现出好的学习成绩。当内部目标和自主的交流风格相结合时,学生的成绩最好。因此,在户外运动教育教学中,可以利用自我决定理论来提高学生的学习效果。基于此,请思考以下问题:

(1)外部动机发展为内部动机的过程经历了哪些不同类型的动机? 不同类型的动机给学生带来了什么感受?

(2)有哪几种社会情境因素对于内部动机存在影响?

(3)人类先天存在的三种基本心理需要如何影响动机?

(4)教师如何使学生获得更强的内部动机从而表现出更好的学习成绩?

(四)总结与反思

自我决定理论揭示了人的行为动机产生的原因,各种不同类型的动机带给人的感受各不相同。作为领导者或教育者,应尽可能地促使学生或参与者的动机由外部动机向内部动机转化,这样才能提高参与者的学习或工作效果。使外部动机向内部动机转化的方式主要是通过满足三个基本心理需要的方式。充分了解和学会运用自我决定理论不仅可以提高自己的学习和工作效果,也可以通过改善个体的动机提高整个团队的学习、工作效果。因此,掌握外部动机向内部动机转化的方法非常重要。

四、归因理论案例

归因理论(Attribution theory)是关于个人阐释他人或自己行为原因的社会认知理论。旨在通过分析和推测行为的因果关系,以控制人们的环境及其影响下的行为。实践证明,归因理论在激发成就动力,促进坚持努力的行为上有重要作用。户外运动具备探险性和挑战性,如何在困难中坚持不懈,如何在失败时保持甚至加强成功的期望,如何来帮助和改造面对失败常常就自暴自弃的人,激发他积极向上的动机和坚持努力的行为是每位户外教育者都应思考的问题。

1.掌握归因理论的概念及归因理论的发展过程。

2.了解人的归因倾向和规律,掌握如何进行正确的归因。

3.掌握不同的归因产生的不同结果,能够利用归因理论引导和激发人们在成功或失败后增强自信心、激发努力动机、提高工作和学习的积极性。

(一)概述

1.归因理论的内涵

归因理论是指在日常的社会交往中,人们为了有效地控制和适应环境,往往对发生于周围环境中的各种社会行为有意识或无意识地做出一定的解释,即认知整体在认知过程中,根据他人某种特定的人格特征或某种行为特点推论出其他未知的特点,以寻求各种特点之间的因果关系。该理论最早由美国心理学家海德于1958年在社会知觉的实验研究中提出。后来凯利(Kelley)和韦纳(Weiner)发展了海德的归因理论,分别提出了三维归因模式和成功与失败的归因模式,这对理解和推论人的行为原因提供了理论和证据。正是因为归因对个体行为的影响,归因理论也成为激励理论的重要内容。

2.归因理论的主要内容

把荣誉和过失归咎于自己或环境的过程被称为归因过程——决定某个行为或事件是否主要由内部或外部因素导致的。一个人的行为通常要么根据内部因素(如个性、态度和能力),要么根据外部因素(如组织资源、运气和不可控的影响力)来解释产生的原因。

海德认为事件的原因无外乎有两种:一是内因,比如情绪、态度、人格、能力等;二是外因,比如外界压力、天气、情境等。一般人在解释别人的行为时,倾向于性格归因;在解释自己的行为时,倾向于情景归因。海德还指出,在归因的时候,人们经常使用两个原则:一是共变原则,它是指某个特定的原因在许多不同的情境下和某个特定结果相联系,该原因不存在时,结果也不出现,就可以把结果归于该原因,这就是共变原则。二是排除原则,它是指如果内外因某一方面的原因足以解释事件,就可以排除另一方面的归因。凯利(1967)提出的三维归因模式,又被称为多线索分析理论,或称共变归因理论,是凯利在吸收了海德的共变原则的基础上提出的。他认为,人们多是在不确定条件下进行归因的。人们从多种事件中积累信息,并且利用"共变原则"来解决不确定性的问题。凯利还认为,人们在试图解释某人的行为时,可能用到三种形式的归因:归因于行为者、归因于客观刺激物(行为者对之做出反应的事件或他人)、归因于行为者所处情境或关系。1972 年,维纳在海德归因理论与阿特金森的成就动机理论基础上,提出了自己的成败归因理论。他认为成功或失败可以归因于六个方面的因素,即努力、能力、任务难度、机遇、稳定性和其他。这六个因素又可按照三个维度细分,具体见表 2—1。

表 2—1　成败归因的三个维度(据陈国海,2017)

三个维度	因素归类	
内外因	内因	外因
	努力、能力	任务难度、机遇
稳定性	稳定	不稳定
	能力、任务难度	努力、机遇
可控性	可控	不可控
	努力	任务难度、机遇、能力

对成功与失败的原因做不同的归因判断,可能产生不同的结果和影响。如果把成功归结为内部因素(努力、能力),则很有可能使人感到满意和自豪;而把成功归于外部因素(任务容易、机遇好),则可能使人产生惊奇和感激的心情。如果把失败归结于内因(努力不够、能力不足),可能使人产生内疚和无助感;而把失败归结于外因(任务困难、运气不好),则可能使人气愤,产生敌意。如果把成功归结于稳

定性因素(任务容易、个人能力强),则可能提高今后工作成功的信心;把成功归结于可控性因素(努力),则可能提高努力的积极性;而把成功归于不稳定且不可控的因素(运气好),则可能使人产生侥幸心理,对提高积极性没有多大作用。把失败归于定性因素(任务难、能力差),则可能降低以后工作的积极性;而归因于不稳定因素(运气不好、努力不够),可能减少失败带来的挫折感,提高以后工作的积极性。所以,在户外运动教学中,教师对于成功的一方应肯定他们的努力和能力,对于失败的一方可以归因于外部因素和不稳定因素,使成功的一方和失败的一方都能提高自信心,增强以后学习的积极性。

综上所述,了解人的归因倾向和规律,正确地进行归因有助于人们对成功的经验和失败的教训进行合理的分析总结,从而达到增强自信心、激发努力动机、提高工作积极性的目的。

3. 归因原则

那么人何时做内部归因,何时又倾向于外部归因呢?美国社会心理学家凯利总结了人们在进行归因时经常使用的原则。凯利认为,人们依据三个因素进行归因。一是独特性,当个体的行为反常,不同于以往的风格时,人们常做外部归因或情景归因。例如,在户外活动中,某人遵规守纪,从不违反活动纪律,然而有一天却违反了活动规则,此时,人们可能解释为这是他有太多的压力或紧急的情况等外因所造成的。二是一致性,也称普通性。在相同的情况下,大多数人都会有同样的行为,某人也出现这种行为时,做外部归因,而当某人行为与众不同时,则做内部归因。例如,户外运动要求全体人员着运动装,教师例行检查时,大家都衣冠整齐、着装统一,唯独某人依然我行我素、不循规蹈矩,此时人们对他倾向于内部归因。三是一贯性,也称稳定性,指一个人的某种行为在不同情景下是否一贯和稳定。当某人一向表现良好,如今又取得最佳成绩时,人们做内部归因;某人懒散成性,那么今日的迟到,自然会被看成是其个人的原因。作为户外教育工作者,要了解不同归因所带来的结果,不仅能够为自己的行为进行归因,还要指导受教育者进行正确的归因。

归因理论为我们提供了研究人类复杂行为的理论基础和方法,可以运用这些已有的归因研究成果来更好地理解人类复杂的社会行为。并且这个理论已经越来越广泛的运用到社会科学、管理科学以及教育科学研究中。

(二)案例与分析

案例:素质拓展项目——"毕业墙"

背景:2017年7月,某高校拓展基地,素质拓展项目。

目标: 增强班级的团队凝聚力。

内容: 在"毕业墙"拓展项目中,学生为了打破之前的记录,大家非常积极。刚开始,一切进行得很顺利,眼看就要打破记录,但最后一名学生却出现了问题,多次尝试都无法实现破记录的愿望。这时,有些学生开始抱怨,"都是你太胖了""让你平时多运动"等,被说者一脸无奈。见状,教师组织学生讨论影响毕业墙的完成时间的因素。讨论中,学生各抒己见,有的学生认为"体重太大的"同学是失败的主要原因,如果将其换掉就能快速完成;有的学生认为失败的原因是不团结,配合不默契,教师对于持这一观点的同学给予了肯定。随后挑战重新开始,教师把排队的顺序进行了变换,把原本最后一名同学放在了前面。结果出乎大家所料,用时比上次快了近1分钟。最后教师揭示了调整的原因:在集体中要相信自己的同伴,相信同伴和你一样会为了同一个目标而全力以赴,要做到物尽其用,人尽其才。通过这次活动,学生在以后的活动中比以往更团结,同学之间的关系更加密切和谐,班级的凝聚力也得到了显著提升。

互动讨论:

1.第一次活动后学生的归因是内部归因还是外部归因?

2.依据案例,讨论归因理论的作用有哪些?何时进行内部归因,何时进行外部归因。

提示启发: 引导学生在挑战失败后进行正确的归因,有助于重新唤起学生个性、自信心及动机。

(三)拓展与深入

初中二年级的体育课上正在进行50m团队接力。教师将全班学生每四人一组分成了若干组,为了调动学生的积极性,教师在练习前提出了要求,该组中最慢的同学要做五个立卧撑。在前两轮比赛中,学生为了比赛胜负而争论,"他抢跑了""他跑的时候脚踩线了"等。但到第三轮,有学生抱怨,"老师,太不公平了,我要求换人。"寻声望去,一名男生正指着身旁的同学叫嚷,他的叫嚷得到大多数"失败者"的附和。原来有一名学生是校田径队的集训队员,他的水平要比普通学生高出一截。教师问道:"你认为与谁比公平?""我要和他比"面对教师的提问,学生迅速作出了回答与选择,并指着身后一名小胖子并脸上带着一丝"坏笑",于是"失败者们"纷纷提出换人要求,一时间就乱作了一团,教师很快让学生安静了下来,对学生们说了这么一席话。"如果是比赛,你能因为对手的强大而要求调换对手或者是拒绝比赛吗?""不能"。学生的回答是坚决的。"什么是虽败犹荣?相信大家都懂,能与强者同场竞技是一种荣耀,什么是强者,就是困难面前不低头,永不言败,即使明知是失败的结果,也要冲上去与之争个高低这才是强者"。听完教师的话学生们没有了抱怨,接下来的练习更具竞争性。那名学生又一次输了,他一边做立卧撑一边说:"我就不信赢不了你"。

思考:

同学们把失败归因于什么?它属于内因还是外因?教师如何运用归因理论来进行正确的引导,使同学们在失败后拥有更强的动机。自己在以后的户外活动中该如何正确的使用归因理论。

(四)总结与反思

人的个性差异和成败经验等影响着他的归因。人对前次成就的归因将会影响到他对下一次成就行为的期望、情绪和努力程度等。个人的期望、情绪和努力程度对成就行为有很大的影响。教育和培训将使人在成就方面发生激励变化并促进激励发展。培训的重点是教育人们相信努力与不努力大不一样。如案例中教师及时的引导使得学生的主体地位得到了充分体现,学生的个性、自信心非但没有因受到挫折而低落,相反却激起了学生更大的学习热情。其中教师的"导"起到关键作用,反思自己在以往的户外活动中有没有运用归因理论解决实际问题。

第三节 支持性理论案例

我们对于世界的认知往往受与之密切相关的因素影响,对于户外教育,我们可将其看作是人、自然环境、文化、项目风险之间的相互关系,由此,确定了这一社会活动的复杂性。在自然环境中,从事具有风险与挑战性的活动,保障活动安全,体现活动核心价值,组织活动决策,促进效果最大化等涉及不同领域知识技能,如活动风险与挑战性及保障活动安全涉及风险管理知识技能,在自然中开展教育活动教师不仅需要有较强的组织管理能力,还需要遵从自然生态学的规律进行教育教学。由此,相关学科的理论作为支持成为必然,我们将支持性理论概括为是保障户外教育教学科学、安全、高效开展的理论,包括教育生态学理论、领导力理论、风险管理理论、团队理论等,这些对于帮助实施科学、安全、高效的户外教育起到了关键的作用。

一、教育生态学理论案例

随着时代发展,社会和环境问题愈发严峻,以单一的学科应对社会和环境挑战越来越困难。本节将教育生态学原理应用于户外教育教学,为户外教育提供了一种跨学科的哲学思想和教学方法,能够更好地应对复杂的社会和环境挑战。

1. 领会教育生态学的内涵和基本内容。
2. 明晰教育生态学理论的五个基本原理,理解教育生态学对户外运动实践教学的重要意义,并能依据其理论分析案例,解决问题。
3. 能将理论与实践相联系,合理付诸于实践。

(一)概述

1. 教育生态学的定义

教育生态学是20世纪70年代在西方兴起的一门教育边缘学科,它是教育学与生态学相互渗透的结果。教育生态学依据生态学的原理,特别是生态系统、生态平衡和协同进化等原理与机制,研究各种教育现象及其成因,进而掌握教育发展规律,揭示教育的发展趋势和方向。简而言之,教育生态学是研究教育与其周围生态环境之间相互作用的规律和机理的科学。

2. 教育生态学的发展

"生态"一词源于希腊语,意为"住所"或"栖息地"。"生态学"自1866年由德国动物学家海卡尔首次提出,至今已有一百多年的历史了。海卡尔将生态学定义为:"生态学是研究生物体与周围环境之间相互关系的科学"。正式使用"生态学"一词始于美国教育学者沃勒。1932年,他在著名的《教学社会学》中提出"课堂生态学"的概念。20世纪60年代,阿什比用生态学诠释大学教育,用生命的观点提出了著名的"突变说""遗传环境论"等高等教育发展的新理论;美国哥伦比亚大学劳伦斯·A·克雷明1976年在《公共教育》一书中正式提出了"教育生态学"一词,国际教育成就评价协会主席托斯顿·胡森认为这对发展跨学科研究,开拓教育科学新领域是个重要贡献。由此教育生态学在全球掀起了热潮:1977年,英国学者埃格尔斯顿出版了《学校生态学》;斯坦福大学的艾斯纳在哥伦比亚大学《师范学院学报》上发表了《教育改革与学校教育生态学》等。

3. 教育生态学的内涵

教育生态学是一门借用生态学的观点来探讨教育系统内部规律的新兴的边缘学科,其存在的依据是教育系统由作为活动主导要素的人和各种教育环境构成的人工生态系统,且系统内部活动符合一定程度的生态规律。教育生态学是研究一定社会的教育生态系统的结构和功能,通过分析各种教育生态环境因素与教育事业发展之间复杂的、动态的关系,揭示教育发展的规律和生态机制,探索优化教育生态环境的途径和方法,力求实现教育生态系统的最优化和教育功能的最佳发挥。

作为一种系统的理论框架,教育生态学为户外运动教学提供了一个整体的课程观,以便我们对传统教育方法中易被忽视的联系和结果给予关注。

4. 教育生态学基本内容

从教育生态学的视角出发,户外教育教学实践也是一个"生态系统"。这样,教学实践活动不再是传统单调的"教与学"的关系,而是包含了各类个体、群体(管理者、教师、学生)与多维生态因子(自然、社会、文化……)的动态组合和互动,能量(参与热情、团队氛围和学习兴趣等)和物质(知识和技能等)的传递与循环等。在这个意义上,可以说户外教育教学实践跟生态学基本原理丝丝相扣,遵循教育生态学规律,为科学地从事户外教育提供了理论指导。

1)限制因子定律

限制因子是指生态因素缺乏,低于临界线或达到甚至超过生物耐受限度的因子。教育生态学中的限制因子定律得益于1840年李比希的研究。李比希研究营养物质与植物生长的关系时发现,当植物所需要的营养物质供应量降低到该植物最小需求量以下时,这种营养物质就会限制这种植物的生长,即使其他营养物质供应量再充足,也不会让植物生长良好。这说明,缺乏的营养物质是该植物的限制因子。

在教育生态环境中,几乎所有的生态因子都可能成为限制因子。如果生态因子质的规定性是有害的,那它就会起限制性副作用。依据这一定律,在户外教育教学中,为提高教学有效性,就必须分析各种可能影响学生的限制因子,找出主导性限制因子,并设法排除主导限制因子的束缚。例如,想让户外学生深刻理解人与自然的关系,就不能忽视自然现象的发生原理和规律、农作物种植和生产垃圾废物回收与再利用等内容的阐释和教学。

2)耐度定律与最适度原则

1911年,谢尔福德提出耐度定律认为,一个生物能够出现并成功地生存,必须要依赖一种复杂的条件全盘存在。如果要使一种生物消灭或绝种,只要对其中任何一项因子的性质加以改变,或将其含量予以增减,使其量达到生物耐力的界限之外,即可出现上述后果。在户外教育教学实践中,学生的耐受度和承受力是有限的,超过他或达不到他应有的"度",就会产生不良或相反的影响,如单元运动负荷过大、教授知识量过多、目标或难度设定过高、教学环境太恶劣等情况,轻则导致学生学习积极性和学习效率降低,重则引发户外安全事故。因此,我们必须考虑到户外教育实践系统中各因子变量的阈值。

3)教育生态位原理

生态位是指在一个群落中,每个物种都有不同于其他物种的时间、空间位置,也包括在生物群落中的功能地位。一个物种所利用的各种资源总和的幅度,称为生态位的宽度。与生态位相关联的是竞争排斥原理和资源分享问题,这些问题也存在于整个教育生态中。从教育个体生态系统的角度来看,每个学习个体在生态环境中都处于相应的位置,都有自己的生态位。这种生态位的形成既有主观原因,也有客观原因。从主观上讲,一是自身的知识、能力、性格等因素的影响;二是自我效能感的状况。我们应该根据每个学生的不同"生态位"特点因材施教,发挥学生优势,培养良好个性。从客观上讲,周围环境、他人评价、教师评价都会影响学生个体的生态位,应鼓励学生良性竞争,互相学习,共同发展。特别注意的是教学系统中学生生态位的不同,不可成为不公平分配教学资源的理由,面向全体学生是教学的出发点和归宿。

4)教育生态链法则

教育生态链近似于自然生态中的"食物链",在现行的知识/技能教育生态链中,知识/技能通过"实践者—学科专家—教育专家—教材—教师—学生"的链条传递,研究发现,处于知识/技能教育生态链顶层的学生与处于生态链底层的实践者相去甚远,知识/技能的构成和获得的方式迥异。然而,学生接受教育之后的归宿,最多的却是成为这个链条底层的实践者,也就是说,教学内容脱离了实践,培养的学生跟社会需要有较大的落差,往往无法适应社会生活和工作。比如,学了十多年的知识除了一些最基本的写作、计算机或语言等技能外,几乎对工作没什么帮助,而适用的倒是那些被隔绝于教学内容之外的东西,譬如待人接物、探索创新、合作精神、动手实践等。因此,根据教育生态链法则,户外教育教学还应考虑学生未来生活和工作真正有价值的内容。

(二)案例与分析

案例:岩降技术教学中学生的不同行为类型

背景:2017年5月,中国地质大学(武汉)北区拓展基地,岩降技术教学。

目标:正确掌握岩降的操作流程和技术动作。

内容:学生们已在坡度较缓、高度较低的斜坡上进行了大量的岩降技术操作练习后,教师要学生到10m高的高空架进行练习,许多学生表示:"老师,这是不是有点快了""我恐高""我能不能不上"。全班学生的表现可分为以下几种类型。①勇敢果断型:从上高空架至翻越护栏最终下降,没有表现出一丝的害怕,甚至有些兴奋。②外表坚强内心脆弱型:上高空架前显得十分从容淡定,但穿上装备准备下降时却开始表现出害怕和胆怯,有的在同学激励下完成下降操作,有的在犹豫后,选择了放弃。③胆怯逃避型:在排队上高空架时,站在了队尾,有些甚至躲在角落,希望逃过教师的视线。

小组讨论：

1. 上述案例的实践教学可被视为一个生态系统，各类学生都有各自的生态位，在他们如此明显的生态位特征差异下，作为教师应该如何分析和应对这几类学生出现的情况？以教育生态位原理为基础展开讨论。

2. 上述案例中，是什么因素导致了学生对高空架岩降的恐惧和害怕？哪些因素可能是导致学生表现差异的限制性因子？该如何摆脱限制性因子，使每位学生都能完成练习？可大胆假设并简要论证。

3. 尝试利用耐度定律与最适度原则，对上述案例中的实践教学进行重新设计，以使每位学生实现在高空架上的成功操作和下降。

提示启发：

1. 从主观和客观两个方面去分析不同类型学生的表现。主观上包括知识、技能、性格、学习期望、价值认识、已有相关经验、对风险的感知能力、自我效能感等因素；客观上包括周围环境、装备、他人评价（教师和同学）等因素。在具体应对上应把握对个体弱势的尊重和自尊心的保护，发挥学生优势，形成良好的互动氛围，鼓励良性竞争等几项原则。

2. 在探究限制性因子时，可从主客观两方面去考虑，并利用自身的经历或所学的知识对自身假设的限制性因子进行论证，并提出摆脱它们的途径。

3. 在对案例中的教学进行重新设计时，紧紧围绕耐度定律与最适度原则，并结合之前的讨论成果展开工作。

（三）拓展与深入

从户外运动岗位群分析，户外运动专业主要培养具有良好的综合素质和职业道德，系统的社会体育、户外运动理论及实践能力，体育管理部门、企事业单位，社会团队及学校从事社会体育、户外运动的组织、策划、管理，以及项目设计、开发、教学、培训等综合培养具有较强创新能力和竞争能力的综合型人才。

就现实情况来看，培养户外运动专业人才的学校屈指可数，即使毕业生全部从事户外运动服务项目，也无法满足日益增长的社会需求。对目前从业人员的分析显示，大多数的"专业人员"主要来自于旅游类和体育类的毕业生，他们的户外专业知识和专项技能较为欠缺。调查显示，现有户外俱乐部一般规模较小，兼职领队的占比较大，户外拓展教练和企业的营销客服人员需求量相对较大，主要原因是户外产业中拓展培训类发展较为迅猛，对专业人才的需求量也较大。

由于户外运动发展较快，专业技术人员和管理人员，如高山向导、户外领队、拓展培训师、攀岩指导员等缺口很大，同时，相关项目场地标准和人员资格认证工作呈滞后状态。户外运动人才紧缺问题势必影响我国户外运动的发展，因此培养专业户外技能与户外管理人才迫在眉睫。

深入思考：

1.从以上对我国户外专业人才培养与需求现状的阐述，预测我国未来户外运动发展将会迎来的挑战和机遇？

2.从当前我国户外专业人才培养的现实需求出发，以教育生态链法则为指导，如何在户外运动实践教学中培养和发展对当今社会需要的户外运动专业人才？

（四）总结与反思

教育生态化已成为一种适应时代发展需求的全新教育理念，其内涵决定了它具有强大的生命力，在当今时代它将成为实现教育可持续发展的必然选择。在教育生态学视角下，户外运动实践教学是一种微观教育生态系统，教学过程中各生态因子相互作用并发挥着特有的功能。因此，户外运动实践教学是关乎多维生态因子的过程，既要认清教师与学生、学生与学生、活动与学生之间的关系，还要关注教学环境要素（自然、社会、文化等）的影响。从而在教育生态学整体观指导下，强化户外运动教学生态系统中各因子之间的联系与互动，充分激发实践教学的活力，大幅提升教学质量与效果。

二、团队理论案例

个体单独完成某项任务，存在时效性、能力水平等方面的局限，如果个体间能相互配合、支持和帮助进而形成团队，往往能高效地实现目标或任务。

团队活动是户外活动的显著特征之一，强调的是团队精神，要求团队统一思想，协作互助，才能取得胜利或成功。本节阐述的"团队理论"能够帮助我们在户外教育教学中打造高效成功的团队。

1.理解团队的概念。

2.明确团队发展的阶段理论、冲突理论和角色理论的内涵。

3.能运用团队理论分析实践案例，将理论与实际相联系，指导教育实践。

（一）概述

1.团队的概念

在群体内，个体要完成的任务大多独立，但有时又相互依赖。当这种依赖性很大时，个体会逐渐寻求相互理解、支持、帮助和配合，以共同完成任务和目标，由此形成团队。管理学家斯蒂芬·P·罗宾斯将"团队"定义为：由两个或者两个以上的、相互作用、相互依赖的个体,为了特定目标而按照一定规则结合在一起的组织。户外教育实践中,团队是由参与者、户外教师或领队组成的一个共同体,目标一致、共同负责、共享荣辱、相互依赖与相互作用,按照一定的规范和方法解决在户外所面临的难题或挑战,以达成共同的目标。

根据团队存在的目的,可将团队分为问题解决性团队、自我管理型团队、多功能型团队、虚拟团队四种类型。以下是对团队特征的阐释,有助于我们全面而准确地识别团队。

(1) 以目标为导向。户外运动中的团队都具有特定目标,如徒步穿越是为了全员安全顺利地完成穿越线路,户外运动拓展是为了通过成功完成项目皆有所感悟,定向比赛是为获得好的竞赛成绩等。

(2) 以协作为基础。户外团队通过共同的任务或目标将个体紧密串联,如在徒步穿越中,公共装备的分摊或轮流背负就是最为典型的协作行为,既避免某些成员体能的过度消耗,又能有效提升队伍的行军速度。

(3) 具有共同的规范与方法。规范与方法是保证团队目标实现的准则和保障,在具有一定风险性的户外运动中更需要制定安全行为的公约,且为实现某一目标,成员也必须对工作策略和计划达成共识。

(4) 技术或技能互补。这是团队高效工作的关键之处,每位成员在能力上取长补短,科学分工,如在徒步中对环境熟悉且辨向能力强的成员可承担向导,体能较好的成员背负更多的装备,具备急救医疗知识的人担任队医。

一个高效的团队具有哪些特征呢?归纳如下:①清晰的目标;②相关的技能(技术、能力和能够良好合作的个性品质);③相互的信任(一致的承诺与良好的沟通);④内外部支持(内部合理的结构与外部良好的资源支持)。

2. 团队发展阶段理论

一直以来,团队理论研究备受学者青睐,其中"团队发展过程"相关研究已非常成熟。始于 Bales(1951)的三阶段模型,随后有关团队发展的研究大量涌现。

Smith(2001)将团队发展模型主要归纳为四大类:线性渐进模型、周期摆动模型、非线性模型以及混合模型,其中线性渐进模型最广为流传,被人们所普遍接受。线性渐进模型是指随着时间推移,团队成熟度和绩效会逐渐增加,而且团队发展过程是一个阶段接着一个阶段出现的。最为著名的线性渐进模型是 Tuckman(1965)提出的四阶段模型,他通过整理与团队发展阶段相关的 50 篇文章,将团队发展阶段划分为形成、动荡、规范和履行四个阶段。随着学者对团队发展模型研究的深入,学者发现团队发展阶段会以周期循环的形式出现。1977 年,Tuckman 和 Jensen 通过回顾相关文献,在四阶段模型的基础上,完善了"终止"这一阶段。至此,Tuckman 团队发展五阶段模型正式完成。

Tuckman 的团队发展阶段模型可以被用来辨识团队构建与发展的关键性因素,并对团队的发展过程给予解释。团队发展的五个阶段:形成期、动荡期、规范期、履行期和终止期。Tuckman 指出,五个阶段都是必需的、不可逾越的。团队在成长、迎接挑战、处理问题、发现方案、规划、处置结果时,必然要经过五个阶段。

(1)形成期(项目小组启蒙阶段)。团队酝酿,形成测试。测试的目的是为了辨识团队的人际边界以及任务边界。通过测试,建立起团队成员的相互关系、团队成员与团队领导之间的关系,以及各项团队标准等。团队成员行为具有相当大的独立性,团队目标意识淡薄,团队活动信息欠缺,部分成员可能表现出不稳定、忧虑的心态特征。形成阶段主要是讨论安全、无威胁的话题。为了完成任务,团队应提出更多有关如何完成任务的建议,让团队成员进行抉择,团队发展就会从无威胁、安全阶段进入冒风险的阶段,也就是团队发展的第二个阶段——动荡阶段。

(2)动荡期(形成各种观念,激烈竞争、碰撞的局面)。这一时期团队需要获取发展的动力,人际冲突、观念分化等问题随之产生。当成员面对他人的观点与见解时,更想展现个人性格特征,团队目标、期望、角色以及责任的不满和挫折感被表露出来。缺乏凝聚力是这个阶段最突出的特点。该阶段需强调团队成员的差异。随着成员间冲突的持续,有些成员可能会变得完全沉默,而另外一些成员试图去支配。关键性的事件会让这个阶段的争论结束,让团队发展到"未知的"人际关系中,或者让团队回到相互依赖阶段的安全领域中。当关键事件出现,人际冲突结束,团队成员开始倾听彼此的观点时,那么第三个阶段——规范阶段就开始了。

(3)规范期(规则、价值、行为、方法、工具等均已建立)。团队结构开始表现为团队凝聚力、团队角色和规范被建立。团队成员开始接受团队以及其他成员的特质,并积极表达自己的个人观点。团队通过积极承认成员的贡献,产生新的团队规则,共同建立及维持团队情感来建立统一体,共同解决问题。"和谐"是这个阶段最大的特点,团队通过避免团队冲突达到团队内的和谐。在这个阶段,团队成员相互分享自己的观点,期望对方给予反馈,并深入探究与完成任务相关的活动。规范期阶段强调团队成员建立共同的心理共享,发现与他人合作最有效的方法。该阶段主要缺点是团队成员可能会开始害怕未来团队有崩溃的可能性而拒绝任何形式的改变。

(4)履行期(团队能量聚于一体)。在这一阶段,团队内部的人际结构成为执行任务活动的工具,成员的角色更为灵活和功能化,项目团队运作如一个整体。具体表现为:工作顺利高效完成,没有任何冲突,不需要外部监督;团队成员对于工作职责理解清晰;完全自治,即便在没有监督的情况下也能做出决策;随处可见"我能做"的积极工作态度;互助协作。在这个阶段,团队是最具生产性的。

(5)终止期(任务完成,团队解散)。这个阶段涉及任务行为的终止和团队成员关系的解散。有些学者将第五阶段描述为"哀痛期",反映了团队成员的一种失落感。团队的终止是一个回归阶段,团队成员回归到原始状态。

团队形成发展的五个阶段,在户外拓展中得到了生动形象的体现。①形成期:队员们被分组后,通过一系列趣味性的团建活动,组员之间相互认识,彼此开始尝试沟通,完成团队初建。②动荡期:进入正式的项目任务阶段,教师在创设的情境中设定目标和难题,团队成员开始讨论相关话题,由于意见分歧导致不和谐或不满情绪出现,无法达成共识。③规范期:经过一系列"冲突"后,有些成员开始沉默和包容,有些开始认可他人想法,另外一些成员得到了支配和话语权,争论平息下来,团队成员开始倾听彼此的观点,了解彼此,共同制定任务分工、行动方案。④履行期:团队开始高效地完成一项又一项的团队挑战任务,他们集思广益,各司其职,态度积极,气氛轻松活跃。⑤终止期:成员们仍沉浸在成功的喜悦和彼此依赖的良好体验中,但在面对团队解散的现实,他们表现出失落与依恋。

3. 团队冲突理论

19世纪末期,关于"冲突"的理论研究开始产生。20世纪40年代和70年代,冲突理论研究领域相继产生"人际关系""互相作用"等观点,冲突理论的发展逐渐呈现"消除冲突—接纳冲突—维持冲突"的发展过程。

20世纪40年代中期,皮尔森等结构功能主义学派学者认为,冲突是一种病态,应该设法消除。然而随着世界经济的稳健发展,越来越多的冲突现象不断涌现,社会学家不断修正结构功能主义理论,形成新的冲突理论。美国学者 Coser 引用古典社会学家 Simmel 的冲突思想,认为冲突不只是具有破坏作用,在一定条件下,能够促进社会整合,防止系统僵化,具有正向功能,这在一定程度上补充和修正了皮尔森的理论。冲突理论产生后,撼动了结构功能主义理论的主导地位,对社会学各学科的发展产生了重要的影响。

1)团队冲突的定义

团队冲突指的是两个或两个以上的团队在目标、利益、认识等方面互不相容或互相排斥,从而产生心理或行为上的矛盾,导致抵触、争执或攻击事件。根据不同的划分方法,冲突团队可以分为不同的类型。

(1)根据冲突的社会性程度分类,有个体心理冲突、人际冲突、团队与团队间的冲突三种:①个体心理冲突是指个体心理中两种不相容的或互相排斥的动机形成的冲突。②人际冲突是指团队内个体与个体的冲突。产生人际冲突经常有信息、认识、价值、利益、个性与品德等方面原因。③团队与团队间的冲突是指在组织内团队与团队间产生的认知、目标、行为及情感等方面的冲突。以上形成的主要原因来源于组织、竞争、工作性质和团队素质等方面。

(2)根据冲突的性质分类,可分为建设性冲突和破坏性冲突:①建设性冲突是指在目标一致的基础上,由于看法、方法不一致而产生的冲突,它的发生和结果对组织具有积极意义。该冲突特点主要是冲突双方对期望实现的共同目标都十分关心,彼此乐意了解对方的观点与意见,成员以争论问题为中心。②破坏性冲突是指在目标不一致,各自为了自己或小团队的利益,进而采取错误的态度与方法而发生的冲突。这类冲突大多是对人不对事,冲突激化时会发生人身攻击,对组织会造成不良后果。该类冲突的特点主要是双方对各自所持观点和赢得胜利十分关心,不愿听取对方的观点与意见,由问题争论转为人身攻击,互相交换情况不断减少直至完全停止。一般来说,组织内部的团队之间需要适当的建设性冲突,尽量将破坏性冲突减低到最小程度。

2)团队冲突的产生

冲突的产生缘由非常复杂,学者们从不同的角度和层面对冲突来源进行划分,Kriedler 和 William(1984)认为冲突来源于资源、个人需求、价值观或信念。Bsino(1988)认为冲突产生有生物社会型、个性和交往型、结构型、文化和观念形态型及复合型五种根源。Forsyth(1990)将冲突的来源分为竞争有限资源、采取争论性的影响策略以及冲突双方的人格特质与行为类型。Steven 等(2008)在著作《组织行为学》中,将冲突来源分为目标不相容、差异性、任务的相互依赖、资源短缺、规制模糊和沟通问题。

在户外教育实践中,团队冲突产生的原因主要有以下几种。①资源竞争:团队间或内部的物资、工作量、责任、权力、关注度、人员配置、奖励等资源分配不均;②目标冲突:团队成员对于任务目标的认识和履行方式无法达成共识;③依赖性:团队成员的职责之间具有关联性,在前后相继的环节上如有一方的工作不当,就会导致另一方劳动成果的浪费和工作延滞;④沟通不畅:如果沟通不够或不成功,就会加剧成员之间的隔阂和误解,加深团队之间的对立和矛盾。总之,导致户外团队冲突的原因很多,只有对症下药,才能改善和优化团队之间的关系,提高组织的整体竞争力。

3)冲突对团队发展的影响

冲突对人际关系产生的影响经历了由消极到积极影响的转变,传统观点认为冲突会破坏原有稳定的人际关系,应该尽量避免冲突产生。随着冲突理论的发展,学者们肯定了冲突对团队建设的积极作用,认为适度的冲突能够引入不同的观点,有利于提高团队决策的科学化水平。Robbins(2005)认为冲突双方互动产生的结果可能是功能正常,也可能是功能失调。功能正常即冲突结果提高了团体的工作绩效,功能失调即冲突结果降低了团队的工作绩效。如果冲突能够提高决策质量、调动团队成员的积极性,这种冲突就是建设性的。反之,冲突对组织具有破坏作用,造成共同纽带破裂并最终导致团队灭亡。由此,在户外运动实践中,科学把握和合理处理团队冲突对于促进参与者的积极性、活动的顺利开展及实践效果的充分发挥显得尤为重要。

4)团队冲突的发展

冲突被普遍认为是动态的发展过程,冲突的处理对团队未来的互动关系产生重要影响。Thomas(1976)将冲突的过程分为挫折期、认知期、行为期与结果期。他认为一个事件的结果会导致下一个事件产生新的挫折,引起冲突过程的循环。Simmel(1976)认为冲突过程是均衡与非均衡相互转化的一种追求平衡的行为过程。冲突过程模型是一个螺旋上升的生命圈模式,包括潜伏冲突、形成冲突(外显性冲突)、实力趋向平衡、势均力敌(均衡)、均衡打破。Louis(1989)提出了冲突过程的四种阶段模式——冲突潜伏阶段、冲突知觉阶段、冲突外显阶段及冲突结果阶段。Stephen(2005)也将冲突过程分为四阶段,即潜在对立或失调、认知和人格化、行为意向、行为及结果阶段。在户外实践的团队发展中,冲突的发生在所难免,然而借助对冲突发展规律的科学认识能从容面对冲突与有效缓解矛盾,以减少冲突所带来的"破坏"。

5)团队冲突的处理

当冲突在户外实践团队内部无法自行解决时,会导致进一步升级,如团队的解散、活动无法正常开展甚至引发安全事故,组织者和管理者应采用合理的干预手段进行冲突管理。关于如何处理团队冲突,学者们也提出了多种观点。Blake和Mouton(1964)最早提出了五条策略:强迫、退避、安抚、妥协、问题解决。Thomas(1976)根据关注自己利益的武断程度及满足他人利益的合作程度的关系组合,提出冲突处理的五因素模型:回避、迁就、折衷、抗争、合作。在综合上述两者观点的基础上,Rahim(1983)提出了整合、忍让、支配、逃避、妥协五种策略。之后,Pruitt和Rubin(1986)又提出冲突处理的四种策略,分别为竞争、问题解决、让步、不作为。

4. 团队角色理论

"没有完美的个人,但有完美的团队。"任何团队的领导者要想使自己的团队能快速发展和成长,就必须正确认识团队建设的重要性。梅雷迪斯·贝尔宾以实证研究为基础,提出了"团队角色理论"。如今该理论已经成为管理教育中的一个基本模块,据此理论已形成一套成熟的工作方法,并被广泛用于全世界的各类组织管理中。影响团队成功的关键因素如下:

(1)有一个负责人。团队需要受人尊崇的人,他符合协调者的特征,耐心且能取得成员信任,并很好地发展团队中其他人的能力,能作出相关决策。

(2)一个强有力的创新者。创新的思维会为团队工作提供更加有效和高质量的工作路径和成果。

(3)成员心智水平分布合理。如果团队成员对任务或项目的认识、经验、技能不在同一水平范围内,无论是在思想上,还是在操作的进程中都会处处受阻,团队成功的可能性会大大降低。

(4)个性的分布应当覆盖较多的团队角色。个性同样依赖于多样性的互补,团队角色的多样性正对应了团队任务的多样性,合理的分配才能产生高质高量。

贝尔宾"团队角色理论"指出,高产能的团队建设和团队价值依赖于团队成员相互协助的默契程度。每个团队成员必须清楚其他成员在团队中扮演的角色和自身的角色定位,了解和弥补自身不足,发挥优势。高默契度可以提高团队产能,鼓舞士气,激发创新。依据个体在群体内的行为、贡献以及人际互动的倾向性,贝尔宾把团队角色划分为(表2-2):智多星PL(Plant)、外交家RI(Resource Investigator)、监督者ME(Monitor Elevator)、协调者CO(Coordinator)、推进者SH(Shaker)、凝聚者TW(Team Worker)、执行者IMP(Implementer)、完善者CF(Completer Finisher)、专业师SP(Specialist)九种。

表2-2 团队角色特征解释(据陈国海,2017)

角色	主要优点	主要缺点	团队功能
智多星	创意,幻想,理想化,灵活,创造,非程序决策,想象力丰富,独立思考,直观,好奇,个人主义,非正统,聪明,有点子	有时脱离现实,不太注意繁文缛节,有时会孤芳自赏或被孤立,喜新厌旧	发展新的想法和战略,寻找解决问题的方法
外交家	热情,好奇,表达能力强,探索机遇,发展新的关系,关注动态,重视利用团队外的关系资源	过于乐观	探索和回报想法,发展组织外资源,保持与外界的联系
监督者	理性,冷静,逻辑分析,好判断和争辩,思考,不冲动,能看到各种机遇,有判断力	缺乏灵感,枯燥乏味,呆板,无激情,过于批判,不能调动他人的积极性	协助团队分析问题,评估建议和想法,权衡作出决策

续表 2-2

角色	主要优点	主要缺点	团队功能
协调者	沉稳,自信,自控力强,令人尊敬的领导者,目标清楚、明确,宽容,授权,非权力影响,和事佬,求助	缺乏创造力,有时会被认为善于利用别人,过多地下放权力以致失去控制,缺乏原则	控制向目标前进,确保每个成员的潜力得到发挥,擅长将不同的观点、技能和风格放在一起
推进者	有潜力,适应压力,以结果为导向,有影响力,行动表率,排除障碍和反对意见,独立	急躁,爱发火,缺乏耐心,敌对,伤人感情	影响甚至左右团队的目标和工作方法,促进团队按时完成任务,有魄力做出判断
凝聚者	温柔,敏感,合作,善于交往,聆听,感觉敏锐,友好,支持,理解,合作,有时服从和妥协,避免摩擦,提倡团队精神	有时过分妥协而失去原则,容易受到他人影响	支持和鼓励团队成员,提高沟通技巧,培养团队精神,是推进者角色的重要伙伴
执行者	实际,实用,保守,条理,有组织能力,勤奋刻苦,守纪律,稳定	缺乏灵活性,对新观点、想法反应不积极,缺乏创造性和随意性,刻板	将概念和计划转化为实际工作程序,系统有效地执行大家一致的意见,按需要和要求工作
完善者	讲效率和秩序,认真,警惕,完美主义,避免错误和缺点,按时交付,守时,踏实	为小事担心,好钻牛角尖,不愿承担责任,反应迟钝	使团队免于错误和遗漏,搜寻需要特别注意的工作,保持团队的紧迫性,促使团队按时完成任务
专业师	专注,专业技能过硬,专业知识扎实,对自己的领域十分自信,首要专注于维持自己的专业度以及对专业知识的不断探究	由于他们将绝大多数注意力都集中在自己的领域,因此他们对其他领域所知甚少	团队中能为某一领域提供专业可靠的技术指导和创新,解决团队中其他人无法解决的专业难题,关键时刻不可缺少的角色

在户外教育实践中,运用团队角色理论能够达到如下效果:①促进自我认知和了解同伴,帮助自我更全面地了解自身和他人在团队的角色特征,从而明确自身在团队中所能作出的贡献和与他人沟通协作的有效方式;②实现合理有效的分工,明

确成员在团队中所能作出的贡献,从而最大化个人效能和促进户外运动效用的发挥;③有利于团队和谐氛围的形成,通过彼此深入了解和默契协作,尊重彼此差异,真正实现优势互补,从根本上缓解矛盾和规避冲突;④一定程度上保障安全,团队公约与成员行为规范可以规避一些可能人为导致的风险。

(二)案例与分析

案例1:拓展项目——解手链

目的: 体验团队的形成及其发展阶段。

方法: 将全体学生分为若干组,每组8~12人,每组手拉手形成一个向心圆。每个小组成员完成教师指令。

1.每位同学将自己的右手握住正对面同学右手。

2.伸出左手握住不相邻同学的左手。此时每组会形成复杂的网,就需要大家在不松手的情况下,共同努力将手链解开。

时间: 20~30分钟。

小组讨论:

1.在活动的初始阶段,你是否仍处在未充分理解或不知所措的状态,你对自己在团队中的角色有清晰定位吗?

2.在整个过程中,成员之间交流是否积极,是否出现了意见分歧,分歧过后任务进程出现了哪些变化?在完成挑战后你对所处团队的认识和感受前后产生了哪些变化?

3.在整个过程中,是否产生了领导角色,他对任务的完成有怎样的影响?你认为任务顺利完成的关键是什么?

提示启发:

1.结合游戏中的切身感受,发表直观体会。

2.引导学生把握游戏过程中产生的关键信息,利用感受体悟归纳总结团队形成与各阶段的特点,深化对团队发展阶段理论的认识和理解。

案例2:影片教学——三个和尚的故事

目的: 辨析团队冲突的产生、发展过程及处理方法。

影片内容: 从前有一座山,山上有座小庙,庙里有个小和尚。他每天挑水、念经、敲木鱼,给菩萨案桌上的水瓶添水等,生活过得安稳自在。不久,又来了一个和尚。他一到庙里,就把半缸水喝光,小和尚叫他去挑水,和尚心想一个人去挑水太吃亏了,便要小和尚和他一起去才心安理得。后来,又来了个和尚,他也想喝水,但缸里没有水。庙里两个和尚便叫他自己去挑,他挑来一担水,立刻独自喝光了。

从此谁也不挑水,三个和尚就没水喝。大家各念各的经,各敲各的木鱼,菩萨面前的净水瓶也没人加水,花草枯萎了。夜里老鼠出来偷东西,谁也不管,结果老鼠猖獗,打翻烛台,燃起大火。三个和尚这才一起奋力救火,大火扑灭了,他们也觉醒了。从此三个和尚齐心协力,不再只关注自己的利益,大家分工合作,轮流值班挑水。

资料来源: 上海美术电影制片厂1980年出品的《三个和尚》。

小组讨论:

1. 为什么随着群体人数的增加,工作效率反而降低了?
2. 三个和尚的主要冲突是什么?为什么会产生冲突?
3. 危机(火灾)处理对提高三个和尚的群体凝聚力起到了什么作用?
4. 如果在户外实践团队中产生冲突,是否也需在"火灾"发生后才意识到冲突的存在呢?我们该如何在户外实践中有效预防和处理团队冲突?

提示启发:

1. 结合团队冲突理论,运用冲突的概念、产生原因、发展过程及处理方法分析故事,解决问题。
2. 引导学生个人的思想表达,促进相互交流,发挥团队的作用,在讨论的结果上全员达成一致形成总结性报告。

(三)拓展与深入

学以致用——贝尔宾团队角色测试

指导语:

• 本测试卷由贝尔宾编制(Belbin,1994),共有七题。每个问题有八个(A～H)描述团队工作中行为的选项。

• 每题的八个选项可能在不同程度上描绘了您的行为。请将总分10分分配给每题的八个选项,分配的原则:最体现您行为的程度越高该选项分数越高,反之分数越低。最极端的情况也可能是10分全部分配给其中的某一选项,请注意每题所选总分不要超过或少于10分。

• 请根据您的实际情况把分数填入每个句子前面的括号内。

• 每题没有标准答案,这个问卷调查有助于您了解您在团队中的角色。

• 测试时间10～15分钟。

1. 认为自己能为团队做出的贡献是:

    (　)A. 能很快地发现并把握住新的机遇

    (　)B. 能与各种类型的人一起合作共事

    (　)C. 一贯是爱出主意的

(　)D. 我的能力在于一旦发现某些对实现团队目标很有价值的人,就及时把他们推荐出来

(　)E. 能把事情办成,这主要靠个人的实力

(　)F. 如果最终能导致有益的结果,愿面对暂时的冷遇

(　)G. 通常能意识到什么是现实的,什么是可能的

(　)H. 在选择行动方案时,能不带倾向性,也不带偏见地从众多方案中选出一个合理的方案

2. 在团队中,认为自己的弱点是:

(　)A. 如果会议没有得到很好的组织、控制和主持,会感到不痛快

(　)B. 容易对那些有高见而又没有适当地发表出来的人表现得过于宽容

(　)C. 集体讨论新问题时,总是说的太多

(　)D. 自己的看法太客观,有时显得不近人情,很难与同事打成一片

(　)E. 为了把事情办成,有时使人感到特别强硬甚至专断

(　)F. 可能由于过分重视团队的气氛,发现自己显得过于随和,很难与众不同

(　)G. 易于陷入突发的想象之中,而忘了正在进行的事情

(　)H. 同事认为自己过分注意细节,总有不必要的担心,怕把事情搞糟

3. 当我与其他人共同进行一项工作时:

(　)A. 自己有不施加压力就可以影响其他人的能力

(　)B. 自己能敏锐地发现工作中的疏忽并给予纠正

(　)C. 为了确保会议不是在浪费时间或离题太远,自己认为施加一些压力以换取行动是必要的

(　)D. 自己提出的见解常常有独到之处

(　)E. 对于与大家共同利益有关的积极建议自己总是乐于支持的

(　)F. 自己热衷寻求最新的思想和新的发展

(　)G. 自己相信自己的判断能力有助于做出正确的决策

(　)H. 自己能使人放心的是,对那些最基本的工作,都能做得井井有条

4. 自己在工作团队中的特征是:

(　)A. 有兴趣更多地了解我的同事

(　)B. 经常向别人的见解进行挑战或坚持自己的意见

(　)C. 在辩论中,通常能找到论据去推翻那些不甚合理的主张

(　)D. 有推动工作运转的才能

(　)E. 有意避免使自己太突出或出人意料

(　)F. 对承担的任何工作,都追求做到尽善尽美

(   )G. 乐于与工作团队以外的人进行联系

(   )H. 尽管对所有的观点都感兴趣,但这并不影响自己在必要的时候下决心

5. 工作使自己感到满足,因为:

(   )A. 喜欢分析情况,权衡所有可能的选择

(   )B. 对寻找解决问题的可行方案感兴趣

(   )C. 我感到,我在促进良好的工作关系

(   )D. 能对决策有强烈的影响

(   )E. 能适应那些有新意的人

(   )F. 能使人们在某项必要的行动上达成一致意见

(   )G. 感到自己的身上有一种能全身心地投入到工作中去的气质

(   )H. 很高兴能找到一块可以发挥自己想象力的天地

6. 如果突然给自己一件困难的工作,而且时间有限、人员不熟:

(   )A. 在有新方案之前,宁愿先躲进角落,拟定出一个解脱困境的方案

(   )B. 比较愿意与那些表现出积极态度的人一道工作

(   )C. 会设法通过用人所长的方法来减轻工作负担

(   )D. 天生的紧迫感,将有助于自己不会落在计划后面

(   )E. 认为自己能保持头脑冷静,富有条理地思考问题

(   )F. 尽管困难重重,也能保证目标始终如一

(   )G. 如果团队工作没有进展,会采取积极措施去加以推动

(   )H. 愿意展开广泛的讨论意在激发新思想,推动工作

7. 对于那些在团队工作中或与周围人共事时所遇到的问题:

(   )A. 很容易对那些阻碍前进的人表现出不耐烦

(   )B. 别人可能批评自己太重分析而缺少直觉

(   )C. 有做好工作的愿望,能确保工作的持续进展

(   )D. 常常容易产生厌烦感,需要一两个有激情的人使自己振作起来

(   )E. 如果目标不明确,让自己起步是很困难的

(   )F. 对于自己遇到的复杂问题,有时不善于加以解释和澄清

(   )G. 对于那些自己不能做的事,有意识地求助于他人

(   )H. 当自己与真正的对立面发生冲突时,没有把握使对方理解我的观点

贝尔宾问卷调查表的解释:

(1)团队角色。贝尔宾团队角色问卷将团队角色分为八种,即协调者、推进者、完善者、实干者、监督者、创新者、信息者、凝聚者。

(2)角色分数。完成问卷调查表后,你将获得每一个团队角色的分数。

(3)答题卡。将每一选项分配的分数填入表2-3中。检查每一行的分数之和

是否为 10 分。

表 2-3 分数表

题目/选项	a	b	c	d	e	f	g	h
1								
2								
3								
4								
5								
6								
7								

然后将上面每一方格的分数对应填入表 2-4 的方格内。将每一列的分数加起来得出 8 种风格中每一风格的分数。

表 2-4 分析表

协调者	推进者	完善者	实干者	监督者	创新者	信息者	凝聚者
1d	1f	1e	1g	1h	1c	1a	1b
2b	2e	2h	2a	2d	2g	2c	2f
3a	3c	3b	3h	3g	3d	3f	3e
4h	4b	4f	4d	4c	4e	4g	4a
5f	5d	5g	5b	5a	5h	5e	5c
6c	6g	6d	6f	6e	6a	6h	6b
7g	7a	7c	7e	7b	7f	7d	7h

将得分与表 2-5 中的常模进行比较。

表 2-5 常模

分类	协调者	推进者	完善者	实干者	监督者	创新者	信息者	凝聚者
很低	0～3	0～3	0～1	0～5	0～2	0～1	0～2	0～3
低	4～5	4～6	2～3	6～8	3～4	2～3	3	4～5
中等	6～9	7～14	4～8	9～12	5～9	4～7	4～7	6～10
高	10～13	15～18	9～10	13～15	10～11	8～9	8～9	11～13
很高	14+	19+	11+	16+	12+	10+	10+	14+

根据表 2-5 的标准,比较你在团队中每一类的得分(按列累加的分数),记下你的团队角色每一类行为的得分是高、中,还是低。填入表 2-6 中,两组最高的分数符合主要的团队角色类型。

表 2-6 团队角色类型

很高	高	中等	低	很低

(4)团队角色特征解释。团队角色特征解释,如正文中的表 2-2 所示。

小组讨论:

(1)与小组的其他成员分享自己的团队角色类型,通过自己日常的团队工作经验说明自己的团队角色类型,可参考各团队角色特征,使小组每位成员熟悉八种团队角色类型的主要特征。

(2)在项目进展过程的不同阶段,哪些角色比较适合在此阶段发挥作用,哪些角色不太适合。讨论后填入表 2-7 中。

(3)根据本测试的内容,讨论如何将团队角色理论应用于户外运动的团队建设当中?举例说明。

(四)总结与反思

随着科学技术不断发展,社会生活日新月异,我们身处的环境瞬息万变,"抱团取暖"的协同发展,对将来成功应对挑战和机遇至关重要。团队理论对社会生活各方面均具有指导性,独具特色的户外运动则更需要团队理论的支持和指导。在户外运动中,团队发展阶段理论可以帮助我们了解团队形成的过程,把握其发展的关键因素,快速到达履行阶段,缩短团队建成的时间消耗,从而培养社会能力,获得友

表2-7 项目阶段的团队角色

项目阶段	比较适合的团队角色	比较不适合的团队角色
方向和需求		
想法和决策		
计划		
组织实施		
联络		
跟进/评估		

谊;团队冲突理论可以为我们分析冲突致因、处理和化解冲突、增进团队效能,从而正视团队冲突而不是选择逃避,避免冲突矛盾的升级;团队角色理论可以指导我们精准定位自己的团队角色,更加清楚地认识自己与了解他人,充分发挥每位成员的能力,形成优势互补,增进团队效能,使得户外活动顺利开展,提升运动表现和竞赛成绩。

三、领导力理论案例

有许多类型的户外教育实践依赖于高技能的领导者,如何提高领导力是每位户外教育教师都应关注的问题。领导力是一种在特定情境下所采取的合适的行为,这种行为是一种指导或带领团队设定并实现目标的一种能力表现。领导力理论不仅可以用于选拔领导者,也可用于提升领导力能力。领导有效性受制于某些因素(如道德、信任、行为、情景),针对这些因素对受教育者进行相应的知识、心态和行为培训来提高领导力也就变得可能。掌握领导力理论对户外教师自身能力的提升以及指导受教育者获取领导力都有重要帮助。

学习目标

1.掌握领导力理论的概念与内涵。

2.了解领导力理论不同的发展阶段所关注的重点,并能依据理论分析案例,解决实际问题。

3.掌握如何成为一名优秀的领导者,如何通过培训提高学生的领导力水平。

(一)概述

自20世纪40年代以来,西方组织行为学家、心理学家从不同角度,对领导问题进行了大量研究。这些研究经历了由一般的领导形态学、领导生态学到领导动态学，从而导致了领导理论的诞生与发展，成为当今西方领导理论的主流。领导理论是研究领导有效性的理论，其研究的核心包括确定影响领导有效性的因素、提高领导有效性的方法和途径，以及改善受领导影响的相关组织变量（如下属的组织承诺、留职意愿和工作绩效）等。领导理论分为传统领导理论和新型领导理论。

1. 传统领导理论

从20世纪初开始，研究者从不同的切入点提出了不同的领导理论，传统领导理论的发展经历了领导特质理论、领导行为理论和领导权变理论三个阶段。

1) 领导特质理论

相信大家在生活中也有体会，优秀的领导者具有某些特殊的品质。纵观历史上著名的领导者——拿破仑、丘吉尔、罗斯福、毛泽东、邓小平、里根等，人们都曾经详细描述过他们的人格特质。领导特质理论产生于20世纪初期至40年代，该理论关注个人素质和特征。在心理学中，特质理论是研究人类人格的一种主要方法。从时间的角度而言，特质相对稳定，个体之间特质是不同的（如有些人是外向的，而另一些是内向的），并会影响个体的行为。特质包括生理特质、个性特质、智力特质、工作特质、社会特质等。斯多基尔对1904—1970年间有关领导者的素质进行研究，他将有关领导素质分为如下六大类：①身体特征，如体格强壮、精力充沛、充满活力、仪表出众、打扮整洁；②社会背景，包括接受过高等教育和良好的社会地位；③智慧和才能，如过人的智慧、专业知识和技能；④性格，如自信、支配、进取、独立、自制、创造；⑤工作特点，如渴望获得成功，责任感强，有事业心和以工作为荣；⑥社会技能，如善于交际，有行政能力和能够与人合作。从事户外运动，领队、教练、教师深刻理解领导力特质，不仅可以用来提高自身领导力水平，还可以依据领导力特质制定活动计划，培养锻炼学生的领导力。

领导力来源是领导者所具备的先天或后天习得的一些特定素质。而领导力的传达则是取决于下属对这些特质的认同等心理机制。然而，探讨领导现象，无法脱离行为和环境等因素在领导过程中的重要影响。领导特质理论仅片面地探究个体特质对领导效能的影响，具有明显的局限性。

2) 领导行为理论

领导行为理论则意味着我们可以将人们培养成领导者。领导行为理论集中研究领导的工作作风及其行为对领导有效性的影响，主要研究成果包括勒温的三种领导方式理论、伦西斯·利克特的四种管理方式理论、领导四分图理论、管理方格理论、领导连续统一体理论等。这些理论主要是从对人的关注和生产关系的两个维度展开，以及上级的控制和下属参与的角度对领导行为进行分类，这些理论在确定领导行为类型与群体工作绩效之间的一致性关系上取得了有限的成绩，主要的原因是缺乏对影响成功与失败的情境因素的考虑。最全面的行为理论来自俄亥俄州州立大学在20世纪40年代末期的研究中，该项研究旨在寻找领导行为的独立衡量维度，以便有效解释员工所能描述出的大多数领导行为，最终确立了"创建结构"和"关怀"两个维度。

创建结构指的是领导者在多大程度上会为了追求达成目标而定义或架构自己和员工的角色，这类行为包括试图对工作内容、工作关系和目标制定规划等。具有高度创建结构行为特点的领导者会为群体成员分派特定的任务，期望员工维持特定的绩效标准，并且强调工作要赶上时间期限等。

关怀指的是某人的工作关系具有相互信任、尊重员工想法和感情等特点。具有高度关怀行为特点的领导者会帮助员工解决私人问题，友善并且容易接近，像平等的同事一样对待员工，并且对员工表达出欣赏和支持。在调查中，当研究者要求员工指出工作中最能激励他们的因素时，66%的员工都提到了"赞赏"因素。对于户外教育而言，教师应更多的运用关怀维度，即以学生为导向，关心学生的需求，尊重学生的个体差异，这样更有利于学生的成长与收获。

具有某些特定特质并展现出高度关怀和高度创建结构行为特征的领导者的确是更高效的领导者。虽然人格特质和行为对于判定领导者是否高效而言非常重要，但是却不能保证组织一定能够成功，情境因素对此也有相当大的影响。

3）领导权变理论

为了更精确地描述领导的影响并对领导效能研究出现的偏差做出解释，研究者们在20世纪六七十年代开始将情境因素纳入研究，转向权变理论的探索。领导行为与领导的有效性之间的关系显然依赖于任务结构、领导成员关系、领导权威、下属的主导性需求等情境因素，领导权变理论弥补了这一缺陷，提出领导的有效性依赖于情境因素，并且情境因素可以被分离出来。权变理论认为，领导的有效性不是取决于领导者不变的品质和行为，而是取决于领导者、被领导者和情境条件三者的配合关系，即领导有效性是领导者、被领导者和领导情境三个变量的函数。

权变理论被看作是一个动态的过程。由于特质理论不能准确地预测领导者的行为，甚至难以解释不同情境下领导者行为的多样性。而行为理论在解释某些领导行为时又显得过于简单，有时甚至难以自圆其说，如对同一种领导行为，为什么在不同的群体中会产生不同的效果等问题不能给出圆满解释，因此研究者把注意力转移到了领导情境方面。影响领导有效性的大量情境因素逐渐被识别出来，于是研究者试图将这些情境因素整合起来，形成了多种权变领导模型，比较有代表性的理论有：领导有效性权变模型、路径-目标领导理论、生命周期理论。

权变理论分离出了一些情境因素，认为领导的有效性依赖于情境因素。相较于特质理论和行为理论,这是一个进步。但是,研究者们提出的权变理论仍停留在静态水平上,没有考虑到情境因素也是可以改变的,如员工技能水平方面的成长等。另外,各权变理论只是考虑了部分情境因素,没有从整体上进行把握,这些都使得权变理论难以适用到各种情境,预测性也不高。

2. 新型领导理论

20 世纪 70 年代以后,随着经济社会的发展,管理实践中出现了一些新现象和新问题,这就促使研究者们从一些新的角度去解释领导现象,探索领导力的新模式和新理论,一些新型领导理论的提出改变了人们对领导研究的认识,主要包括领导-成员交换理论、变革型领导理论和魅力型领导理论等。

1)领导-成员交换理论

在权变理论研究盛行时,一些针对领导者和下属对偶关系的研究逐渐出现。这些研究质疑了特定领导风格对所有下属同样奏效的假设,并主张将研究焦点转向领导-成员关系这一议题上来。

领导-成员交换理论将领导者与下属的关系看作是一种交换关系,即领导者给下属分派工作,付以报酬,提供机会等。相应地,作为回报,下属服从领导的指示、命令,并尊敬上司。这样,领导者和下属通过角色的执行对组织目标的达成做出贡献,结果就是双方互相信任,这种信任又影响着双方的关系。领导-成员交换理论指出了领导者是如何将他们与下属的关系发展成两种不同类型的,这两种类型分别基于"没有权威的影响"和"具有权威的影响"。"没有权威的影响"往往以高度的相互支持、信任、忠诚和给予下属自主权为特点。而"具有权威的影响"主要履行监督角色和监督机制。

领导-成员交换理论的研究焦点是领导下属之间的动态关系,以及这种关系对于组织目标和下属行为态度所产生的影响,领导者与成员之间的双向互动关系就是领导过程的重点。户外教师应与学生建立相互支持、相互信任的关系,使学生愿意主动跟随教师,而不是以教导的方式说教学生,这样反而会使学生产生抵抗情绪。

2)变革型和魅力型领导理论

20 世纪 80 年代早期,变革型领导和魅力型领导理论开始出现。Bass 给出了变革型领导的定义:通过让下属意识到所承担任务的重要意义,激发他们的高层次需要,建立互相信任的氛围,促使下属为了组织利益牺牲自己的利益,从而达到超出预期的目标。

变革型领导主要在调节下属需求和激励下属完成任务的时候显现出来。这是一个领导者向员工灌输思想和道德价值观,并激励员工的过程。在这一过程中,领导者除了引导下属完成各项工作外,还会以自己的个人魅力,通过对下属的激励和关怀去改变他们的工作态度、信念和价值观,促使他们为了组织的利益更加积极地投入到工作中。Burns认为,变革型领导由个人魅力、智力激励以及个人化考虑三个因素构成。Bass和Avolio则认为,变革型领导通过四种独特的行为方式扮演着他们的领导角色:个性化关怀、智力激励、领导魅力或理想影响力以及感召力。

魅力型领导的概念源于Weber关于领导魅力潜在影响的早期研究。同变革型领导一样,魅力型领导强调了行为在领导者对下属施加影响过程中的作用。根据环境、领导者和下属的特质,下属将非凡的品质和魅力归于领导者。在House的魅力型领导理论中,魅力型的领导者有三项个人特征,即高度的自信、支配他人的倾向和对自己信念的坚定不移。

变革型领导与魅力型领导都强调情感及价值的重要性。而且,特质在变革型和魅力型领导中扮演了一定的角色。因此,特质、行为、认知和情感是相应的影响机制。这样一来,同此前的领导理论相比,变革型领导和魅力型领导中的领导观念显得更加复杂。

3)价值驱动的领导理论

一些新兴的领导理论尝试把伦理、真诚和精神等想法吸收进来,包括伦理型领导、精神性领导以及真诚领导等。

伦理型领导被定义为"通过个人行为和人际互动,示范适当的行为规范,并通过双向沟通、强化和决策制定等过程,促进对下属的引导"。Brown认为在领导者示范道德行为、态度和价值观时,下属更有可能表现出符合道德的行为方式。伦理型领导着重强调领导者的作用以及领导者是如何为下属提供道德指导的,因此该理论将领导者作为领导力的来源。伦理型领导的研究表明,表现出符合道德标准的行为是成为一名伦理型领导者的关键所在,仅仅通过这些行为和高道德标准的交流就可以使下属认为这是一位伦理型领导者。伦理型领导理论认为,对价值观的认知评估是很有必要的,且该理论强调领导者充当着对与错的角色榜样。因此,伦理型领导者不仅仅通过角色榜样影响下属的行为,而且也通过信念和道德品行对下属施加影响。

越来越多的研究表明,一些精神财富(如正直、诚实以及谦逊等)与领导效能都是密切关联的。精神性领导将焦点放在了领导者的精神以及领导者满足下属精神需求的能力上。正直、诚实和谦逊被看作是精神领袖不可或缺的个人品质,这些品质使他们建立起了信任感和可靠感。此外,精神性领导通过强调自我管理和反思来对下属产生影响。例如,通过反思,领导者在帮助他人应对消极情绪时也减少了自己的压力和不安,使他们自身的情绪得到了控制。

另外一种基于价值的领导理论是真诚领导理论,该理论来源于积极心理学和积极组织行为学。真诚领导理论以一个人的信仰和价值观(真诚)为前提,并且依照这些信仰和价值观行事,进而影响下属的工作态度和行为。真诚领导强调领导者和下属"关系真诚"的重要性,而这种真诚的关系支持着共同目标的实现和协同发展。最后,真诚领导的情感成分在情感智商、情感认知、领导者或者集体认同中得以体现。

在户外活动中,必须有一个全面的领导者来协调活动,并确保所有的任务都得到解决。其余户外教育者都必须了解他们被要求做什么,什么时候做,要与哪些小组一起工作,期望他们从事什么活动和支持什么活动。

(二)案例与分析

案例1

在一次暑期徒步穿越活动中,户外指导员小王、小何和小李三人带领20名公司高管组成团队,进行无人区的穿越活动。三人都有两年的户外工作经历,但这是他们三人的第一次合作。小王是户外专业毕业的大学生,身体素质、户外技能、理论知识都不错,但缺乏实践经验和沟通能力。小何和小李都是通过参加户外指导员培训进而从事户外工作的,专业知识与技能不强,但工作负责;具备一定的沟通能力。活动开始前,小王、小何和小李对工作任务进行了简单的分工,小王担任总教练,小李负责带路,小何负责与车辆对接,未对参与活动的公司高管进行分组和选择组长。活动开始后,由于小李也只是第三次穿越该路线,导致中途迷路,加之部分成员体能状况不佳,致使预计第二天上午就可完成的徒步活动被迫延迟到第二天的下午。在抵达徒步穿越的终点后,原本沟通好接车的司机因为徒步活动时间的延长而离开。这时,一些成员开始抱怨,小王见状也开始抱怨小何和小李的失职,场面非常混乱。

思考:

依据案例,分析如何成为一名优秀的领导者?领导力在户外活动前、活动过程中及活动过程后应分别如何体现?团队中不同的角色应如何展现领导力?依据自己户外活动经验,反思自己领导力方面的不足,今后如何改进。

案例2

著名教育家陶行知在任校长时,有一次在校园里偶然看到王友同学用小石块砸人,便当即进行制止,并令其放学后到校长室谈话。放学后,王友来到校长室准备挨骂。可一见面,陶行知却掏出一块糖,并对他说:"这奖给你,因为你按时到这里来,而我却迟到了"。王友犹豫地接过糖,陶行知却又掏出一块糖,并放到他手里说:"这块糖又是奖给你的,因为我教训你时,你马上不砸了。"王友吃惊地瞪大眼睛,陶行知又掏出第三块糖给王友并说:"我调查过了,你用小石块砸那个同学,是因为他不守游戏规则,欺负女同学。"王友立即感动地流着泪说自己不该砸同学。陶行知满意地笑了,掏出第四块糖递过去说:"为你正确认识自己错误,再奖励你一块!我的糖发完了。"

互动讨论:

陶行知校长运用了哪种领导力理论?这种领导力会对王友同学产生哪些深刻的影响?

提示启发:

陶先生自始至终都没有指责王友同学,反而一次又一次地夸奖他,就是利用了人性中的"以自我为上"。而当这些本性获得出乎意料地满足时,他会迎合对方,忏悔自己。应该说,他对自己错误的认识,完全来自自己的智力与判断力,与陶行知无关。但他对自己错误毫无保留地忏悔,则完全是被陶行知引导的结果!而正是这种基于人性需求而被引导出来的、发自内心的认知,对他的影响才是最巨大、最持久、最深远的!

(三)拓展与深入

引言: 领导力理论指导户外教育实践。

深入思考: 依据领导力理论,分析户外运动中优秀领导者的特质、职责和不同情境下影响领导有效性的因素,并撰写一篇与户外领导力相关的课程论文。

(四)总结与反思

随着经济的不断发展,领导力培训的相关课程不断涌现,各行各业对拥有卓越领导力才能的人才需求也在不断地增强。由于领导理论较为抽象,需要运用具象的案例理解内涵并运用于实践。本章节的学习旨在引导学生对领导理论的发展过程有一个大致的了解,重点是理解领导理论的内涵。

四、风险管理理论案例

户外教育实践大多在自然环境中进行,自然环境的不确定性、活动项目的风险挑战性、户外资源与条件的限制性、人员基础差异性等均可造成事故发生。俗话说"户外无小事",一旦发生事故,对个人、家庭、社会来说都是沉重的打击,作为户外教师,掌握风险管理理论并运用于实践教学,是保障安全的基础。

学习目标

1.明确风险及风险管理的内涵,能理解并运用风险管理理论分析相关案例,解决户外教育中的相关问题。

2.能将风险理论运用于户外教育实践,对户外风险进行识别、评估、防控,规避,发挥风险正向作用,保障户外教育实践安全。

(一)概述

1.风险及风险管理

1)风险及风险管理的内涵

"风险"在英语中有三种表达:Risk、Peril 和 Hazard。Risk 是指不利事件发生的可能性;Peril 是指发生的不利事件本身;Hazard 是指不利事件发生的条件,即发生事故的前提、环境、诱因等。传统意义上风险等同于危险,可以理解为客观的危险。现代的风险则是指"失去或获得某种有价值事物的可能性",因此"风险"与"危险"最大的差别在"风险"除了存在受到损失的可能外,还具有一定的收益性。

目前,风险是一个常用而宽泛的词汇,频繁出现在经济、政治、社会、文化等领域。从风险存在的形态来分,风险可分为以下三种类型。①实在风险:必然发生的危险、事故和损失,例如户外教育中装备器材的损耗等风险。②潜在风险:可能发生,也可能不发生的危险、事故和损失,例如户外环境中湿滑的场地和团队冲突等风险。③意外风险:不可抗力因素造成的意外危险、事故和损失,例如地震等不可抗力因素造成的风险。

风险管理是指对可能遇到的风险进行预测、识别、评估、分析,并在此基础上有效地处置风险,以最低成本实现最大安全保障的科学管理方法。风险的不确定性,导致其状态不断发生改变,我们需要以不同的状态制定或调整相应的风险管理方式。风险管理包括风险识别、风险评估和风险应对一整套系统的科学管理方法。风险识别是风险评估的基础,主要是研究风险的来源、风险的原因、风险产生的必要条件。风险评估是风险应对的前提,主要是研究引起不确定事件的可能性有多大,损失有多大。风险应对是风险管理的最终归宿,也是风险管理成败的关键,主要研究能否采取措施防范和控制不确定事件带来的不利后果。

2)户外教育实践风险及其风险管理

户外活动的独特性在于活动过程的未知性和不可控性,这意味着在户外实践动态过程中存在着必然风险。户外风险的内涵主要表现在以下几个方面。首先,从安全理论的角度出发,将户外风险定义为在户外实践过程中人、装备以及周围环

境等所带来的伤害、损失或收益。其次,从概率理论的角度,由于参与者自身因素、复杂的外在环境或各因素相互作用等,所导致的某种损失发生的可能性。再次,从结果差异化角度,参与者及组织者在户外实践过程中面临的不确定性因素导致非预期结果的可能性,强调户外风险是预期目标与现实目标的差异化表现。最后,从损失角度,是户外实践过程中出现的人力、财力、物力的非预期性损害,如人员伤亡、财产损失、设备损坏等。

户外教育实践风险具有五个特征:①客观性。风险是一种客观存在,可采用相关措施对风险进行管理,以降低风险,但却不能完全规避风险。②复杂性。不同自然环境,其地形、气候、植被等不同,同样参与户外运动的人群之间也有着极大的异同点,这些都构成了户外运动风险的复杂性。③随机性。对于个别事件来说,风险事故发生的不确定性、偶然性和突发性决定了风险的随机性。④可测性。是某种损失发生的可能性。⑤收益性。在风险有效管理的前提下,将其转化为安全教育和探险娱乐的素材。例如在风险可控制范围内,将户外教育中的自然环境风险、项目风险、团队冲突风险等作为安全教育的内容,提高学生安全意识、安全知识、安全技能。

从风险的构成要素来看,风险事故是风险的构成要素之一,而户外教育教学风险事故包括水域风险事故、山地风险事故、沙漠风险事故、空中风险事故。风险类型包括滑落、坠崖、落水溺毙、失踪、暴雨与山洪,而风险管理理论是户外教育教学中必不可少的一种手段,它有助于参与者识别、评估、防控风险,以避免风险或减轻风险带来的负面影响。与此同时,风险管理并不代表完全消除风险。

2. 风险管理理论

1)风险识别理论

(1)事故树分析法概述。事故树分析法(Accident Tree Analysis,简称ATA),起源于故障树分析法(Fault Tree Analysis,简称FTA),又称故障树分析法,是安全系统工程的重要分析方法之一,是一种演绎的安全系统分析方法。事故树分析是一种表示导致灾害事故的各种因素之间的因果及逻辑关系图,通过对可能造成系统事故的或导致灾害后果的各种因素包括硬件、人、环境等进行分析,根据工艺流程、先后次序和因果关系绘出逻辑图即事故树,从而确定系统事故原因的各种可能组合方式,即判明灾害或事故的发生途径,判明导致事故的各种因素之间的关系及其发生概率,进而计算系统事故概率,并据此采取相应的措施,以提高安全性和可靠性。

(2)事故树分析法的发展。事故树分析是安全系统工程中最重要的分析方法,该方法最早是由美国贝尔电话公司首先提出的,他们发现在做数据处理时用于描述流程的逻辑方法也可用于描述系统中非期望事件发生的概率。因此,他们首先将逻辑树技术应用于系统安全的研究,这就是前面所说的事故树分析方法。事故树分析方法最早应用于民兵式导弹发射控制系统的可靠性研究,结果取得了很大的成功。

1960年,事故树分析技术由航空工业方面的应用而开始转入原子能工业以及其他工业生产领域的应用,事故树分析的应用得到了迅速的发展,成功地分析了空间技术和复杂的军事工业中的潜在危险性,因而有了计算机辅助的事故树分析方法,该方法首先是由 Vesely 于 1964 年在利用计算机进行事故树分析的基础上而建立起来的一种分析方法。此后,在 1965 年 Koloder 等又把事故树分析技术用于一般工业生产的安全分析上。

实践证明,事故树分析完全适用于我国国民经济各部门各行业的安全管理,是一种具有广阔应用前景和发展前途的系统安全的分析方法,值得推广应用。事故树分析法也可用于户外教育实践中,通过对可能造成户外教育实践中事故的各种因素(包括人、环境、装备等)进行分析,根据教育流程、先后次序和因果关系绘制逻辑图即事故树,从而确定户外教育事故原因的各种可能组合方式,判明风险事故的发生途径以及导致风险事故的各种因素之间的关系及其发生概率,进而计算户外教育事故概率,并据此采取相应的措施,以提高户外教育实践的安全性。

(3)事故树分析的特点。事故树分析是一种图形演绎法,是事故事件在一定条件下的逻辑推理方法。它不局限于对系统作一般性的可靠性分析,它还可以围绕一个或一些特定的失效状态,作层层追踪分析。因而在清晰的事故树图形下表达了系统事故事件的内在联系并指出了单元事故与系统事故之间的逻辑关系;由于事故树能将系统事故的各种可能因素联系起来,因此有利于提高系统的可靠性,找出系统的薄弱环节。事故树分析的理论基础中,除概率论和数理统计外,布尔代数及可靠性数学中用到的数学基础同样可应用于事故树分析的定量分析。

(4)事故树事件及符号。事故树中的事件用于描述系统和元部件事故的状态。事故树中常用的事件及符号如表 2-8 所示。

(5)事故树的分析程序。事故树的分析程序包括以下步骤,其基本流程如图 2-5 所示。

确定顶上事件,即人们所不期望发生的事件,也是我们所要分析的对象事件。顶上事件的确定可依据我们所需分析的目的直接确定或在调查事故的基础上提出。两者均应调查和整理过去的事故,以获得资料。除此,也可事先进行事件树分析或事故类型和影响分析,从中确定顶上事件。

表 2-8 事故树事件及符号表

序号	符号	名称	说明
1	▭	顶上事件	人们不希望发生的对系统技术性能、经济性、可靠性和安全性有显著影响的事故事件
2	○	基本事件（底事件）	元部件在设计的运行条件下发生的随机事件，一般来说它的事故分布是已加的
3	◇	省略事件	表示事前不能分析或者没有再分析下去的必要的事件
4	⌂	中间事件	位于顶上事件和基本事件之间的事件
5	△	引入事件	位于事故树的底部，表示树的以下部分分支在另外地方
6	▽	引出事件	位于事故树顶部，表示本树是另外部分绘制的一棵事故树的子树

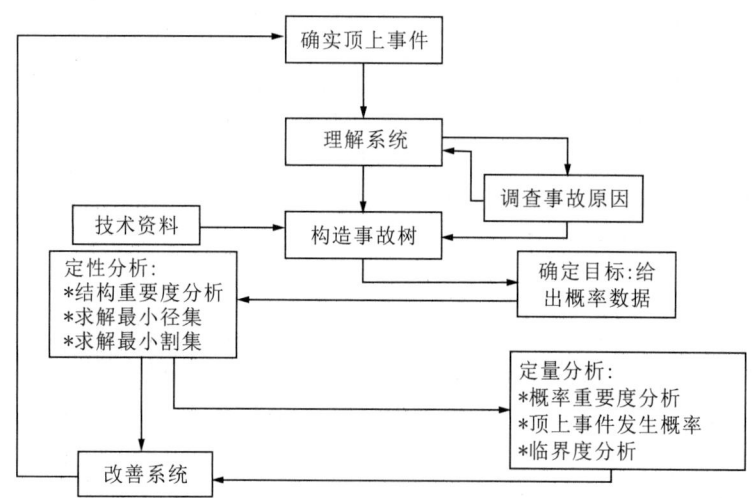

图 2-5 事故树分析程序流程图（据郑建湖，2003）

理解系统：要确实了解掌握被分析系统的情况，如工作系统的工作程序、各种重要参数、作业情况及环境状况等。必要时，应画出工艺流程图和布置图。

调查事故原因：应尽量广泛地了解所有事故，不仅要包括过去已发生的事故，而且也要包括未来可能发生的事故;不仅包括本系统发生的事故,也包括同类系统发生的事故。查明能造成事故的各种原因,包括机械事故、设备损坏、操作失误、管理和指挥错误、环境不良因素等。

确定目标值:根据以往的事故经验和同类系统的事故资料进行统计分析,得出事故的发生概率或频率,然后根据这一事故的严重程度,确定要控制的事故发生概率的目标值。

构造事故树:首先广泛分析造成顶上事件起因的中间事件及基本事件间的关系并加以整理,然后从顶上事件起按照演绎分析的方法,一级一级地把所有直接原因事件,按其逻辑关系,用逻辑给予连接,构成事故树。

定性分析:依据所构造出的事故树图,列出布尔表达式,经计算,求出最小割集、最小径集。根据成功树,确定出各基本事件的结构重要度。

定量分析:根据各基本事件的发生概率,求出事件的发生概率。将此概率与通过统计分析得出的概率进行比较,如两者不符,必须重新分析已构造出的事故树是否正确完整,各基本事件的事故率是否估计过高或过低等。在求解出顶上事件概率基础上,进一步求出各基本事件的概率重要系数和临界重要系数。在分析时,若当事故发生概率超过预定概率目标时,要研究降低事故发生概率的所有可能,从中寻找消除事故的最佳方案,进而通过重要度分析,选择治理事故的突破口,或按重要度系统值排列大小,编制不同类型的安全检查表,以加强人为控制。

制定预防事故改进系统措施:在定性或定量分析的基础上,根据各种可能导致事故发生的基本事件组合最小径集的可预防的难易程度和重要度,结合自身的实际能力,制定出具体切实可行的预防措施,并付诸实践。

上述的事故树分析程序包括了定性和定量分析两大类。从实际应用而言,由于我国目前尚缺乏设备的事故率和人的失误率的实际资料,故给定量分析带来很大困难或不可能,所以在事故树分析中,目前一般只进行定性分析。但实践表明,定性分析也能取得良好的效果。

2)风险评估理论

(1)风险评价矩阵法。矩阵法从多维问题的事件中,找出成对的因素,排列成矩阵图,根据矩阵图来分析问题,确定关键点的方法。从问题事项中,找出成对的因素群,分别排列成行和列,找出其间行与列的相关性或相关程度的大小的一种方法。

风险矩阵是用于风险评价的有效工具。在采用风险评价矩阵进行风险评价时,将风险事件发生的可能性、后果严重程度相对地定性分为若干级,以严重性为表列,以可能性为表行,制成矩阵表格,在行列的交点上给出定性的加权指数。所有的加权指数构成一个矩阵,而每一个指数代表了一个风险等级。通过风险评价矩阵图,可以直观显现组织风险的高低及其分布情况,有助于确定风险等级。通过确定已辨识出的危害因素在矩阵中所处区域,决定哪些危害因素不需要处理,哪些需要进一步分析,哪些需要优先处理等。

(2)作业条件危险性评价法(LEC评价法)。LEC评价法又称格雷厄姆(Graham)评价法,是对具有潜在危险性作业环境中的危险源进行定量的安全评价方法。用于评价操作人员在具有潜在危险性环境中作业时的危险性、危害性,即评价的是人员在危险作业场所可能受到的伤害情况。

该方法用于系统风险有关的三种因素指标值的乘积来评价操作人员伤亡风险大小。这三种因素分别是:L(事故发生的可能性)、E(暴露于危险环境中的频繁程度)和C(一旦发生事故可能造成的后果)。给三种因素的不同等级分别确定不同的分值,再以三个分值的乘积D来评价作业条件危险性的大小,即

$$D = L \times E \times C$$

风险分值D值越大,说明该系统危险性越大,需要增加安全措施,或改变发生事故的可能性,或减少人体暴露于危险环境中的频繁程度,或减轻事故损失,直至调整到允许范围内。

量化分值标准:对这三种元素分别进行客观的科学计算,得到准确的数据,是相当繁琐的过程。为了简化评价过程,采取半定量计值法。即根据以往的经验和估计,分别对这三方面划分不同的等级,并赋值。具体如下(表2-9)。

表2-9 **LEC评价法取值表**(据胡月亭,2017)

事故发生的可能性(L)		暴露于危险环境中的频繁程度(E)		一旦发生事故可能造成的后果(C)	
可能性	分数值	频繁程度	分数值	危害程度	分值
完全可以预料	10	连续暴露	10	10人以上死亡	100
相当可能	6	每天工作时间内暴露	6	3~9人死亡	40
可能,但不经常	3	每周一次或偶然暴露	3	1~2人死亡	15
可能性小,完全意外	1	每月一次暴露	2	严重	7
很不可能,可以设想	0.5	每年几次暴露	1	重大,伤残	3
极不可能	0.2	非常罕见暴露	0.5	引人注意	1
实际不可能	0.1				

根据公式:$D = L \times E \times C$计算作业的危险程度,并判断评价危险性的大小。根据风险严重程度做出的判断(表2-10)。

表 2-10 风险等级划分表(据胡月亭,2017)

D 值	危险程度
>320	极其危险,不能继续作业
160～320	高度危险,要立即整改
70～160	显著危险,需要整改
20～70	一般危险,需要注意
<20	稍有危险,可以接受

根据经验,总分在 20 以下被认为是低危险;如果危险分值在 20～70 之间,就有一般的危险性,需要注意;如果危险分值在 70～160 之间,就有显著的危险性,需要及时整改;如果危险分值在 160～320 之间,属高度危险,必须立即采取措施进行整改;分值在 320 以上的高分值表示环境非常危险,应立即停止该活动,直到环境得到改善为止。

值得注意的是,LEC 评价法对危险等级的划分,一定程度上凭经验判断,应用时需要考虑其局限性,必要时可根据实际情况予以修正。

3) 风险防控理论

风险防控的最终目的是使那些存在于日常活动之中的、需要防范的危害因素得以有效控制,从而避免事故的发生。风险的控制既是一门技术,又是一门艺术。

从防控措施的形式而言,风险防控措施多种多样,有软件方面的管理手段措施,也有硬件方面的防护设备、设施以及个体防护用品;从防控力度层级上讲,可分为消除、替代、工程控制、管理控制及个体防护用品等几个不同的层级。这需要因地因时制宜,做好风险管理工作,有效发挥风险防控措施的作用。本部分着重介绍事故奶酪模型理论。

(1)事故奶酪模型理论概述。事故奶酪模型理论认为,防范能量或有害物质意外释放的防范屏障并不是铁板一块,而是像事故的奶酪(有漏洞)一样,层层遮挡在危害因素之前,防被其穿透而意外释放,只要存在能量或有害物质,它们就有可能穿透防范屏障而失控,导致事故的发生。该理论进一步认为,每层奶酪上面随机分布着尺寸、位置不同的孔洞。这些孔洞的尺寸和位置在不断变动,当某一时刻所有屏障上的孔洞都位于一条直线上时,就形成了通路,这时所有的防范屏障也就失去了应有的防护作用,能量或有害物质(危害因素)也能够像光线一样穿透所有屏障而被意外释放,从而导致事故发生。反之,危害因素就在这些奶酪因素屏障的遮挡下有序流动,到其需要的地方发挥作用。

事故奶酪模型中的这些"奶酪(防范屏障)",既有为防控事故发生而特意施加的屏障,如日常工作中的风险防控措施,也有无须特意施加而客观存在的自然屏障,如正常人趋利避害的风险意识、理智判断等。

因此,要有效防范事故的发生,最彻底的方法就是铲除引发事故的源头——能量或有害物质,从而达到治本的目的。但遗憾的是,此类危害因素要么为活动之必需,要么其自身不易被消除,如果执意消除在某些方面也未必合适。当然,即使不消除所存在的能量或有害物质,只要防范屏障发挥有效作用,不使能量或有害物质意外释放,也同样可以达到防范事故发生的目的。例如,在户外教育的风险管理中,每一种风险防范措施都是一层奶酪,为了让户外教育课程更安全地开展,应更加严密地制定和完善户外教育风险防范机制。

(2)事故奶酪模型理论的原理和构造。事故奶酪模型理论是由英国曼彻斯特大学的心理学家詹姆士·瑞森(James Reason)教授所提出来的,有时也叫瑞森(James Reason)模型或 Reason 模型,通过国际民航组织的推荐成为航空事故调查与分析的理论模型之一,如图 2-6 所示。

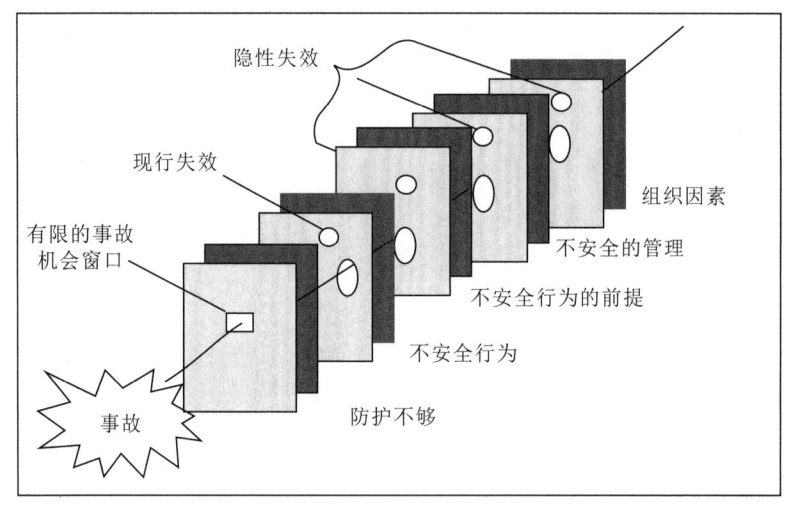

图 2-6 Reason 模型(据向维等,2009)

修正后的 Reason 模型将空中交通管制系统划分为不同的组织保护层面,各个层面的组织活动与事故的最终发生都有着密切关系。当组织的各个层面上都存在漏洞时,不安全因素(或不安全行为)就像一个不间断的光源,刚好能透过所有这些组织层面的漏洞时,事故就因此而发生。

修正后的 Reason 模型如图 2-7 揭示了事故的发生不仅仅与事故直接相关的活动有关,还与事故的其他层面的活动和人员有关。诱发事故的因素常常不是单一的,而是一系列事件共同作用的结果。每种因素都是事故发生的重要因素,但是每种因素单独作用都不会造成事件发生。所以事故的发生极少是由一个原因引起的,而是由许多因素像链条一样、把各个环节连接在一起时才会发生。

修正后的 Reason 模型还强调了系统内增加强化人为差错防御屏障的概念,尤其是深层的防御屏障。如图 2-7 所示,按照不安全事件调查的逆向追溯思维即倒叙的方式,我们可以将 Reason 模型修正后的 4 个层次分别列举如下:防御系统失效(纠错行为)、不安全行为本身、不安全行为的前提、管理失效。

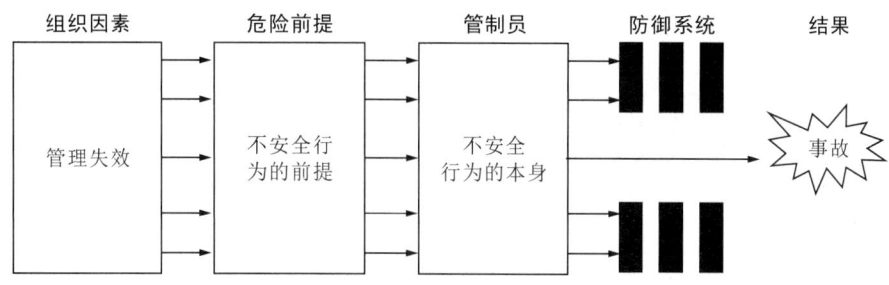

图 2-7　修正后的 Reason 模型(据霍志勤等,2005)

(3)事故奶酪模型的内在逻辑。事故的发生不仅有一个事件本身的反应链,还同时存在一个被穿透的组织缺陷集,事故促发因素和组织各层次的缺陷(或安全风险)是长期存在的并不断自行演化的,但这些事故促因和组织缺陷并不一定造成不安全事件,当多个层次的组织缺陷在一个事故促发因子上同时或次第出现缺陷时,不安全事件就失去多层次的阻断屏障而发生了。事故奶酪模型强调"光线穿透奶酪"的逻辑,即从光线最终透出的"漏洞"处回望可以比较清晰地确定所有"奶酪"的"漏洞"。

(4)基于奶酪模型理论如何防范事故的发生。防范事故的发生,一方面,要辨识出客观存在的能量或有害物质(源头类危害因素),以便施加相应的屏障,防止能量成有害物质的意外释放;另一方面,还要辨识出所施加屏障上的隐患或漏洞(衍生类危害因素),以便将其消除或施加新的屏障以堵塞原屏障上的漏洞,提高防范屏障的有效性,为加大防控力度,提升安全系数可以采取诸如增加屏障数量,或提高每个屏障的质量,这些做法都相当于提高了屏障"密度",减少其上的"孔眼"数量,能够有效降低"光线"穿透"奶酪"的概率(事故发生率)。由此可见,即使"光源(源头类危害因素)"存在,如果能够有效提高奶酪片质量,同时再适当增加奶酪片数量,就能够有效降低"光线"穿透概率,即有效防范事故发生。当然,对于能够消除的危害因素,应尽可能采取消除措施,以达到釜底抽薪的治本目的。

因此,对于某一种特定的危害因素,应采取统筹兼顾、综合考虑,即要考虑控制效果、防控的难易程度、可操作性等措施,这些都是策划设计风险管理措施时应考虑的问题。

(二)案例与分析

案例1:风险的识别、评估、防控(徒步长城事故)

背景:2009年,北京怀柔区箭扣长城;2人死亡,3人受伤。

内容:2009年6月13日下午两点多,5名游客在怀柔区雁栖镇西栅子村附近爬箭扣长城时被雷电击中,其中一对夫妻坠下断崖身亡,其余3人受轻伤。据了解,女性死者为北京大学在读博士生,另4人是国家知识产权局的工作人员。事发地位于箭扣长城最高最险处,名叫"鹰飞倒仰",当地人称为"擦边走",因为可行走的位置只有1m多宽。游客纪先生说,他和朋友一行也在此爬长城,当时天空下起了暴雨,他们一行就躲进了烽火台内避雨。电闪雷鸣中,他看到近200m外,有5人仍在朝"鹰飞倒仰"地段爬去。随着一声响雷,一道闪电在队尾处击出一道红光,两人掉到了30多米高的断崖下,另3人也被劈倒在地。其中被劈倒在地的3人受了轻伤,坠崖的2人死亡。

小组讨论:

1. 分析上述案例中所有人员犯的常识性错误?
2. 从风险的识别、评估、防控的角度,分析上述一对夫妻死亡、其余3人受伤的原因?
3. 假设你身处相同的环境,该如何处理?

提示启发:

结合风险理论,分析受伤(死亡)人员所犯的错误,从案例的表象进行深入思考。

案例2:风险的价值

内容:在某一营地活动中,营地指导员正在带领营员进行"高楼速降",现场模拟教学楼发生火灾,楼道被大火侵蚀,营员必须通过搭设在教学楼二楼的溜索"飞跃"到楼下安全地带。当轮到小王同学时,小王由于恐高不敢迈出第一步,营地指导员通过鼓励、耐心引导、亲身示范等方式缓解小王的心理压力,小王终于有勇气站在了"悬崖"边。这时,其他小营员为他加油,小王终于克服自己心里的屏障一跃而下,安全、顺利地完成任务。谈及纵身一跃的感受时,小王自豪地说:"我终于能克服自己,战胜胆怯,我会把这个勇气带到以后的生活和学习中,克服前进路上的障碍。"

小组讨论：

1. 风险与收益成正比，如何做到在保证安全的前提下获得最大的收益？

2. 依据案例，讨论"高楼速降"活动是否安全，营地指导员如何使小王战胜内心的恐惧？

提示启发：

实际风险与感知风险并不相同，在户外教学中要学会多运用感知风险大、实际风险小的活动来最大限度地提高参与者的收益。

（三）拓展与深入

案例3

高空拓展是感知风险较高的项目，旨在激发参与者的个人潜能，挑战与战胜困难，缓解心理压力等。绝大多数公司会对该项目进行严格细致的风险识别、评估和防控，以保障参与人员的安全。但因对风险处理不当，造成参与人员受伤甚至死亡的案例却屡见不鲜。

深入思考： 作为户外教育者如何合理的利用风险避免事故，给学生带来收益？

（四）总结与反思

随着相关理论研究的深入推动了户外教育的快速发展，关于户外教育风险的相关问题越来越受到社会的广泛关注，国内外的研究学者分别从风险识别、风险评估和风险处理方面进行了分析与阐述。掌握户外教育风险识别、评估、处理的理论对指导户外教育实践发展具有极其重要的意义。同时户外教育的探险性和冒险性，使风险具有教育的性质与作用。我国户外教育现处于快速发展时期，但安全风险问题也日益突显，这对我国户外运动从业者的风险意识和风险认知水平提出了更高的要求，只有科学地辨识风险、合理地评估利用风险、有效地防控风险，才能使参与者既安全又有意义地加入到户外教育活动中，从而促进户外教育积极发展并提高参与者的风险防范意识和风险管理能力。

第三章　户外教育实践教学案例

第一节　野外生活教学案例

野外生活是指在野外环境下,运用装备或自制工具在野外安全健康舒适地生活,包括日常的衣食住行的行为。本案例教学目的是掌握野外生活的基本知识和技能,保障人员在安全、健康与舒适的状态下,从事户外活动,提升独立生活与实践动手能力。

一、教学目标

(1)掌握野外生活的基本知识技能与原理,能够独立教授野外生活的相关课程。

(2)了解野外生活与城市环境的差别,提升自然环境认知和野外生活的适应能力。

(3)锻炼独立生活能力和动手实践能力,增强团队合作意识,提升社会适应能力。

(4)提升风险防范意识和风险处置能力,培养安全意识。

(5)运用教育学、心理学、社会学等学科理论指导野外生活教学实践。

二、装备

野外生活的教学案例主要包括以食物烹饪和饮食为主的户外饮食,装备包括炉头、气罐、套锅等饮食用具;露营装备主要有帐篷、睡袋、防潮垫等;徒步装备包括登山包、徒步鞋、登山杖等。

三、风险与安全

(一)装备风险

装备在户外活动中发挥着重要作用。装备的范围从相对简单的充气睡垫和野营炉,到复杂的手持式全球定位系统(GPS)、卫星电话、雪崩收发器和高科技织物和材料,这些都成为户外装备的重要资源。野外生活类装备的风险主要来自于装备不符合国家标准、装备使用错误、装备发生损坏等方面。

(二)人的风险

人的风险指由于主观或人为因素造成的风险。这些风险通常来自教师或参与者自身。与客观风险不同,人的风险可以通过提升自身知识技能,积累户外经验等来管理或控制。野外生活中的个人风险来自于身体状况欠佳,心理准备不足,休息不好等造成的风险;不注意饮食卫生,造成在野外生病;缺乏适当的知识技能或能力造成的风险;缺乏安全意识与风险处置能力,判断力差,做出错误的决策。

(三)环境风险

对于野外生活而言,在特定的环境中可能遇到自然环境带来的危险,天气变化、岩石坠落和泥石流、野生动物等是户外活动时一些较为常见的客观危险,最好的安全保障来自于对自然现象的认知和学习,包括野外动物的袭击(蚊虫、蜈蚣、毒蛇),恶劣多变的天气环境(暴雨、泥石流、塌方、落石、高温暴晒等)带来的风险,缺少对自然复杂地形地貌的认知所带来的安全风险,对环境造成破坏的风险。

四、野外卫生与环保LNT法则

(一)饮食卫生及环保

保持餐具清洁,对食物进行科学安全管理,保障饮食卫生;将营地分区,如设置生活区、用餐区、垃圾区等;在烹饪区域附近放置手巾,不用衣服擦拭双手;食物应保存在安全的位置,如保存在密封容器中或悬挂在树上;有香味的物品会吸引动物,在有野生动物出没的地方,烹饪时所穿的衣物应统一放置。因此我们必须确定最佳做法来管理生活垃圾等废物,尽可能保持自然环境原貌。

(二)LNT法则

LNT法则是从事野外活动时,保护自然环境所应遵从的行为准则,应遵循"带进带出"的原则,强化任何在自然界中丢弃的外来物质都会破坏当地生态系统平衡的观念,任何户外活动都应在不留下痕迹的情况下进行。LNT法则内容包括:①提前计划和准备;②在可耐受地面行进和露营;③妥善处理垃圾;④保持自然原貌;⑤野外用火安全与环保;⑥爱护野生动植物;⑦尊重他人。

在户外活动中教育传授LNT法则的方法:①以故事形式导入,引导学生认识人在野外环境中是"入侵者"角色;②引导学生思考减小环境冲击的方法,教师归纳补充LNT法则的主要内容;③组织学生结合实地环境,举例说明如何根据实际环境践行LNT法则;④课后引导学生反思,如何让更多的人接受LNT理念,践行LNT法则。

五、野外生活技能案例

案例1：户外饮食教学案例

野外生活中，食物和水是维系生命的基础，在野外烹饪食物和饮用清洁的水是基本的生活技能。户外饮食教学案例主要有食物选择、野外用火、饮用水净化、食物烹饪等内容。

案例2：户外露营教学案例

户外露营已成为一种休闲时尚活动，受到越来越多年轻人的喜爱，无论是户外运动从业者还是户外活动参与者，须掌握野外露营的相关知识技能及其原理，该案例主要有山地营地搭建和高山营地搭建两项教学内容。

案例3：户外行走教学案例

了解自然环境中的规律，掌握特定地形的科学安全行走方法，是避免运动伤害，增强户外徒步乐趣的重要手段。本教学案例重点介绍背包装填、行走技巧等内容。

案例一 户外饮食教学案例

食物和水是生命延续的必需品，食物经过消化产生葡萄糖、蛋白质及氨基酸等维系生命活动的能量，水是构成人体的重要物质，人体60%～70%由水构成，水是维持生命延续的重要物质，维持人体活动、能量的代谢、排泄身体"废物"（汗、粪便）等都离不开水。在野外生活活动中，身体消耗的水分必须及时得到补充，因此，在野外如何烹饪食物和保障饮用水的卫生十分重要。

一、教学目标

（1）掌握在野外生活中与食物相关的知识与技能，能够独立教授野外生活食物课程。

（2）增强团队合作意识，培养集体主义观念。

（3）锻炼和培养动手实践能力和独立生活能力，提升社会适应能力。

（4）培养户外安全意识，保障饮食安全。

（5）能够运用相关理论指导教学设计与教学实践。

教学重点：掌握野外生活中与食物相关的知识与技能。

教学难点：通过户外饮食教学培养团队合作意识、动手实践和独立生活能力，提升社会适应能力。

二、场地与环境

选择较为平坦宽阔的自然地域进行搭野炊灶、钻木取火、烹饪食物的训练。

三、教学提示

（一）教学内容

营地烹饪对于参与者来说是一种新颖的、具有教育价值的技能，必须时刻关注并进行培训和监督。

练习1：野外食品计划的制定

- 保持身体能量水平有助于户外活动的安全与健康，保证充沛的体力参加户外体育活动体验，需要制定野外食品营养计划保持身体能量水平。野外生活饮食应融入营养学及食品卫生安全的相关知识。
- 体温调节需要摄取足够的热量。卡路里的摄入量、摄入类型和频率都是规划户外活动时应考虑的方面。
- 户外食品应遵循体积小、轻便、营养丰富、卫生安全、容易烹饪等原则。
- 选择户外食品应考虑户外活动内容、天气环境、队友饮食习惯等因素。
- 制定食品计划表，按照活动天数规划食品数量，图表内容包括适应行程计划的各类食品总量、每餐的食品种类与用量、食谱及配料，还包括烹饪设备（炉子、套锅、煎锅数量）及如何保管食物等。
- 提出膳食计划，绘制主要食物的能量类型、频率，满足每个参与者的饮食需求。食物可以分为碳水化合物：面条、米饭、糖、面包等；脂肪：肉、奶酪、黄油、牛奶等；蛋白质：肉、鸡蛋、坚果等；蔬菜：苹果干、杏干、胡萝卜等；水、矿物质和维生素等。

练习2：野外用火

野炊土灶用火：三石炉灶、吊灶、木架灶、坑灶、火塘灶等搭造方法与原则。

使用炉具：根据炉灶类型、适用燃料、各类炉具使用利弊，安全操作各类炉具。一般操作如下：

- 了解炉具性能，包括操作简易度、燃料消耗、燃料可及性、燃烧效率、可持续性及优缺点。
- 检查炉头是否有泄漏或松动。
- 将炉具架置在耐用的自然表面上，以限制冲击。

- 了解点燃及关闭各种炉具的方法。
- 运用火柴、打火机等工具取火。
- 使用炉具时的正确姿势。
- 炉具的保护和维修。

练习3：水的净化与饮用

水对于生命活动非常重要，身体需要水才能生存，水在户外是保持健康的关键。饮用污染水可能会导致疾病，造成安全隐患，使野外生活陷入困境，因此，必须掌握野外安全用水的知识与技能。

- 野外净化饮用水方法的练习：化学净化、过滤器过滤、沉淀法沸腾等净化水方法与技能。
- 在户外，经常补充足够的水，特别是在寒冷和高海拔，否则容易引发脱水。
- 脱水的症状和体征包括疲劳、口渴、头痛、皮肤发红、虚弱、恶心、深黄色尿、易怒等。
- 应根据活动内容、活动体力消耗、环境状况增加水的摄入量，防止脱水。

练习4：食物烹饪与饮食

户外活动对于能量的需求也会增加，卡路里是用来代谢，保持体温调节，也被用于能量代谢。科学膳食及合理膳食是保持人体健康与安全的关键。

- 户外环境中安全地处理和烹饪食物的方法。
- 烹饪时的分工合作实践。
- 不同食材的特性营养价值学习与注意事项。
- 学习煮饭、煎炸炒、烘烤等烹饪方法（烹饪火候、用水量及烹饪时间）。
- 野外活动中，40%~50%的热量来自碳水化合物，20%~30%的热量来自蛋白质，30%的热量来自脂肪，为身体提供能量使用和储备。
- 在海拔较高的地区进行户外活动中（3 500m以上），70%的能量来自碳水化合物，15%的能量来自脂肪和蛋白质。脂肪在较高海拔地区更难消化。
- 人的身体好比一辆车，需要燃料（食物和水），应该在饿之前吃点食物，每次吃一点，不应该是一日三餐。

（二）教学组织

1. 野外食品计划的制定

- 设计8人一组，三天或五天的食品计划；从科学、健康、安全的原则讲解选择购置野外食品，以满足基于活动、地点和季节需要热量标准。
- 融入营养学及食品安全的相关知识，讨论热量摄入问题。
- 规划户外活动菜单，菜单计划包括食物摄入量、类型和饮用频率等方面。

- 为什么身体需要食物,不同环境和项目食用什么样的食物更科学?设计一项户外活动的膳食计划。

2. 野外用火
- 提前准备好野外用火材料,了解操作步骤后进行实践。
- 使用正规品牌炉具,确保使用时操作步骤正确。
- 学生分组,共同搭建野炊灶。
- 火炉应设置于避风区,必须远离树林、房屋、可燃物,与水源保持适当距离,配备装水容器随时灭火。
- 强调其参与性和实践性,重视与学生的交流。
- 注重学生参与过程,培养学生实践动手能力,沟通交流、团队合作、目标达成等社会适应能力。
- 注重野外环境中独立生活能力培养,加深对安全舒适生活含义的理解。
- 课程结束后,教师应最后离开,检查环保、装备、水、火、垃圾等。

3. 饮用水的净化
- 组织学生运用pH试纸检测自然界中被污染的水渍,提高认知自然的能力且构建环保意识。
- 分组进行过滤器的制作与饮用水净化。
- 练习其他净水方法,练习过程中注重运用相关理论对小组予以激励。
- 引导学生进行反思,对比不同净水方法,培养学生深入思考问题的能力。

4. 食物烹饪
- 讨论野外生活中可使用的烹饪方法。
- 烹饪时应考虑炉子大小、菜单选项、燃料消耗、制作时长和季节性等。
- 确保卫生,包括食物准备及烹饪过程中、烹饪后的清洁卫生。
- 所有废弃物必须包装好并在室外处理。
- 分享在野外生活中自己承担工作的职责及体验学习的收获。

四、安全提示与风险应对

- 使用火炉可能造成烫伤或烧伤,应严格遵守操作程序。
- 安全教育,各组选安全员(责任心及安全意识强),负责饮用水与食品安全等。
- 提前向地方报备活动计划与地点,遵守活动区域的各项规章制度。
- 确保饮用水净化并已烧沸腾、摄入食物未变质并已熟,如发生肠胃不适或其他不良反应时应及时服用药物,若情况严重必须立刻就医。
- 不喝未知来源和未净化的水,防止水传播疾病。

- 要求学生穿戴户外专业衣裤与鞋袜出野外,有过敏史的同学戴口罩和帽子。
- 燃气灶使用方便,但燃烧器的密封损坏可能导致气体泄漏,而造成危险。
- 不能在帐篷里使用燃气灶。
- 了解活动区域的用火要求与限制,严格执行野外用火与森林防火相关规定。
- 对教学区域的地形和周边环境进行风险评估,严格用火安全管理,制定应急预案,进行安全教育和活动监督。
- 准备野外急救包、应急药等。
- 查看天气预报,若天气恶劣则执行备用方案。

五、深入与思考

野外生活远离城市,生活条件艰苦,伴有一定的风险,通过野外生活能使学生感知自然及其所带来的各种生理与心理体验。离开熟悉的环境,体验野外生活,尝试特殊的烹饪方式和不同的饮食等,对学生来说具有挑战性。根据所处的环境,安全且科学地制定饮食计划,学会野外烹饪,科学安全饮食,可培养学生的动手实践能力、独立生活能力、社会适应能力以及户外安全能力。试思考:

(1)如何基于体验式教学等相关理论,提升青少年在野外烹饪与饮食实践中的参与性和实践性,让学生尽快熟悉陌生环境并掌握野外饮食的原理与方法,提高学生的适应能力、团队能力、独立生活能力。

(2)如何利用多元智能、团队发展等理论,在完成饮用水净化、制定善食计划、烹饪食物、收拾餐具等活动中,提高团队协作能力,提高野外生活效率,并使学生体验获得感、成就感,提升野外生活的兴趣。

案例二 户外露营教学案例

长途徒步与自然界互动,舒适安全的露营与休息至关重要,睡眠质量直接影响体力恢复,保障体力与精力的充沛是户外教育教学实践取得效益的基础,熟练掌握野外露营技能和相关能力,是健康舒适野外生活的保障。

一、教学目标

(1)掌握野外露营相关知识技能,能够独立教授野外露营相关课程。
(2)培养安全意识和风险防范意识,增强应急处理能力。
(3)尊重自然环境与生命物种,培养观察能力。
(4)提高生活自理和动手实践能力,培养团队意识,增加自信。
(5)针对不同的教学对象,运用相关理论指导教学设计与教学实践。

教学重点:掌握舒适安全野外宿营的相关知识技能,安全意识与风险预防。
教学难点:运用相关理论实现相应教学目标的能力,培养团队意识和观察力。

二、场地与环境

在荒野地区找到一个可以称之为家的地方,需要考虑地域环境条件、安全与风险、野生动植物、风景和历史意义以及参与者数量和技能水平等各种因素。在野外,通常很难找到完全符合上述要求的宿营地。搭建帐篷的场地环境包括山地环境、高原环境、雪山环境。帐篷搭建的装备包括普通帐篷、高山帐篷,而装备数量视参与人数而定。

三、教学提示

(一)教学内容

练习1:宿营地的选择

宿营地选择的基本原则:
- 评估地域的安全性、考虑环境因素和团体具体情况选择营地。
- 野外环境多变,需做好应急预案。
- 观察营地周围的自然状态,避开野生动物栖息地。
- 尽可能选择日照时间较长、温暖、干燥的地方。

练习2:山地环境的营地搭建

- 选择地点,清理石头、树枝等杂物,有序设置并检查装备。
- 平铺内帐,连接并撑起帐杆,完成内帐搭建。
- 确定帐门的方向,套外帐,地钉固定外帐。
- 铺设防潮垫、睡袋,关上帐门。
- 离营时,检查物品,无误后收帐篷。

练习3:高原雪山环境帐篷搭建(图3-1)

- 雪山搭建高山帐篷的技术操作步骤:
  观察风向风势,避开冰河裂隙、雪崩路径和雪檐等潜在危险。
  夯实雪做地基,保证地基平坦。
  建帐篷时,从帐篷穿孔推出营柱,切忌蛮力强拉。
  用阻石块雪板固定,确保帐篷安稳。
  帐门前挖一个大约30cm深的雪坑,便于把脚放入坑内穿脱鞋和绑腿。
- 在帐篷周围堆上松软积雪,加强保暖效果。
- 紧急情况下可迅速建立雪沟,一般隔夜使用。

- 若住的时间超过一晚,则需建雪屋,用于保持温暖及长时间使用。

图3-1 高原雪山宿营地

练习4:舒适与安全的睡眠

- 搭好帐篷,摊开睡袋,使睡袋蓬松。
- 帐窗微开细缝通风。
- 根据季节选择不同的气垫。
- 头高脚低,保证睡眠。
- 物品摆放有序,扩大活动空间。
- 着长衣长裤休息,手电筒及防身工具放随手可拿之处。

(二)教学组织

1. 宿营地选择

- 学生分组,观察环境,进行风险评估和分析潜在危险,小组讨论其所选营地的利弊。
- 引导学生思考宿营地选择条件,教师总结补充。
- 场地分区,组织学生在周边寻找适合的搭建炊事处和猫洞场所。
- 强调离营后不留任何痕迹,提高环保意识。

2. 山地环境中营地搭建

- 选择帐篷要权衡坚固度、重量、舒适性;优先考虑活动环境,其次为个人喜好,遵循功能性而非时尚的规则。
- 保证每位学生参与练习,强调注意事项及相关风险。
- 搭建帐篷比赛,保持学习兴趣,提升学生团队合作意识。
- 露营时发生紧急情况的处理方式。
- 引导学生总结和反思。

- 在露营中确保安全、舒适及环保。

3. 雪山环境的营地搭建

- 重点讲解帐篷搭建步骤,强调铲除凸起雪块以及相关风险的处理办法。
- 引导学生思考不同环境下营地选择的方法。
- 多次练习技能,多思考多提问。
- 总结反思,提示学生课后了解雪洞、雪屋等庇身所的搭建方法。

4. 保证舒适与安全的睡眠

- 小组讨论如何选择帐篷、睡袋和睡垫。
- 临睡前检查火苗是否熄灭,帐篷是否固定结实。
- 强调营地纪律,舒适睡眠方法。
- 交流舒适睡眠感受,学生总结教师补充。

四、安全提示与风险应对

- 携带适宜装备,临行前仔细检查,包括急救包和常见的户外药品。
- 在宿营时,应将所有设备整理好并放在适当的位置,以防发生意外。
- 加强安全教育以及活动过程的安全管理,教育所有参与者在保护同伴的安全中应发挥作用。
- 活动前后检查装备,活动中维护好装备。
- 注意动物栖息地,若遇野兽,保持冷静,不主动攻击。
- 出发前确保身体健康,如去高原区域保证休息和饮食健康,预备氧气和缓解高原反应药物。
- 专业的保暖装备,预防冻伤的发生。若冻伤,先判断冻伤的程度,再做相应的缓解措施。

五、深入与思考

美国诗人惠特曼说过"我知道造就最好人才的秘密,就是在野外长大,与大地一起作息。"让学生走出城市,享受自然,与自然建立情感。野外生活宿营活动中,不可避免会受到环境气候和学生个体能力差异等因素影响,教师需确保学生享受安全、健康、舒适生活,完成预期目标。试思考:

(1)针对学生的野外生活,如何遵循学生的成长规律、个体差异,运用多元智能、自我效能和团队发展等理论,在保证学生安全的前提下,根据个体潜能与优势,让学生认知自然与了解野外环境的同时,激发学生的好奇心与探索欲,增强自信心。

(2)学生自理能力差、情感脆弱、自我意识强等问题成为社会共同关注的问题。如何通过野外生活等活动,提升学生的生活自理能力,提高动手实践能力,增强团队意识?

(3)学生在野外宿营时,由于个体年龄特征、认知差异、环境多变等不可控因素,使野外生活存在安全风险,如何运用风险管理等理论,制定露营的安全规章制度与应急方案,保证学生野外生活安全?

案例三 户外行走教学案例

徒步是户外教育教学实践的基本技能,提高徒步运动的体验性和安全性,是户外教育教学应传授的基本技能之一。但是,野外环境中的湿滑、陡峭路段、锋利树枝等对人存在的潜在危险,迷路、失足、脱水、失温等造成的安全事件也时有发生,因此,掌握徒步的知识技能,包括与之相关联的食物、水、急救包等使用技能,是户外教育教学的基本内容。

一、教学目标

(1)掌握野外徒步的相关知识技能,具备独立教授野外徒步相关课程的能力。
(2)了解野外自然环境的特征与规律,理解人与自然和谐共存的真谛。
(3)增强在不同野外环境中的风险识别与应对能力。
(4)增强身体素质,锻炼意志品质。
(5)针对不同年龄阶段的对象,能够运用相关理论指导教学设计与教学实践。
教学重点:掌握不同地域环境的徒步技巧,提高野外环境风险识别与预防能力。
教学难点:自然环境的特征与规律认知,提升风险意识与防范措施。

二、场地与装备

野外徒步环境包括沙漠、平原、山地、雪山等,一般选择植被覆盖广的山地丘陵、碎石坡、灌木丛等环境。野外徒步课程需要的装备,包括登山包、徒步鞋和登山杖等。

三、教学提示

(一)教学内容

练习1:背包装填和背负

• 理解不同的背包类型、功能、承载能力,背包提供舒适承载时的特征。

- 准备背包、睡袋、帐篷、防潮垫和餐具等户外用品,并仔细检查。
- 根据背包装填的一般原则,练习背包装填:使用少、体积大、质量轻的物品放在底部(睡袋、衣服);突出或较重的物品放在中间(食物、炉、燃料);经常使用的放在顶包(雨衣、服装、帽子);顶部和侧舱放置急救箱、水、地图、刀、火柴、相机或手机等。
- 了解质量分布特征,调整固定系统大小,胸带不要太紧,臀部承受大部分的重量,扣好扣具。
- 背背包的练习,背包上肩需要一定的技术,如果掌握了要领,将很舒适。
- 背包防雨罩具有保护包内物品及防止树枝灌木等缠绕背带的作用。

练习 2:特殊路段行走

- 过独木桥:以外八字步前行,眼睛看前方约 1m 处,匀速通过。如桥身不长,把握节奏,快速通过。
- 通过草坡、碎石坡:向上坡度较缓时,可采用直线攀登,坡度较陡可采用"之"字形攀登;下坡时行动要缓慢,身体后倾,两腿微弯曲,膝关节放松,如出现滑倒应立即面向山坡,张开双臂,伸直两腿,使身体重心尽量上移,降低下滑速度,设法寻找攀援物和支撑物以阻止下滑。
- 通过峭壁:通过时应面向岩壁缓慢侧身移动,避免突然转身或下蹲,防止背包撞到岩壁使自己掉下悬崖(此类路段往往会设置路绳)。
- 野外渡河:水流较缓且河水较浅,徒步涉水渡河,忌赤脚通过;水深流急且河道宽阔,就地取材制作木筏、竹筏等漂渡工具通过;水深激流且河面不宽,可选用较粗的木材作桥面筑成独木桥通过;水深且水流较缓采用游泳通过。
- 通过草丛灌木:着长袖长裤,观察路线及走向,避免迷路。与前人保持安全距离,避免被树枝或草木反弹打伤;时刻注意坑洼或石块,以免失足摔倒,同时留意草丛内的蜂巢或蚁穴。

练习 3:行走的体力分配

- 根据负重情况及路线的难易程度选择体力分配。应对难度进行评估,确定团队应对挑战的方式。
- 徒步中,最好的方式是保持体力,适当的补充营养和适当休息。
- 徒步应采用中等持续的步伐行走。
- 传授关于运动供能形式(磷酸原代谢系统供能、糖酵解代谢系统供能以及有氧代谢系统供能)的相关知识。
- 徒步练习,采用长短结合休息方式,短时休息一般 20 分钟/次,每次休息控制在 5 分钟以内;长时休息一般 2 小时/次,每次 20 分钟,休息时不应立即坐下,同时休息时可采用按摩等积极性的放松。

练习 4:水与能量补给

• 补水:根据徒步路程,制定饮水计划,避免缺水。徒步中补水应遵循小口多次的原则,一般 20~30 分钟/次,一次 100~200mL,避免口渴后大口饮水。

• 进食:制定饮食计划,应选择易消化、便携带、高能量、食用简便及营养丰富的食品。

• 注意融入生物学中能量代谢的相关知识。

• 水和食品的携带需要有备份。

• 注意与野外生活-饮食篇中的相关内容相结合,融会贯通。

(二)教学组织

1. 背包装填

• 讲解示范,认知不同活动类型背包和承载时的特征。

• 强调装填注意事项。

• 指导学生练习,评选装填最合理的背包。

• 课后引导学生反思,如何在背包装填之前检查装备。

2. 特殊路段行走

• 指导学生观察不同路段的周围环境,进行风险评估,提升环境认知。

• 进行独木桥、渡河、峭壁、草坡、碎石坡等特殊地形的行走练习,由于活动性质和持续时间,在实践中,安全措施至关重要。

• 提升野外徒步技能,提升环境认知,学习风险分析及风险预防。

• 采用"之"字步行攀登可减缓行走坡度,提高行走安全性。

• 通过膝盖以上的水路时,应松开背包的腰带和胸带,仅用一条肩带固定背包,在摔倒时可及时卸下背包。

• 提升负重徒步技能,锻炼有氧运动能力,提升吃苦耐劳的意志品质。

• 反思过程中,学生全面思考在不同环境中的潜在危险。

3. 体力分配及能量摄入

• 指导学生根据路线制定行走计划,包括路程、时间、行走速度、进食、饮水等。

• 向学生讲述有关身体能量代谢类型的相关知识,根据徒步运动的能量代谢类型来制定相应的行走计划。

• 行程计划能够起到锻炼身心的作用。

• 注重鼓励学生克服疲劳,锻炼意志品质。

四、安全提示与风险应对

- 在教学时,制定安全规范,提出纪律要求,所有学生都要对行程安全负责。
- 提前了解户外教学地域的自然环境特征,了解徒步路线的环境特征,计划补水点、休息处等,实施风险管理程序,制定风险预案。
- 加强安全教育,学习风险管理知识,提升风险防范意识和风险处置能力。
- 给予体能较弱者重点关注,避免因身体疲劳导致安全事故。
- 在特殊路段行走时应集中注意力,保持良好的情绪,避免急躁,避免在疲惫和体力下降的情况下持续行走。
- 在炎热的天气里,应防止中暑和脱水。
- 提前了解天气,做好应对突发天气的预案,避免恶劣天气进山徒步。
- 携带户外通信设备,经常检查人数或点名,以确保队伍完整无缺。
- 山区水灾十分严重,雨后几个小时之内可能形成山洪,严禁雨中、雨后进入山沟内徒步,在徒步途中遇下雨,应立即撤出峡谷等低洼地。

五、深入与思考

帮助学生掌握野外生活的知识和技能,提升野外生活能力,体验安全、健康、舒适的野外生活(露营、徒步),是户外教师的任务,并起着关键的作用。高效和谐的野外生活取决于团队成员有效的沟通和分工协作,但由于参与者的参与动机、认知水平、身体素质、意志品质、能力水平、接受能力、适应复杂环境的能力等均存在差异性,试思考:

(1)如何运用团队发展理论、自我决定理论、体验教育理论等,激励学生积极参与野外生活的各项活动,促进团队成员团结合作,为共同目标努力,确保每个学生获得有益的体验,提升野外生活知识技能,积累野外生活的经验。

(2)由于学生的性别年龄特征、认知特点、技能水平、健康水平、环境等不可控因素,存在安全风险。如何运用风险管理等理论,制定学生野外徒步的安全规章与应急方案,保证学生野外徒步活动安全。

第二节 绳索技能教学案例

绳索技能是户外运动的基础技能,常见的绳索技能包含绳结技术、路绳技术、保护站设置技术、岩降技术、SRT技术、滑轮组设置技术等。本案例选择常见的绳索操作技能,如危险路段通过、保护站设置、不同环境下的岩降、SRT技术与运用、搭索过涧等作为教学案例。

一、教学目标

(1)掌握户外绳索操作的技术与相关原理,科学安全地运用绳索。
(2)增强特定地域地形、地貌、岩石、动植物、水及气候等自然环境的认知。
(3)培养团队协作意识,锻炼心理品质,提升心理素质。
(4)掌握教授户外运动绳索技能的教学方法。
(5)增强安全意识,培养安全行为,提升户外环境的风险防范意识和处理能力。
(6)能够运用相关理论指导教学设计与教学实践。

二、技术装备

户外绳索技能的技术装备主要包含主绳(动力绳、静力绳、辅绳)、主锁、下降器、上升器、扁带、安全带、头盔等。

三、风险与安全

研究表明,户外教育实践风险主要来自个人(经验、技能、心理素质等)、自然环境、装备三个方面。

(一)装备的风险

装备的风险主要来自于三个方面:装备不符合欧洲安全标准(CE)与国际攀登联合会(UIAA)国际标准;错误使用装备;装备使用、过程中发生损坏。

(二)人的风险

- 运动技能较差,身体状况不佳。
- 经验不足,出现操作步骤错误。
- 特殊环境的认知缺乏,出现决策失误。
- 对陡崖、悬崖、山涧等产生恐惧心理。
- 缺乏安全意识与风险处置能力。

(三)环境的风险

在户外环境中,常见的风险源于天气突变、风雪、河流、湿滑结冰的路、野生动物等。具体为:

- 对自然地形如陡崖、悬崖、山涧、陡坡等危险地域缺乏认知。
- 岩崩、泥石流等是山区常见的灾害,可以通过路线的危险评估和学习知识技能等将危险降到最低。
- 穿越河流、小溪和结冰的湖泊是户外活动中最危险的活动之一。
- 野外动物的袭击(蚊虫、蜈蚣、毒蛇)。

- 恶劣多变的气候环境,几乎是所有户外项目环境中潜在的客观危害。
- 与野生动物接触可能导致冲突,使野生动物对人造成伤害。

四、重要的户外绳索技能案例

案例1:通过危险路段教学案例

户外运动时,常会遇到危险路段,安全地通过危险路段,是户外专业技能的重要组成部分。因此,将通过危险路段作为案例,该案例主要有两个教学部分:路绳设置和过节点技能。

案例2:设置保护站教学案例

保护站设置是山地户外运动绳索技术最为常见与运用的技能。保护站设置案例主要介绍了两种具有代表性环境下的保护站设置方法:高空设施保护站设置和利用自然物(树)设置保护站。

案例3:不同环境中的岩降教学案例

岩降是广大户外爱好者喜爱和常见的操作技能。岩降的教学环境复杂多变,本教学案例介绍了自然岩壁的岩降和悬降两种下降技能。

案例4:SRT技术与运用教学案例

SRT技术,又称单绳技术,常运用于探洞、天坑、户外救援等活动。将SRT操作技能作为教学案例,能够体现户外绳索操作的精髓,此教学案例分为单绳上升与下降、户外救援演练(事故救援)两个部分。

案例5:搭索过涧教学案例

搭索过涧作为户外绳索操作技能的另一运用形式,是相对复杂的绳索操作技能体现形式,也是户外专业学生必须掌握的技能之一。此教学案例分为两个教学部分:滑轮组技术和搭索过涧。

案例一 通过危险路段教学案例

攀登雪山、攀岩、溯溪、徒步穿越等,常会遇见危及人身安全的危险路段,通过此路段,需要设置路绳以保障安全,路绳设置技能是户外运动中的一项重要专业技能。

一、教学目标

(1)熟练掌握路绳设置的基本原理与方法,能够独立教授路绳设置的相关课程。

(2)培养团队合作意识,锻炼心理素质,提升创新能力。

(3)增强对自然物的认知。

(4)培养安全意识与行为,提升风险识别和处置能力。

(5)针对不同的教学对象,能够运用相关理论指导教学设计和教学实践。

教学重点:路绳设置和固定点通过技能与操作步骤;培养户外安全意识,养成良好的行为习惯。

教学难点:不同地域危险路段路绳的设置方法,运用相关理论指导学生运用危险路段知识技能以实现相应教育目标。

二、场地环境与装备

路绳设置是山地户外运动常用、重要的技能,在倾斜角较大的岩石坡、雪坡、悬崖等危险路段,需要设置路绳以保障人员安全行进。设置路绳的装备包括主绳、主锁、编带、菊绳、上升器、安全带、头盔等。

三、教学提示

(一)教学内容

练习1:路绳的设置

- 观察环境,选择牢固的支点,依据固定点的数量,确定装备数量。
- 清点装备,整理绳索(对于无法确定节点数量的地段,尽量携带多的装备)。
- 自保或保护状态下进行路绳连接操作。
- 利用绳结(图3-2)将绳子与固定物连接,形成第一个固定点;依据地形及固定物的类型,运用布林结、蝴蝶结、双套结等设置固定点;线路末端的固定点采用布林结将绳子与固定物连接(两固定点之间的距离不宜过长,绳子松紧状态适宜)。
- 理绳:将多余的绳子整理放置。

练习2:固定点通过

通过固定点的操作步骤:

- 检查安全装备穿戴正确。
- 将"牛尾"与安全带攀登环连接,需借助上升器攀登的危险路段,"牛尾"的一端连接上升器;悬崖等可以徒手行走的路段,可使用主锁作为保护;可用菊绳代替

图3-2 设置路绳所需绳结(布林结、双套结、蝴蝶结)

"牛尾")。
- "牛尾"两端主锁(或上升器)分别套入主绳。
- 过固定点时(图3-3),首先将"牛尾"一端主锁扣入固定点前端的路绳后,再取下后端的主锁(上升器)(须保证"牛尾"一端始终与保护绳连接)。
- 按顺序依次进行。

图3-3 固定点通过

(二)教学组织
- 模拟教学情境,选择合适的区域进行练习。
- 提醒学生重视环境的观察,分析风险点,同时对节点的位置要有一定的了解。
- 强调自我保护的重要性。
- 组织讨论通过固定点的方法和上升器的使用时机。
- 设置模拟情景,体现真实环境,分析参与者可能产生的心理状态。
- 练习中,重视装备检查(安全带、"牛尾"、上升器、主锁);关注环境变化,如地面湿滑程度、是否可能落石等;在使用上升器过节点时,注意上升器的使用及注意事项。

- 引导学生总结与反思。

四、安全提示与风险应对

- 设置路绳时应设置自保,严格执行操作步骤。
- 反复检查装备,保证穿戴与使用正确。
- 必须始终保持一个主锁(上升器)与路绳连接。
- 固定点的牢固程度须进行分析、判断和测试。
- 采用上升器过节点时,上升器不宜离节点过近。
- 注意环境风险,如地面湿滑程度、头顶落石等。
- 设置路绳及通过路绳时,脚下必须踩实,防止摔倒。
- 设置固定点的大树或岩石结构出现松动迹象时应立即就近寻找代替节点。

五、深入与思考

路绳多用于危险路段,对人员起安全保护作用,路绳设置需要利用自然物体(岩石、树木)上设置固定点,运用绳索技能铺设安全路绳。因此,要求户外专业人员不仅掌握绳索技能,还应认知自然固定点(岩石、树木)的结构、特性和牢固程度,使学生认知自然环境对户外活动及运动项目的影响,试思考:

在危险路段行走教学中,教师如何运用期望价值理论,创设情境,激发学生的学习兴趣,引导学生积极学习自然环境知识?同时,教师可以根据特定地域环境教授哪些自然知识以及运用什么方式方法来激发学生好奇心与求知欲,提高自然知识的学习兴趣,请举例说明。

案例二 设置保护站教学案例

保护站广泛应用于攀岩、岩降、探洞、单绳上升等运动项目,在特定户外环境中,设置保护站有多种类型与方法,如利用树丛、大树、岩石、冰壁等设置保护站。本教学案例选取在高空架和利用大树设置保护站。

一、教学目标

(1)掌握保护站设置的原理与方法,能够独立教授保护站设置的相关课程。
(2)通过保护点的选择,增强对自然环境、树木、岩石等自然物体的认知。
(3)培养责任意识、团队合作意识,锻炼心理素质,提升创新能力。
(4)解决和处理在保护站设置过程中的风险,树立户外安全意识。
(5)能够运用相关理论,指导不同年龄段学生设置不同类型的保护站。

教学重点：高空架保护站与两棵树保护站设置的操作步骤。
教学难点：将在高空架与树设置保护站的方法迁移到其他固定物；运用相关理论指导设置保护站的教学设计。

二、场地环境与装备

保护站设置是绳索操作的基础技能。设置保护站的场地环境包括陡坡、大树、岩石、洞穴、拓展高空架等。

保护站设置需要的装备包括主锁、长扁带、短扁带、头盔、安全带、主绳等；装备数量视教学内容和参与人数而定。

三、教学提示

（一）教学内容

练习1：高空架保护站设置

• 正确穿戴装备，携带技术装备，到达设置保护站的位置（图3-4）。

• 设置自保，将主绳与安全带连接（防止主绳掉落）。

• 遵循独立、均衡、备份原则建立保护站（主锁的大头朝下，锁门相对，丝扣拧紧后回旋半圈，扁带的接缝线应避免与主锁接触）。

• 整理主绳并在中间位置做标记（单结），单结下方与主锁相连接，主绳两端应设置绳尾结（绳尾结缠绕4~7圈，留出主绳直径的8~10倍）。

图3-4 高空架保护站设置系统

• 抛绳：观察下方区域并喊"抛绳"口令，确认安全后（观察3~5秒）将绳抛出，解开主绳中点处单结。

练习2：利用两棵树建保护站

• 正确穿戴个人装备，携带技术装备，到达保护站设置位置。

• 建立自保，主绳一端尾部打结与安全带连接（防止主绳掉落）（图3-5）。

• 遵循独立、均衡、备份原则建立保护站。

• 保护站应包括以下几个部分：自我保护设施、保护他人的设施（被保护人员的主保、副保）；如果到达保护站的地形复杂时，应设置相应的路绳。

图 3-5　两棵树保护站设置系统

- 观察活动保护站下方区域,判断是否有行人或障碍物,确认安全后抛绳。

(二)教学组织

- 本案例教学场地为高空架和模拟悬崖边。
- 讲解与示范应强调保护站的设置原则,注重个人、环境、装备等风险评估与风险处理。
- 设置保护站须处于自保状态。
- 教师应采取措施保障教学安全,全程观察学生练习。
- 运用激励等教学手段,激励学生主动参与练习。
- 学生自主选择区域进行练习,鼓励开创性的技能操作。
- 进行安全教育,强调自我保护与副保的重要性,重视对环境的观察与分析,同时掌控风险。
- 重点讲解两棵树保护站设置的注意事项,以及在保护站设置过程中的风险防范及处理措施。
- 重点强调保护站设置的完整性,对保护站进行全面检查,培养耐心细致的行为习惯。
- 鼓励创新思维,引导反思,并将设置保护站的技能向生活迁移。

四、安全提示与风险应对

- 谨记设置自保是操作的前提。
- 保持头脑清醒,严格遵守操作流程,防止技术操作失误。
- 分析、判断和测试固定点的牢固程度。
- 建立自我保护后,为防止主绳脱落,将主绳的一端打结与安全带连接。
- 保护站的区域不平或靠近悬崖等危险地段,应设置副保,防止滑坠。
- 对保护站的结构及牢固程度应进行分析、判断和测试。

五、深入与思考

保护站设置是一个较为复杂的操作过程,不同类型户外活动的保护站设置有不同的方法要求,大多的户外保护站应设置保护者与被保护者的安全设施,作为户外教师,在保护站设置教学中,应强调保护站设置的原则、要求以及操作程序,检查保护站的安全性和注意事项等是组成教学的主要内容,试思考:

(1)保护站的设置教学中,由于其操作的复杂性,学生易产生懈怠情绪,教师如何运用马斯洛需求层次理论、风险管理理论等,让学生认知保护站的重要性,激励学生主动参与保护站建设的学习,提升绳索操作技能与绳索的运用能力?

(2)如何通过保护站设置课程,促进学生思考保护站设置的原理以及认知保护站设置的风险,提升分析问题和解决问题的能力,培养规范操作的意识和安全意识?

案例三　不同环境中岩降教学案例

岩降是户外教育教学中运用最广泛的技能,本教学案例介绍垂直岩壁和有凸起(倾斜角)岩壁两种情景的岩降教学案例。

一、教学目标

(1)熟练掌握岩降技术技能,能够独立教授不同环境状态的岩降课程。
(2)克服心理压力与恐惧,增强自信、勇敢等心理素质。
(3)增强岩降过程的风险认知,提升户外安全意识与能力。
(4)能够运用相关理论,针对不同年龄阶段学生,设计岩降课程并指导教学实践。

教学重点:掌握岩降的器械操作步骤和教学过程环节。

教学难点:岩降过程的风险认知,身体姿态与下降技术操作动作协调;运用相关理论进行教学设计与组织教学实践。

二、场地环境与装备

户外环境千差万别,按照岩壁的倾斜角来分类,可以分为垂直岩壁、有倾斜角的岩壁、坡度较大的陡坡;按照岩壁形成的原因分类,分为自然形成的岩壁、垮塌形成的悬崖等;按照植被多少分类,分为有植被岩壁与无植被岩壁。不同类型的岩壁的下降,对于参与者带来的感受也不同。岩降教学需要的装备包括安全带、主锁、下降器、长扁带(菊绳)、辅绳、头盔、手套等。

三、教学提示

(一)教学内容

练习1:垂直岩壁岩降

- 设置自我保护:选择距下降点较近且安全的固定物设置自我保护。
- 设置与连接抓结(图3-6):在主绳上设置抓结,末端与安全带腿环相连接,并测试。
- 下降器连接:下降器与安全带连接;下降绳与下降器连接(将下降绳收至最紧,抓结靠近下降器位置)。
- 确认保护系统完整,下降器安装正确后,身体重量转移至主绳,取下副保,重心下移,开始下降;下降技术动作:岩降时,身体上半身直立,双脚开立与肩同宽,双脚轻蹬岩壁,观察下降路线,匀速下降(图3-7)。
- 下降结束,解除装备,理顺主绳。

图3-6 岩降绳索连接系统　　　　图3-7 岩降者动作及身体姿态

练习2:悬降

- 悬降技术步骤与垂直岩壁岩降的技术不同点在于,下降者的身体处于悬空状态。
- 在身体姿态上,从岩降位转换成悬空下降时,"锁止"主绳,两脚应踩牢支撑点保持不动,身体重心落在臀部,缓慢下降身体重心,直至头部低于悬空或凸起位置之下后(防止头部与凸起撞击),弯曲双腿,使身体慢慢靠近岩壁后(减小身体摆动幅度),再移动放下双腿,待身体悬空并稳定后,放绳下降。

(二)教学组织

- 示范与讲解岩降、悬降的技术操作步骤并要求学生牢记。
- 进行安全教育,分析评估岩降环境的风险,严格岩降操作步骤,提升学生的风险防范与处置能力。
- 分组练习,练习中设置安全员,重视同伴的保护与检查提示;教师或安全员检查正确后,方可下降。
- 从岩降过渡到悬降时,教师需观察学生下降的技术动作,及时给予指导。
- 密切关注心理压力过大(恐高)的学生,分析原因,运用自我效能、期望价值、自我决定等理论和方法,引导学生确立学习目标,激励其勇于尝试。
- 引导学生分享悬降感受,增强技术理解与完成操作的成就感,同时,分析不同环境中安全悬降的关键要点。
- 思考两种不同岩降技术的差异,分析各自的风险以及防范措施。

四、安全提示与风险应对

- 由于技术不熟练、操作不当造成绳子缠绕和身体倒挂等。处理原则与方法:制动绳端;稳定情绪;辨清下降方向,面向岩壁;收腿至胸,双脚分开蹬踏岩壁,恢复岩降的身体姿态;继续下降操作。
- 头发和衣服卷入铁锁的预防与处置。预防方法:下降时,长发者须将头发置于安全帽中,上身直立,与绳索保持一定距离。处理方法:①制动,紧握制动端,稳定情绪;②在岩壁上,就近寻找相对稳定的立足点;③身体尽可能靠近岩壁,腿部发力,使绳子、下降器处于不受力的状态;④用非制动手或其他办法将头发或衣服脱离下降器;⑤调整下降姿势,继续下降(极端情况时,可采用割断头发等方法)。
- 害怕和过于兴奋,处置方法:岩降前,深呼吸,稳定情绪,思考技术动作与操作步骤,将身体调整至较佳的状态。处置方法:制动手紧握制动端,使自身始终保持安全状态;调整情绪,使心理状态稳定。
- 对岩降的环境和线路进行风险评估,对可能存在的环境风险制定应对方案。
- 在下降操作时遇到湿滑岩壁,应尽可能选择岩壁上的凹凸或裂缝处作为支撑点。
- 下降过程中遇到风化严重的岩石,用手或脚剔除,同时,选择较为坚固、稳定的岩石面作支撑点。

五、深入与思考

岩降不仅是户外专业人员的基本技能,也是户外教育教学常见的活动内容,岩降的高空环境使其具挑战性、风险性特征。在不同地域环境的岩降中,给学生带来

的是不同的心理感受,岩降时,学生易出现心理紧张、害怕的状况,极易导致操作失误。试思考:

(1)如何运用自我效能、自我决定、激励等理论,帮助学生确克服心理压力与战胜恐惧,并通过完成活动任务,引导学生认知自己,获得成就感,增强自信心,培养勇敢顽强的心理素质。

(2)岩降教学中,如何运用风险管理理论对学生进行安全教育,了解岩降活动中的风险来源及应对处置方法,掌握防范和规避风险的措施,提升技能操作规范性及突发情况的应对能力,培养安全意识与行为?

案例四 SRT技术与应用教学案例

SRT是Single Rope Technique的缩写,在国内称"单绳技术",属绳索操作的一种技术,广泛运用于户外教育教学、户外运动项目竞赛和救援中。

一、教学目标

(1)熟练掌握SRT技术原理与方法,具备独立教授SRT技术的能力。

(2)运用SRT技术救援,培养沟通协调与团队协作能力,增强爱心与责任意识。

(3)发展身体素质,增强上下肢力量与协调性,锻炼坚韧不拔的意志品质。

(4)具备分析与处置SRT技术操作中风险的能力,提升户外安全意识与行为。

(5)能够运用相关理论,设计针对不同年龄段学生学习SRT技术的课程并指导实践教学。

教学重点: SRT技术的操作原理与操作方法;岩降事故救援的操作步骤。

教学难点: 根据事故不同状况,运用SRT技术进行救援;运用相关理论进行教学设计与组织教学实践。

二、场地与环境

SRT技术是重要的绳索操作技术,其适用于垂直上升、垂直下降,且在上升过程中无外物辅助攀爬的环境。常见的场地环境有垂向洞穴、天坑、野外岩壁(用于救援)、大树等。SRT技术需要的装备包括主绳、主锁、下降器、绳套、快挂、上升器、长扁带、GRIGRI(专有技术装备)、头盔、安全带等。

三、教学提示

（一）教学内容

练习1：单绳上升与下降

单绳上升与下降的操作步骤：

- 正确穿戴个人装备，整理技术装备。
- 器械连接：GRIGRI与攀登主绳连接（图3-8），再与安全带的攀登环连接；上升器在GRIGRI的上端与主绳连接，使用长扁带将上升器与安全带攀登环连接（长度为手握上升器直臂略弯为宜）；将快挂扣入上升器上端的孔（防止上升器脱落）；制作脚蹬并将脚蹬扣入上升器下端的主锁；将GRIGRI下端的主绳套入上升器下端的主锁中（改变用力方向），完成器械连接。
- 上升技术动作（图3-9）：右手推上升器至最高位置，右脚（或双脚）置于蹬踏环中，在发力蹬踏腿环的同时，左手向下拉主绳，使身体重心上升，然后再将右手推上升器至最高位置，依次循环进行；在身体离地2m处，在GRIGRI下端0.5m的主绳上系防脱结，防止器械坠落。
- 注重发力顺序，蹬腿与向下拉主绳、向上推上升器时腿部配合上抬等动作的协调。

图3-8 SRT绳索连接系统

图3-9 上升者动作及身体姿态

• 下降:从上升器下端的主锁中解出主绳,利用 GRIGRI 缠绕并打结(固定);双手可离开器械,解除主绳上的上升器、脚踏(解除装备时,上升器应处于不受力状态);解开缠绕 GRIGRI 的主绳与绳结,调整身体姿态,操作 GRIGRI 匀速下降。

• 下降结束后,解除装备。

练习 2:户外救援演练

• 运用 SRT 技术,模拟岩降中学生的头发卷入下降器的事故救援。

• 救援人员单绳上升至距离伤者较近和略高的位置,利用 GRIGRI 将自身固定在此高度,腾出双手。

• 检查、询问被救援者伤情与状况。用主锁和扁带将自己安全带的攀登环与被救援者的攀登环连接,视伤者情况选择合适的协助或救援方案,进行救援。

• 完成协助或救援后,依次解除脚踏、上升器,解开 GRIGRI 上固定用的主绳与绳结,使用 GRIGRI 下降。

• 下降结束后,解除装备连接,将被救援者放置于安全位置。依据被救援者的状况,对被救援者进行针对性的治疗。

(二)教学组织

1. 单绳上升与下降教学组织

• 强调 SRT 技术课程学习的原理、方法、操作步骤。

• SRT 技术设备安装较为复杂,练习时,教师须对装备的连接进行检查。

• 加强安全教育,讲解分析 SRT 技术操作的风险源以及防范与应对措施。

• 鼓励学生反复练习,增强上下肢力量、力量耐力及上下肢发力协调性,锻炼坚韧不拔的意志品质。

• 组织探讨代替 GRIGRI、上升器进行单绳上升的装备,了解操作程序与操作方法。

2. 户外救援演练的教学组织

• 模拟救援情境,假设"在岩降过程中,被落石砸中,导致受伤,无法下降",思考利用 SRT 技术对受伤者进行救援。

• 教师示范与讲解过程中,重点强调技术要点与风险以及应对措施。

• 分组练习时,可模拟不同状况的受伤情境,伤者的扮演者应具备娴熟的岩降技能和经验,可安排 1~2 名学生运用 SRT 技术进行救援,另安排安全员观察救援过程,及时发现问题并提示。

• 练习高度为 5m 左右,提醒学生在救援过程中,要保持冷静,评估伤者的受伤情况后,选取科学合理的办法进行救援,避免导致二次伤害。

• 讨论可以运用于户外救援的其他技术。

四、安全提示与风险应对

- 熟悉装备的性能与使用方法,特别是 GRIGRI 使用方法。
- 上升器卡死分为两种情况:上升器受力和上升器损坏。第一种情况:蹬脚踏,抬高身体,收紧 GRIGRI 处绳子,使上升器不受力;第二种情况:上升器损坏,则需要依据实际情况具体来解决,无法自行解决则需对下降者进行救援。
- GRIGRI 卡死无法下降,须进行救援。
- 正确佩戴头盔,预防头顶落石。
- 穿着长衣裤,预防动物、昆虫等侵扰,冷静处理环境变化影响。

五、深入与思考

SRT 上升技术对于身体素质提出要求,需要一定的力量及耐力为基础,同时,需要上下肢协调配合发力才能顺利完成。SRT 技术练习对于锻炼学生身体素质和培养其坚韧不拔的意志品质具有积极作用,试思考:

在户外教育实践中,我们如何运用激励、教育生态、期望价值、自我决定等理论激发学生参与热情,激励其克服困难,坚持不懈,勇于尝试攀爬不同的高度。提升 SRT 技术操作的熟练性,发展力量和协调素质,增强体能,同时,通过项目练习获得成就感,增强自信心,培养勇敢顽强意志品质?

案例五 搭索过涧教学案例

在野外徒步时常常会遇到湍急的河流、跨度较大的山涧等不宜直接通过的特殊地域,此时,搭索过涧的方式为人员通过提供便利。

一、教学目标

(1)掌握搭索过涧绳索设置操作的原理与方法;能够独立教授搭索过涧课程。
(2)通过搭索过涧练习,克服心理恐惧,增强心理素质和团队协作意识。
(3)提升自然环境认知,增强环境的适应能力。
(4)培养户外安全意识,具备分析和处置搭索过涧相关风险的能力。
(5)能够运用相关理论,设计针对不同年龄段学生搭索过涧课程并指导实践教学。

教学重点:固定点绳索设置、滑轮组运用与搭索过涧的操作步骤;溜索人员掌握正确的动作要领与身体姿态。

教学难点:运用相关理论指导搭索过涧课程的教学设计与教学实践。

二、场地与环境

搭索过涧场地环境是跨度较大且较难徒步或泗渡特定地形，如山涧、湍急的小溪或河流等。搭索过涧所需的装备包括主绳、主锁、STOP、上升器、长扁带、短扁带、滑轮、抓结、头盔、快捷手套和安全带。

三、教学提示

（一）教学内容

练习1：利用滑轮组紧绳

滑轮组设置的正确操作步骤：

- 设置自我保护。
- 选择两个固定物作为支点，将主绳的一端与固定物用布林结连接；在另一个固定物上建立滑轮组，滑轮组连接方式（图3-10）。

图3-10　滑轮组紧绳系统

- 连接完毕后，拉动如图3-10所示右下端的主绳，完成紧绳。

练习2：搭索过涧

搭索过涧的操作步骤：

- 遵循科学、安全、合理的原则，确定两端绳索固定点与保护站位置，设置自我保护。
- 遵循独立、均衡、备份的原则，在较高一侧利用布林结、双套结等将两根主绳固定（大树或是大石头），主绳保持20cm左右的间距。
- 利用抛绳器或人工泗渡的方式将主绳送达另一侧（对岸）。
- 建立滑轮组紧绳系统，并将主绳拉紧，利用STOP将主绳固定；主绳固定之后检查溜索系统的受力程度，确保主绳拉紧。
- 溜索人员正确穿戴装备，利用滑轮、扁带、主锁与两根主绳连接；保护者在保护绳上打适量的蝴蝶结与溜索绳连接，将保护绳与溜索人员的保护环连接，保护人员手持保护绳。开始溜索后，保护者利用保护绳控制速度（对岸仍需设置速度控制系统）。溜索人员动作要领（图3-11）：身体应该舒展、放松；头部要略微向后仰，远离主绳；双手展开或扶住攀登环。

（二）教学组织

1. 利用滑轮组紧绳的教学组织

• 引导学生结合相关物理知识，思考滑轮组设置是如何达到省力效果的。

• 重点示范讲解滑轮组设置的方法。

• 鼓励学生创新思维，探讨绳索设置与紧绳的方式方法。

图 3-11　溜索人员动作及身体姿态

• 引导反思：选择可以代替 STOP 设置滑轮组的装备。

2. 搭索过涧的教学组织

• 重点讲解搭索过涧的系统设置，包括两侧固定点的选择、固定绳结与辅助绳索收紧的滑轮组原理与方法。

• 分析和评估搭索过涧的自然环境、装备设施与技术过程的风险，明确防范与处置策略。

• 演示搭索过涧的完整过程、技术动作要领与身体姿态。

• 分组练习，内容包括两侧固定点的选择、固定绳结、辅助绳索收紧的滑轮组以及搭索过涧的完整过程等。

• 在练习过程中，加强沟通交流，注重团队合作，培养自然环境的适应能力。

四、安全提示与风险应对

• 选择搭索过涧的固定点时，要对其强度与韧性进行检查和评估，在使用过程中也应密切观察其安全程度。

• 溜索的准备区域，往往地形复杂，易发生滑坠。在设置搭索过涧系统和进行保护时，须设置自保。

• 在溜索过程中，装备与主绳摩擦，短时间达到较高的温度，易造成溜索者烫伤，因此溜索者须始终保持正确的身体姿势，避免手或身体靠近主绳而造成烧伤。

• 保护人员应严格按照溜索的操作程序进行操作。

• 在使用滑轮溜索时，保护者应控制速度，以免溜索者速度太快而撞击固定点。

• 经常检查搭索过涧系统，保障装备的安全性，特别检查绳索连接的固定点牢固程度，防止使用中松动或断裂。

五、深入与思考

绳索操作技能,大多运用于活动的保护或通过绳索辅助完成特定活动,其中运用 SRT 技术进行伤员运送救援就是完成特定任务的一种形式。试思考:

(1)如何设计伤员救援绳索操作技能综合课程,要求学生 5~6 人为一组,内容包括课程场景、制作担架、山地环境的伤员运输,运输距离为 1km,含有运送伤员通过危险路段、搭索过涧、SRT 技术的岩壁上升和下降的活动环节。

(2)如何运用团队发展、风险等理论,激励学生主动融入救援团队,确定在团队中的位置及作用,并通过课程计划提升绳索技能的运用能力,培养团队协作意识与能力,增强社会责任意识?

第三节　攀岩教学案例

攀岩运动是从现代登山运动衍生出来的一种新兴运动,有"岩壁芭蕾""峭壁上的艺术体操"等美称。攀岩运动因具备极强的技巧性、冒险性、挑战性而受到人们的喜爱,目前已被列入奥运会比赛项目。攀岩的技术技能包含了绳结技术、保护技术、攀登技术、下降技术、装备技术。本教学案例主要介绍攀岩与安全保护、攀登与重心移动、自然岩壁攀登等内容。

一、教学目标

(1)掌握攀岩运动的原理与基本知识,并可以独立教授攀岩技术课程。
(2)增强攀岩场地设施与岩壁自然环境的认知。
(3)锻炼团队协作能力,培养勇敢顽强、勇于挑战、坚韧不拔、自信等的心理品质。
(4)培养安全意识,提升户外攀岩环境的风险认知和风险处置能力。
(5)能够运用教育学、心理学、社会学等学科理论,设计针对学生的攀岩课程并指导实践教学。

二、环境特征

攀岩运动所处的环境主要分为室内与室外。

人工室内与室外攀岩环境:人工室内攀岩环境主要是指室内攀岩馆,采用人工岩壁,安全性高,不会受到天气的影响;人工室外攀岩墙与室内攀岩大体相同,受天气变化的影响,具有安全性较高的特点。人工攀岩壁的主要构件有攀岩墙板、支撑钢架和岩点以及螺栓等。

野外攀岩环境：野外攀岩场是指自然环境中的攀岩场地，一般是远离城市的野外环境，不可控因素较多，易受环境天气、自然地貌、植被等影响。

三、技术装备

攀岩的技术装备与绳索技能的装备类似，可参考第三章第二节绳索技能案例。

四、风险与安全

在户外教育教学活动中，场地攀岩实际风险较其他项目低，但风险防范不可忽视，危害主要来自于上方的岩石坠落，岩壁的锚栓失效，攀爬过程中的脱手、滑倒和摆动，基于风险张力模型，将攀岩运动教学中，常见的风险进行以下描述。

（一）人的风险

- 攀岩技术、技能较差。
- 保护操作时，出现操作步骤错误。
- 身体状况不好，对高度产生恐惧心理。
- 攀爬失手时的冲坠可能导致碰撞、刮伤或更严重的伤害。
- 缺乏安全意识与处置能力，如装备穿戴不齐、没有戴头盔等。
- 由于保护者操作错误而导致的事故。

（二）装备的风险

- 装备不符合 CE 与 UIAA。
- 错误使用技术装备。
- 使用已损坏的装备。

（三）环境的风险

- 岩石坠落是攀登自然岩壁的最大危害，攀爬前必须仔细检查和清除。
- 野外动物的袭击（蚊虫、蜈蚣、毒蛇）。
- 恶劣环境与天气（暴雨、暴晒等）。

五、重要的攀岩运动技能案例

案例1：攀岩与安全保护教学案例

提升攀岩运动的认知对激发参与者的好奇心有积极作用。同样，建立一个让参与者感觉到安全与舒适的环境，让参与者放心地体验，有利于培养其兴趣，感受攀岩运动的魅力。攀岩保护技术是保障攀岩安全的一项重要技能，本案例主要介绍上方保护、下方保护以及攀石保护。

案例2:攀岩的手法与脚法教学案例

攀岩者的能力、体能状态、心理素质构成了攀登者的技术水平。其中,攀岩的手法、脚法是构成攀岩技术的基础,本案例包括手法、脚法等内容。

案例3:平衡与重心转移教学案例

攀爬过程可以分为三步:保持平衡、寻找岩点、重心转移。三个步骤形成循环,即可完成一次攀爬。在前面的案例中,学习了"寻找岩点"的基本技术,在本案例中,将介绍"保持平衡"及"重心转移"技术,学会如何移动重心。

案例4:攀登自然岩壁教学案例

自然岩壁的攀岩与人工岩壁攀爬技术既有相似之处,也有其不同特点,与人工岩壁相比,在自然岩壁攀爬,户外不确定因素所隐含的风险更大,因此,需要更为全面的专业知识技能和较好的身体素质与心理品质。在本教学案例中,主要内容包含自然岩壁的选择、攀登、保护以及环保法则。

案例一 攀岩与安全保护教学案例

所谓"工欲善其事必先利其器",学习攀岩,首先需要正确认识攀岩,而攀岩安全是人们关注的焦点之一,只有在保障安全的前提下,才能更好感受攀岩运动的魅力。攀岩保护作为攀岩安全中的重要部分,是一项重要的攀岩技能,因此需要多加练习,多进行实践操作,培养安全保护意识。

一、教学目标

(1)掌握攀岩的基本知识,增强攀岩的认知,掌握攀岩的基本教学方法,激发学生对攀岩的兴趣。

(2)熟练掌握上方与下方保护技术,并能够独立教授使用不同保护器的方法。

(3)明确安全保护的重要性,加强责任意识教育,培养专注力、团队意识。

(4)掌握攀岩的风险与评估方法,提升风险管理能力。

(5)针对不同的教学对象与环境,能够运用相关理论指导教学设计与实践。

教学重点:掌握攀岩的基本知识和各种保护技术;掌握攀岩的风险与评估方法。

教学难点:不同的保护方法与站位;提升风险意识与责任意识。

二、场地环境与装备

攀岩的启蒙教育主要是在室内与室外进行综合授课,展示攀岩的技能及装备的作用,营造既刺激又安全、既挑战又有成就、既体现身体能力又反映智力水平,能够激发学生好奇心与兴趣的氛围。攀岩保护技术学习是在攀岩场里,包括室内攀岩馆与室外攀岩场、自然岩壁等场地设施上进行。

攀岩装备包括安全带、头盔、动力绳、主锁、扁带、菊绳、上升器、保护器、攀岩鞋等,装备数量视课堂人数而定。

三、教学提示

(一)教学内容

练习1:攀岩及其分类

- 攀岩概况:通过攀岩比赛和活动的视频、图片,简介攀岩运动历经一百多年的发展历史、价值作用等,激发学生的学习兴趣。
- 攀岩分类:从场地类型、攀登方式、保护方式和竞技项目进行分类。
- 按场地类型分类:自然岩壁攀登(图3-12)和人工岩壁攀登(图3-13)。

图3-12 自然岩壁攀登

图3-13 人工岩壁攀登

- 按攀登方式分类:自由攀登与器械攀登。自由攀登不借助器械,包含运动攀登与传统攀登,两者区别在于线路上是否有预先设置的人为保护设施。传统攀登危险性大,不建议新手尝试。器械攀登是借助器械作为攀登工具的攀登,需要攀登者具备丰富的攀登经验。
- 按保护方式分类:顶绳攀登和先锋攀登。顶绳攀登,与其对应的是上方保护方式,一般适用于攀登线路角度小于120°的情形。先锋攀登,与其对应的是下方保护方式,这种形式攀登者可能会发生冲坠,一般适用于仰角大于90°的线路攀登。

• 按竞技项目分类：速度赛、难度赛和攀石赛以及全能赛，与其对应的分别是难度攀岩、速度攀岩和攀石，完美诠释了奥林匹克"更高、更快、更强"的体育精神。

练习2：上方保护练习

上方保护是指攀登时，保护点设置在攀建者顶点上方，这种攀登方式称为顶绳攀登，这种攀登方式所用的保护方式叫上方保护。

• 上方保护的五步保护法。

第一步：双手同时配合用力，左手往下拽绳，右手往上提绳。双手要同步动作，保持双手之间没有多余的绳子堆积。

第二步：右手抓握绳子迅速向右侧后方下摆，返回到制动端，此步骤一定要快，不得在第一步结束后停留。

第三步：左手从保护器外侧去抓右手制动端的绳子，抓牢后双手紧贴。注意左手与保护器也应保持一定的距离，以免手被挤到。

第四步：右手再次抓住左手上方的绳子，回到准备姿势时的位置。

第五步：左手回到保护器上方抓握的绳子，此时双手位置与准备姿势时相同。

• 不同状态的上方保护练习：保护操作的地面模仿练习、自我保护练习和不同攀爬速度的应变练习，练习时需安全员做副保护。

• 不同保护器的连接以及制动手握法练习：保护员的站位及五步法的操作衔接性，装备连接互查，沟通，制动手必须时刻握住制动端。

练习3：下方保护练习

先锋攀登时所采用的保护方式叫做下方保护，也称先锋保护。教师须时刻关注保护员的练习，必须配备副保护员。保护器有"8"字环、ATC和GRIGRI等。

• 重点强调装备连接、正确的操作步骤、保护员站位、攀登者处于较低高度的保护方法、给绳的时机、冲坠的危险以及缓冲的时机与距离（图3-14）。

图3-14 下方保护

• 下方保护方法。

站位：侧向站位，一般离岩壁 3m 内；攀登者在挂第一把快挂之前，保护者采用双手上举的保护方法；保护者永远不要站立于攀登者正下方。

持绳手法（"8"字环和 ATC 保护持绳）：左右脚前后站立，左手握绳掌心朝上置于胸前，右手掌心朝下持绳放于腰间，左手向上提绳，右手顺势送绳。

给绳：当攀登者挂快挂时，在攀登者需要时才给绳，一般在攀登者抽绳前半步给绳，攀登者抽绳及保护者给绳几乎同时完成。不能给绳过早或过晚。总之，需要一直保持绳子适当的松紧度。

第一把快挂：攀登者在挂第一个快挂之前，保护者站于攀登者正下方，双手上举作保护。当挂入第一把快挂后，保护者立即调整绳子长度，位于攀登者侧面持绳保护。

缓冲方法：缓冲时机和缓冲距离是下方保护的关键要素，保护者要有一定的预判，做好缓冲准备。缓冲最佳时机是在连接攀登者端绳子即将受力时给予缓冲。"8"字环和 ATC 保护时应保持右手持绳下压状态，冲坠缓冲可以依靠身体向前移动来完成。

和攀登者交流：下方保护的关键在于始终保持持绳状态，适当缓冲，及时提醒攀登者漏挂快挂和人绳关系。养成在绳子末端不少于 15cm 处系结的习惯，这点户外攀登尤为重要。

• 情景模拟练习：在岩壁 3m 高处悬挂多把快挂，两人一组，各执一端，一人在平地模拟攀登场景，一人保护，进行先锋保护练习。

• 攀登者刚起步时，尽可能收紧绳子，以防攀登者突然脱落；攀登者离地 3m 以后，绳子应保证一定松度；攀登者即将下降前，绳子应收紧。

• 对于攀爬速度较快的攀登者，根据攀登者的移动而有意识地向后移动。

（二）教学组织

• 示范讲解上方保护和下方保护技术，强调保护的差异性。

• 进行安全教育，强调攀岩的风险及应对措施，提升责任意识和风险防范意识。

• 学生分组进行保护练习，分组应考虑学生的体重，练习中应互相提醒。

• 练习前，必须进行装备互查，打好绳尾防脱结，注意攀登者的状态，关注攀登者与保护绳、快挂等之间的关系，多与攀登者进行沟通交流。

• 配备安全员，检查并及时指出保护操作中存在的问题。

• 练习应严肃认真，严禁嬉戏打闹。

• 组织引导学生总结反思保护过程中可能出现的问题，并引导学生提出解决方法。

四、安全提示与风险应对

- 互相检查装备的连接与穿戴,打好防脱结,自然岩壁攀登时必须戴头盔。
- 保持身体与精神状态良好,练习时注意力集中。
- 时刻关注攀登者的状态,按照操作步骤规范操作,不能放开制动手,及时沟通,随时进行制动保护。
- 保护位置应依据场地环境及时做出调整,及时收绳或送绳,当有落石、绳子被卡住时应快速作出反应;放人下降时,应控制放绳速度。
- 重视安全教育,提升学生的安全意识。
- 使用通过国际攀登联合会(UIAA)标准、欧洲安全标准(CE)或中华人民共和国国家标准(GB)的装备器材,掌握正确的装备使用办法。
- 选择大小适合的攀登装备,将松紧度调节合适。
- 每次使用前都需要对装备进行检查,不使用破损或使用年限过长的装备。
- 清理攀岩场地,避免有杂物影响保护操作。
- 检查攀爬线路上的岩壁是否会割裂或者挂住绳子。

五、深入与思考

所谓"安全无小事",在生活当中经常会有或大或小的风险围绕在我们身边,需要我们具有一定的安全防范意识与技能予以应对,攀岩运动尤其如此。试思考:

(1)如何应用风险管理理论、需求层次理论等,指导学生掌握攀岩技术的同时,加强攀岩的安全教育,关注风险及相关的风险评估知识,提高学生自身的安全知识与技能和风险管理能力?

(2)在攀登过程中,突然坠落,会给初学者带来挫败感和心理压力,因此,保护显得尤为重要,技术娴熟的保护不仅减少冲坠带来的风险,还能够减轻攀登者的心理压力,增强同伴间的互相信任和理解。试思考作为保护者,在攀爬者遇到困难、产生心理压力或出现懈怠情绪时,如何根据具体情况与攀登者沟通交流,以激发其进一步努力,使其获得成就感和自信心?

案例二 攀岩的手法与脚法教学案例

决定攀岩水平的因素有三个,即技术、体能和心理。攀岩中的基本技术,包含手法和脚法。需要注意的是攀登技术的练习必须由低空到高空,做好手脚的热身,强调脚法的运用,避免受伤。

一、教学目标

（1）掌握应对各种形状岩点的攀岩基本手法和脚法；能够独立进行攀岩基本技术的教学。

（2）克服攀登过程中心理压力，提高心理承受能力。

（3）通过攀登，促进身心健康，培养坚韧不拔的品质。

（4）了解攀登中可能存在的潜在风险，提高风险预防与处置能力。

（5）能够运用相关理论，针对不同年龄阶段青少年设计课程与指导教学实践。

教学重点：熟练掌握基本手法与脚法。

教学难点：不同岩点的手法选择；脚法的准确性和稳定性。

二、场地环境与装备

攀登基础技术的学习需要考虑到初学者的安全及兴趣培养，因此主要在室内攀岩馆或者室外人工攀岩场进行教学；基本技术的学习所需要的装备包括攀岩鞋、镁粉袋、头盔、镁粉、安全带、主绳、主锁、扁带、保护器等，装备数量视课堂人数而定。

三、教学提示

（一）教学内容

练习1：攀岩的手法练习

- 提前设置手法练习需要的岩点，让学生认识并感受岩点，激发学生兴趣，引发学生思考。
- "寻岩点"游戏：同一岩点和不同岩点的手法选择、岩点的开口方向以及作用力的分析、手指热身与保护。学生练习熟练后，再进行换手、交叉手、单臂锁定等进阶手法的教学。
- 岩壁横移练习：培养学生在不同角度抓握岩点的感觉，双手抓握不同岩点，感受手指和支点的触感，提示手腕放松，手指不用力。
- 组织探讨岩壁上的动作并进行受力分析，思考在岩壁上抓握不同的岩点时保持平衡与省力的身体姿势。

练习2：攀岩的脚法练习

- 组织讨论岩壁上保持身体平衡的方法。
- 讲解示范基本脚法：重点讲解踩点时脚的位置、脚踝与膝盖的运用、踩点的精确与稳定性等。
- 脚法练习：正确踩点姿势练习，先练习正上踩点的方式；三种脚法的转换练习;侧向踩点练习。

• 讨论与思考:脚点有效部位的选择,脚对岩点的作用力分析,脚法的灵活稳定性与脚踝、膝盖、支点之间的关系。

(二)教学组织

• 组织讨论:同一岩点和不同岩点的手法选择,岩点的开口方向以及作用力部位等问题;踩点时脚的位置、脚踝与膝盖的运用、踩点的精确与稳定性等问题。

• 安全教育:分析在攀岩练习中由人、装备、环境等因素可能产生的安全风险,提出应对策略,规范操作行为。

• 分组练习时,学生相互保护,循序渐进进行练习,横移时学生未经允许不得超过2m的高度。

• 在练习时,要求通过调整身体部位,尽量贴近岩壁,避免过多的使用上肢肩背力量,注意身体部位的发力先后顺序。教师进行风险提示及技术提示,对错误动作进行纠正。

• 在教师的监督下,轮流攀高体验与保护练习,激励学生积极参与。

• 确保学生在摔落时会自我保护;备好急救用品。

• 在练习过程中,适时组织攀岩游戏,提高学生练习热情,培养攀岩兴趣。例如加减点、抢岩点、岩壁接力、岩壁穿衣等游戏。

• 攀高体验时,每组保护须设置副保,人员交换时进行装备检查。

四、安全提示与风险应对

• 在攀岩练习中,体能储备不足、技术不完善、环境出现变化时容易受伤。

• 在指定的区域进行手法与脚法练习,保持良好的身体与精神状态,注意力集中,不得攀高。

• 应进行相互保护,做好风险管理。

• 选择大小适合的装备,例如安全带、头盔、鞋子等,并调节到合适的松紧度。

• 装备前都需要进行检查,淘汰磨损、损坏或超过使用年限的装备。

• 检查岩壁、缓冲垫等设施,检查缓冲垫的间隙,是否有螺丝钉等杂物。

五、深入与思考

(1)在攀岩练习时,只有路线难度与运动水平一致时,攀登者才能够更专注于攀爬带来的美好体验,发掘潜能,进而获得成就感与自信心,这也是培养兴趣的前提条件和方式。试思考,教师如何根据不同青少年群体的状况,设计相应的难度攀爬线路,有哪些方法可以用来促进青少年学习攀岩积极性,培养青少年对攀岩运动的兴趣。

(2)攀岩运动是一项具有挑战性的运动,对于促进学生的全面发展具有独特的作用,教师在针对不同学生进行攀岩教学时,除了要关注学生身体发展外,还需要关注学生的心理发展及社会能力的提升。试思考,如何通过攀岩,培养学生勇敢顽强、坚韧不拔的意志品质,请设计具体的教学实施方案。

案例三 平衡与重心转移教学案例

攀岩的过程可以分为保持平衡、寻找岩点、重心转移三个步骤,由此形成循环,即可完成攀爬。在本案例中,将着重学习"保持平衡"以及"重心转移",学会如何调整自己的重心。

一、教学目标

(1)掌握攀岩中身体平衡与重心转移的身法技术与原理,能够独立传授攀登技巧。

(2)掌握攀岩中不同身体姿态与移动中身体重心位置变化的规律,认知攀岩运动身体素质与运动技术水平关系。

(3)通过攀高提高攀岩技术水平,克服心理压力,增强自信心。

(4)树立安全保护意识,提升预防和处置攀岩中相关风险的能力。

(5)能够运用相关理论,针对不同教学环境、设计不同年龄阶段学生的攀岩课程并实施教学实践。

教学重点:身体平衡与重心转移的身法技术与原理;不同身体姿态的身体重心位置与三点、四点平衡;重心的移动和发力技巧。

教学难点:身体重心位置与攀登手点脚点选择;提高攀岩技术水平,培养心理品质与社会能力。

二、场地环境与装备

重心的平衡与转移练习主要在室内攀岩馆练习中,攀高体验则需要在大岩壁区域练习。本案例所需要的装备主要有攀岩鞋、镁粉、安全带、主绳、主锁、扁带、保护器等,装备数量视课堂人数而定、装备规格视教育对象而定。

三、教学提示

(一)教学内容

练习1:保持平衡

• 热身和手法练习:通过双手抓点,双脚站地,练习手法以及体验四点平衡。

• 讨论与思考：组织学生思考在岩壁上保持平衡的原理，对平衡姿势进行力学分析；思考不同身体姿态的重心所在，如何在岩壁上保持平衡，肢体运动与身体重心移动。

• 岩壁上的横移练习：三点平衡与四点平衡间的转换、对角线平衡、重心位置的确定。

• 提示学生重心位置的判断与调整，鼓励学生提问，针对学生所提问题进行技术提示。

练习2：移动身法练习

• 组织讨论：借助身体发力横移和身体重心调节的攀岩身法技能。

• 分组练习，规定区域，练习侧身、折膝、挺胯、异侧身、同侧身等。

• 自主选择练习区域，进行腰、膝、胯、肘、肩配合的综合练习。提示学会应用大腿、胯、腰、身体躯干的力量，以及运用身体不同关节配合，体会关节移动的先后顺序，多练习关节各个角度的平衡与发力。

• 按照预设线路进行的移动身法综合练习。

• 强调身体协调，整体性发力，然后练习身体局部发力。提示：手主要起保持平衡作用，避免过多使用上肢肩背力量，减少指力的损耗。

• 进行安全教育，分析移动身法练习时可能产生的安全风险，提出应对策略，提升安全意识，规范操作行为。

• 组织学生思考：身体发力以及如何借助身体力量减少上肢力量的损耗，回顾移动感受，分析移动身体时的势能转换及力学原理。

（二）教学组织

• 进行热身活动，避免拉伤。

• 手法练习强调多做横移练习，体会重心移动基本技巧。

• 示范讲解攀岩身法，着重讲解侧身、折膝、挺胯等基本身法以及腰、膝、胯、肘、肩的综合运用。

• 分组练习，学生在岩壁进行横移，保证一定的练习密度，安排保护员监督。

• 练习中教师进行纠错与技术提示。

• 在手法练习中，适时进行攀岩游戏，提高学生练习热情。

• 在身法练习中，教师根据不同身法组合设计多条不同的线路，学生体会不同身体姿态的移动身法，教师进行适时的技术提示。

• 组织攀高体验与保护练习，攀高体验时，每组保护须设置副保，交换练习时，均应检查装备安全性。

• 组织学生反思自己攀爬的优势与不足，分享攀爬时的身体各部位感受。

- 安全教育，确保学生在摔落时会自我保护，提升安全意识，规范操作行为，锻炼攀岩风险处置能力。

四、安全提示与风险应对

- 在指定的区域攀登练习。
- 无保护时禁止攀高。
- 不做超出自己能力范围的技术动作。
- 保持良好的身体与精神状态，注意力集中。
- 选择大小适合的装备，例如安全带、头盔、鞋子等，穿着松紧度合适；
- 装备须符合中华人民共和国国家标准（GB）、国际攀登联合会（UIAA）测试标准或欧洲安全标准（CE）的装备。
- 使用前对装备进行检查、清理，不使用磨损及损坏和超过使用年限的装备。
- 技术练习时，尽可能选择在小角度岩壁。
- 做到岩壁定期维护，课前检查安全保护垫是否有间隙，垫子上是否有螺丝钉等杂物。

五、深入与思考

攀岩为学生提供了身体、智力、心理、品德全面发展的可能性。攀爬能力是身体活动能力的一种体现形式，攀岩过程不仅能够体现技术水平与身体素质能力水平，而且能够体现分析判断能力及心理综合素质。攀爬中，手点与踩点的选择也决定了身体重心的移动轨迹，而身体重心移动主要是依靠大腿、胯、腰及身体躯干的协调发力来实现，试思考：

（1）教师在教授攀岩技术中，运用什么方法和手段让学生能够体会到手点与踩点的变化所带来的不同的攀爬感受，使学生能够更好地理解肢体移动、重心平衡与攀登技能之间的关系，加深攀岩运动的认知，提高攀岩运动的技术水平。

（2）针对不同年龄段的学生，设计符合各年龄阶段学生身心特点的攀岩课程或攀岩游戏，课程设计要求使学生能够在安全、轻松的氛围中学习攀岩，并能够掌握基本的攀登技能，在攀岩中获得成就感，增强其对攀岩的兴趣。

案例四 攀登自然岩壁教学案例

自然岩壁的攀岩与人工岩壁攀爬既有相似之处，也有不同之处。与人工岩壁相比，自然岩壁是在自然环境中开辟的攀岩线路，受自然环境影响较大，不确定因素较多，教学组织的方式、教学过程控制、风险管理等均存在差异，对于教师的教学能力提出了更高的要求。本教学案例主要涉及自然岩壁的选择、攀登、保护等教学内容。

一、教学目标

（1）掌握自然岩壁的攀登技术特点与基本原理，能够教授自然岩壁的攀登技术。

（2）提升攀岩技术水平，增强身体素质，提升攀岩专项能力。

（3）了解自然岩壁攀登的风险判断与处置方法，提升安全意识与规范安全行为。

（4）增强自然环境的认知，了解自然攀登中的学科交叉。

（5）能够运用相关理论，能针对不同年龄阶段，设计自然岩壁攀岩实践课程与指导教学实践。

教学重点：掌握寻找岩点、观察规划路线、过顶建站、保护、跟攀收快挂等自然岩壁的攀登技术。

教学难点：组织规划自然岩壁的攀登和自然岩壁攀登风险的评估与处置方法。

二、场地环境与装备

自然岩壁攀登的线路是在自然环境中的岩场，攀场与自然环境融为一体，具有地质地貌复杂、岩石结构无规律、植被丰富、天气环境多变等特点。此外，它还受交通等因素的影响，因此，自然岩壁攀岩教学须做好充分的前期准备。

自然岩壁攀登的装备主要包括安全带、主锁、下降器、保护器长扁带（菊绳）、辅绳、头盔、手套等，装备数量视参与人数而定。

二、教学提示

（一）教学内容

练习1：野外攀登准备

• 自然攀岩场地：了解攀岩场地岩壁形态、岩质特点、攀登线路和线路难度，确定装备种类和数量，确保主绳长度和快挂数量满足攀爬线路的需求。

• 攀岩场周边自然环境：攀岩场地的地质、动植物、环境相关知识，如主要动植物、环境变化特征等，加强环境认知。

• 攀登路线选择：学习选择和规划合适的攀登线路的方法，重点是寻找岩点，规避可能出现落石、割绳和湿滑的地点。

练习 2：攀登与建站

• 野外先锋攀登练习包含携带快挂数量、挂快挂技巧、快挂锁门方向、过顶建站步骤、风险来源与应对措施（图 3-15）。

• 组织学生观察与讨论攀爬线路的特点。在自然岩壁攀登时，首先要学会寻找可用的岩点，攀爬前一定要规划好线路。在成熟的自然岩壁中寻找岩点的准则：岩壁白色粉印处多为手点；岩壁光滑和黑色鞋印处多为脚点；寻找隐形支点使用；双脚盘夹"钟乳"或骑夹岩壁外夹角；双脚左右对抗"钟乳"或岩壁内夹角，Knee Bar 巨型凸起；裂缝胀脚，裂缝胀手，侧拉裂缝。

图 3-15　野外先锋攀登练习

• 过顶建立保护站操作：用先锋攀登技术至岩壁顶点的保护系统处，用快挂连接安全带的保护环和顶环，必须连接所有顶环，做好自我保护；告知保护者自己已安全，指示其松绳，并抽绳，将其穿过所有顶环，用"8"字结连接快挂；确认自己在安全状态情况下，解开连接安全带主绳的绳结；将绳头穿过顶环，并重新打"8"字结，将主锁与安全带连接，确认顶点保护系统属于两个单独的顶环，若是单独的两个环，则绳头必须穿过两个环；告知保护者收紧绳，确认自己将处于安全状态，解除连接在保护环和安全带上的快挂。

• 过顶建站的练习：先在地面练习，熟悉正确的过顶建站操作步骤，待熟练掌握后，可进行攀高练习；学生分组进行顶绳攀登，攀爬时进行技术提示与风险提示（图 3-16）；引导学生思考过顶建站与普通的建立保护站之间的区别。

图 3-16　野外攀登教学

练习3：收快挂与跟攀

• 讲解示范收快挂与跟攀的操作步骤及相关风险。收快挂：下降收快挂时，如果是斜壁或屋檐地形，用快挂将安全带和保护绳链接下降，直至收取最后一把快挂，摘除最后快挂时，保护员应该避免攀登者摆动导致站立不稳。跟攀：跟攀解快挂时（顶链保护），握住快挂下环锁门，翻转倒立锁身，将绳子取出。

• 收快挂与跟攀练习：先在地面上练习，熟悉正确的收快挂与跟攀操作步骤，待熟练掌握后，可进行攀高练习。

• 组织思考在操作过程中的风险来源以及应对措施。

（二）教学组织

• 在自然岩壁攀登前，通过观看自然岩壁攀登视频，了解自然岩壁攀登。

• 进行热身活动，保持良好身体活动状态，发挥运动技术水平，避免拉伤。

• 组织学生学习讨论攀岩场地的岩质特点、岩壁状、攀登线路和线路难度。

• 组织学生学习讨论选择和规划合适的攀登线路方法，重点是寻找岩点。

• 安全教育，确保学生可能出现安全隐患时，有应对策略和处置方法。

• 加强保护员的责任意识与行为教育，保证保护过程中全神贯注观察攀爬者的动作过程，提升自然岩壁攀岩风险的处置能力。

• 每组保护须设置副保，交换练习时均应进行装备检查。

• 分组练习，鼓励学生积极参与练习，保证练习密度，练习中教师进行纠错与技术提示。

• 通过在自然岩壁的攀爬练习中，要求学生体会手法、脚法与身体重心移动，提升攀岩运动的技术水平。

• 可设计不同难度的攀爬线路，学生根据技术能力进行分组练习，激励学生挑战稍高于自己水平的线路，锻炼坚韧不拔的意志品质。

四、安全提示与风险应对

• 保持良好的身体和心理状态。

• 集中注意力，专注于攀登技术的发挥。

• 选择成熟且符合自己技术水平的难度线路进行攀爬。

• 保护者在确保自身安全的前提下，认真观察攀登者的情况，发现攀登者有脱落或滑坠时，及时采取保护措施。

• 保护者应认真观察攀爬者及周边情况，出现异常状况时及时提醒攀爬者。

• 在攀爬前，选择大小适合的装备，检查装备穿戴，确认主绳的长度并在绳尾打防脱结。

- 每次攀爬时,均需要严格检查岩壁上膨胀钉牢固程度。
- 使用符合国家(GB)与国际标准(UIAA 或 CE)的装备,并对装备进行检查。
- 在直壁和内倾岩壁地形中,注意缓冲距离与保护操作时机,避免与岩壁或凸起的石块等碰撞。
- 查看天气预报,不在雨季或易发生自然灾害的天气中进行自然岩壁攀岩。
- 清理线路,注意岩石的风化情况和落石的可能性,提前做好防护准备。
- 穿长衣长裤,携带喷洒防蚊虫喷雾,防止蚊虫等叮咬。

五、深入与思考

自然攀登路线有难度分级,在实际攀爬中也存在很多的不确定性。对于难度较大的线路应鼓励学生勇于挑战,但要做到循序渐进。自然岩壁的攀岩练习可将增强攀登者的自我效能感作为教学目标之一。自我效能感是个人对自己完成某方面任务能力的主观评估,自我效能感较强的攀登者能够更好地作出选择,逐步提升自身的运动能力,以达到更高的水平,试思考:

(1)在攀岩运动中,教师如何运用自我效能、多元智能等理论,帮助学生认知自我,指导学生在攀岩学习中确定学习目标,提高攀岩运动技术水平。同时可教育学生理解自我效能理论、多元智能理论的内涵,并将此迁移到日常生活学习中,以提升学习效率。

(2)攀岩运动的知识与技术涵盖了大量学科的知识理论。例如保护建设、攀爬线路的选择、攀爬选点、身体移动与平衡、保护器工作原理等,均蕴含了物理学、结构学、仿生学、地质学、教育学、心理学等知识与理论,如何将相关学科知识纳入到攀岩教学中,构建有助于学生德智体美劳全面发展的攀岩教学内容体系。

第四节 定向越野教学案例

定向运动起源于瑞典,最初只是一项军事体育活动,"定向"术语在 1886 年首次使用,是在地图和指南针的帮助下,越过不被人所知的地带。定向越野是定向运动的一种形式,是一项体能与智能相结合的运动项目,不仅要求运动员拥有扎实的体能及娴熟的技能,而且还需要多种心理因素积极配合,是从事户外活动的必备技能。本案例着重讲解识别定向越野地图、定位与定向技能、路线选择与快速行进、定向越野地图绘制和线路设计等案例课程。

一、教学目标

(1)掌握定向基本知识技能,提升定向实践能力,具备独立教授定向课程的能力。

(2)掌握3~5种提高定向越野运动能力的练习方法并能指导定向运动训练。

(3)培养安全意识,提升识别和处置野外环境风险的能力。

(4)了解定向越野地图的绘制方法,能借助绘图软件自制定向越野教学、训练地图并设计线路。

(5)能够运用相关理论,针对不同年龄、不同层次的人群设计定向课程并指导教学实践。

二、技术装备

(一)定向运动器材

- 定向越野地图:地图的质量直接影响到使用者,因此国际定向联合会专门为国际间的定向越野比赛制定了《国际定向运动地图制作规范》。
- 指北针:指北针分为拇指式和基板式,主要作用为辨别方向。
- 检查点标志(点标旗):三面标志旗连接组成,每个面的标志旗成正方形,沿对角线分开,左上为白色,右下为橙红色,尺寸为30cm×30cm。
- 点签:证明运动员到达检查点的凭据。
- 指卡:目前国内大多数定向越野教学和比赛使用内含记忆芯片的电子指卡。
- 计时系统:目前国内大多数定向越野教学和比赛使用的是华瑞建、乐嘉等公司的计时系统设备。

(二)地图绘制和线路设计的器材与设备

地图绘制和线路设计的器材与设备如表3-1所示。

三、定向越野的场地环境

通常情况下定向越野地域具备下列特点:植被适度,中等起伏的森林地;地形变化多样,视野通透,地域或人烟稀少地区;城市公园及近郊区,具体包括如下几个方面。

山地:指海拔在500m以上的高地,起伏很大,坡度陡峻,沟谷幽深,一般多呈脉状分布;水域:形成江河、湖海、沼泽湿地、飞瀑流泉等;植物:植被种类繁多、疏密情况不一,受地面积温影响成垂直分布;动物:动物品种繁多,地区分布不同;天气:山地天气多变,昼夜温差大。

表3–1 地图绘制和线路设计的器材与设备

器材与设备	数量
测量专用指北针	1块
透明直长厘米尺子(20～30cm)	1把
单面透明粘胶带、双面粘胶带	若干
全球卫星定位系统的终端设备	1台
垫板或硬质文件夹板	1块
橡皮擦(橡胶质)	1块
腰包或文具袋	1个
彩色油性、铅性、胶性笔芯	若干
绘图膜(半透明的磨砂胶片)	若干
测距望远镜	1台
功能较强大的电脑	1台
OCAD绘图软件	1个

四、风险与安全

定向越野因其项目特点、场地环境等特殊性，会存在多种风险。定向越野项目除要具备识图的能力外，同时还应具有一定的体能、奔跑能力及意志品质。定向越野风险主要来自装备(器材风险)、人和自然环境等方面。

（一）装备的风险

- 遇到下雨等天气情况时，会导致地图的毁坏而迷失方向。
- 在丘陵、山地地貌比较复杂的地域运动时，丢失指北针，易迷失站立点。
- 不适宜的运动装备，如运动鞋等易造成身心上的伤害，甚至危及生命安全。

（二）人的风险

- 对于自然环境的风险认知不足，风险的预测与判断能力不够造成的伤害。
- 对于风险的处置与突发事件的处理能力不足造成的安全隐患。
- 定向越野距离长，体能消耗大，对于身体状态不能准确把控而引起的伤害。
- 身体素质不佳带来的风险，如体力透支，进而威胁到生命安全。

（三）环境的风险

1）气候风险

• 在炎热天气里有可能造成中暑、晒伤、体力透支等风险；而寒冷的天气容易使软组织局部冻伤等。

• 雷雨、大雾等恶劣天气可能造成看不清线路，发生摔伤、擦伤；大雨导致地图毁坏而迷路等；雷暴引起雷击等风险。

• 自然环境中的植被、树丛等引起划伤、崴脚、骨折等身体损伤风险。

2）场地风险

• 场地的复杂性指不同自然地域形态差异性，如石崖、陡坡、坑洼等。

• 植被分布多样性，如密林、灌木丛、带刺植被、杂草、花等。

• 场地湿滑，尤其下雨的田间小路、青苔或地皮覆盖的地面等，以及蚊虫、蜜蜂、蛇、狗等具有危害性的动物产生的风险。

五、各种场地环境的奔跑

• 草地：眼睛注意观察脚下，防止扭伤脚踝。

• 上坡：上体前倾，大腿高抬，步幅减小，呼吸节奏加快。

• 下坡：根据路面状况，上体后倾，步幅减小，坡度较陡时用脚掌侧着地，接近末端时顺势疾跑。

• 树林：注意保护眼睛，不要被树叶、树枝划伤。

• 障碍物：采用跨越、助跑跳越及用手支撑翻越障碍，如遇独木桥等悬空障碍，脚成外八字，平稳走过。高落差地观察地面平整度，降低重心，下蹲或手撑地跳下，落地时注意缓冲。

六、定向越野教学案例

案例1：定向越野地图识别教学案例

定向越野地图相对于其他地图较复杂，要想在野外环境中不迷路，首先要掌握识别地图信息的技能。本案例将系统地阐述地图的数学要素、自然地理要素、社会经济要素以及其他辅助要素。

案例2：定位与定向技能教学案例

定向越野是用最短的时间到达既定的目标点，要想实现这一目标，首先需要了解实地的方位，其次要确定自己的站立点在地图中的位置，在此基础上要确定目标点的方位、路线与距离。本案例有以下三个主要内容：实地判定方位、标定地图、确定站立点在地图上的位置。

案例3：路线选择与快速行进教学案例

定向越野地图上各检查点之间的连线是提供方位的直线，沿着这条线一般不能直接到达目标点位，须根据地图要素的提示进行路线选择，才能确保在最短的时间内到达目标点位置。路线选择与快速行进案例主要介绍路线选择的标准、原则和快速前进的方法。

案例4：地图绘制和线路设计教学案例

国际定向联合会对定向越野地图的制作有十分严格的技术要求和标准，本案例按照定向地图制作和线路设计的步骤，介绍定向越野简易的教学地图制作方法。

案例一 定向越野地图识别教学案例

识图是定向运动项目最为重要的技能。Kolbh(1987)认为，在定向图中，并不是所有的信息都有导航作用，参与者需要从大量的地图符号中高效搜索与路线决策相关的信息，这种对地图信息的搜索能力，取决于选手对信息的记忆储存和提取，识图过程实际上是地图信息在个体心理系统中的输入、编码、储存和提取认知、决策的过程。

地形图是按照一定的数学法则，用规定的图示符号、颜色、文字和注记，采用制图综合原则，科学地将地球表面的自然地理要素和社会经济要素测绘于图纸上的一种图形。地形图包括数学要素、自然地理要素、社会经济要素、辅助要素等内容，也包括地貌标示、地物标示、比例尺、图例、注记以及指北的方向线等内容。

一、教学目标

(1)熟练掌握地形图的基本知识，具备教授地形图课程的能力。
(2)发展身体素质，增强户外的运动能力，锻炼心理素质，提升意志品质。
(3)培养安全意识，提升识别和处置野外环境风险的能力。
(4)加强环境认知，增进与大自然的情感。
(5)培养定向运动的兴趣，将定向知识技能迁移到日常生活中。

教学重点： 在定向越野中运用定向地图；具备教授地形图课程的能力。

教学难点： 熟练掌握定向地图的内容要素；掌握识别地图的基本知识并具备相关教学能力。

二、场地与环境

在地形、地貌、地物较丰富以及有该地定向越野地图的环境中进行定向越野地图识别内容的学习,如山地、水域、建筑物、空旷地、森林公园、农田、果园等。

三、教学提示

(一)教学内容

定向越野最基本的工具是地图和指北针。地形是地貌和地物的总称;地貌是指地面高低起伏的状态;地物是指地面上的固定物体。

1. 数学要素

- 比例尺:显示地表实际距离与地图上距离的比例关系。测绘地图时,必须把实地缩小若干倍才能够描绘在有限的图纸上。这种把实地的长度缩小的倍数就是地图的比例尺。

- 符号:地面上的各种地物是用形状不同、大小不一、色彩有别的符号表示的。它们具有确定客观事物的空间位置、分布特点以及数量、质量特征的基本功能,还具有相互联系和共同表达地理环境诸要素总体特征的特殊功能。

- 方位角与偏角:从某点的指北方向线起,依顺时针方向到目标方向线之间的水平夹角,叫该点至目标的方位角。

2. 自然地理要素

自然地理要素指的是地表上的水文、地势、土质、植被等。这些不同的水系和地貌一起构成地形图上又一要素,在地形图上主要用等高线法来表示地貌的状态。

- 等高线显示地貌包括等高线表示地貌的原理、特性与特点,以及等高距、高程起算和注记等。

- 地貌识别包括等高线显示山的各部形态;地貌符号显示山的形态或特征。

- 地面起伏判定。

- 高程与高差的判定。

3. 社会经济要素

- 地物符号。

- 地物符号的注记与颜色。

- 识别与记忆符号的一般规律与注意的问题。

4. 其他辅助要素

- 图名。

- 图例等。

(二)教学组织

- 理论课,放映定向越野录像,教师讲解图片和地图,直观教学。
- 分组讨论,根据定向地图识别的内容,提出问题,小组讨论,分组回答。
- 实践课,在熟练掌握识图认知的基础上,手持地图,在指定区域走图实践。
- 安全教育,分析指定区域的自然环境状况与风险类型,提升安全意识。

登高俯瞰,研究陡峭、斜坡及平缓地域在地图上等高线特征,识别建筑物、水域等地物地貌在地图上的具体位置。

- 标示沿途明显的地物,锻炼确定方向的能力。
- 心象练习法。用心想象地图所反映经过的地形地貌的真实图像。对遇到的问题采用灵活方法解决。
- 制定应急预案。

四、安全提示与风险应对

- 安全教育,及时制止危险行为。
- 分析评估教学区域地形地貌和潜在的风险,并制定紧急方案。
- 查看近期天气预报,若天气恶劣则使用备用方案进行教学。
- 制定安全规则,携带通信工具,保持联络。
- 坚持走道不看景,不嬉戏打闹。
- 选有责任心和安全意识较强的学生为安全员,负责安全检查与提示。
- 穿透气长袖长裤、运动鞋袜上课,有过敏史的戴口罩和帽子。
- 准备创可贴、消毒酒精棉等应急非处方药品。
- 行至水域、土崖等危险地段,互相提醒,防止滑坠、踏空。

五、深入与思考

识图训练在定向越野学习中是十分重要的基础环节,为了提高技术水平,需要进行高标准的识图训练,要求学生在脑中呈现出真实的地图环境。这要求教师有较高的教学训练能力,还要求学生有积极的态度。归因理论有助于人们对成功的经验和失败的教训进行合理的分析与总结,从而达到增强自信心、激发努力动机、提高工作积极性的目的,试思考:

(1)在定向越野教学训练过程中,初学者易出现判断方向和快速定位出现错误的问题,而失去学习兴趣,请回顾理论教学案例,如何运用相关理论提高青少年对定向越野的兴趣和积极性。

(2)对自然环境、地形地貌、地理知识、动植物生长规律要有一定的认知,试思考如何将上述知识融入定向越野知识体系,提高学生对自然环境的认知,以激发学生对于自然科学的兴趣。

案例二 定位与定向技能教学案例

定向运动是用最短的时间到达既定的目标点,要想实现这一目标,首先要明辨方向、判定方位;其次确定自己的站立点在地图中的位置,在此基础上要确定目标点的方位和位置。本案例主要内容包括实地判定方位、标定地图、确定站立点在地图上的位置。

一、教学目标

(1)熟练掌握野外环境中辨别方向和确定站立点的方法;具备教授相关课程的能力。
(2)掌握定位与定向知识相结合的练习方法,提升学生对定向运动的兴趣。
(3)发展身体素质,增强户外越野技术技能,提升意志品质。
(4)加强环境认知,增进与大自然的情感。
(5)培养安全意识,提升识别和处置野外环境风险的能力。

教学重点:熟练掌握各种判定方位的方法;掌握在地图上确立站立点的方法。
教学难点:在不同环境中,能够运用不同的方法来辨别方向;在不同地形地貌环境中,运用合适的方法准确找到自己站立点的位置。

二、场地环境

定向越野场地多为野外山地环境,但在熟练掌握所有定向技能之前,我们可以选择相对安全的自然环境,如依山傍水的景区。景区要有丰富的山地、水域、植被、开阔地、建筑物、道路等环境。

三、教学提示

练习1:实地判定方位

实地判定方位是指在实地辨明方向,了解实地的方位是使用地图的前提。在野外,可帮助我们明辨方向的工具很多,白天可利用地物特征、建筑物、风向、太阳和手表等辨别方向,晚上可利用星体辨别方位。

(一)教学内容

· 利用指北针判定方位:将指北针放平,待磁针完全静止,磁针的红色一端即N

端代表北面,白色一端即S端代表南面。测量某一点的方位,可将指北针上的零刻度对准目标,待指北针水平静止后,N端所指的刻度便是测量点至目标的方位。

• 利用太阳和手表判定方位:在晴朗的日子,上午9时至下午4时之间,用时针对准太阳,此时手表上的时针与12时刻度夹角平分线所指的方向为南方,相反为北方。①要将手表平置;②在南、北纬20°30′之间的地区中午前后不宜使用;③要把标准时间换算为当地时间。

• 利用地物判定方位:在地物和植物丰富的野外,可以根据自然客观规律进行方位判定。如在北半球,我们居民房屋或朝拜的庙宇大门通常是朝南开的;树木一般朝南的一侧枝叶茂盛,色泽鲜艳树皮光滑,向北的一侧则相反;长在石头上的青苔喜阴湿,北面较茂密;积雪多半是朝南的一面先融化。

(二)教学组织

• 教师设置情景,讲解以上三种判定方位的方法,并在不同的环境进行判定方位练习。

• 规定练习区域,强调集合时间地点,安全员做好安全提示和及时清点人数。

• 教师根据场地环境的实际情况,分析该区域环境风险,并组织讨论如何预防和处置风险,在适当的时机解答学生疑问。

• 教师引导学生对课程内容进行总结、回顾与反思。

练习2:确定站立点的操作

(一)教学内容

1. 标定地图

使地图的方位与实地的方位一致就是标定地图。地图上的地物地貌符号与实地的地物地貌一一对应,不仅可以帮助了解实地地物的分布和地貌的起伏以及它们之间的关系,还可以帮助选择路线。这一技能将贯穿于整个运动过程中。

• 概略标定地图:将地形图上方与实地地北方一致,地图即已标定。

• 利用指北针标定地图:通过转动地图,使指北针上的红色指针与磁北线的方向吻合或平行。

• 利用地物标定地图:利用直长物标定地图,利用明显地形点标定地图等。

2. 确定站立点在地图上的位置

确定站立点在地图上的位置是从事定向运动的一项基本技能,主要方法有是通过标定地图,将地图与实地的地物、地貌进行逐一对照,来确定自己的方位,具体方法如下。

• 直接确认。当自己所处位置在明显地形上时,只要从地图上找出该地形点,站立点即可确定。在紧张的进程中,发现可供利用的明显地形,当同一种明显的地形点互相靠近的时候,怎样才能够正确地区分它们?

• 利用位置关系来确定。利用位置关系法确定站立点主要依据两个要素:站立点至明显标志点的方向;站立点至明显标志点的距离。在地形起伏明显的地方,可以结合高差情况进行判定。

• 利用"交会法"确定。当站立点无明显地形时,可以利用"交会法"确定站立点位置。按不同情况,它又可以具体分为90°法、截线法、连接法、后方交会法和磁方位角交会法,具体方法可以复习《山地户外运动》相关内容。这些方法的优点是不需要判断或测量距离也能确定出较为准确的站立点位置,这对初学者学习和巩固使用定向越野地图是很有意义的。但是,它们中的一些方法,要么只能在某些特定的条件下才能运用,要么就是步骤繁琐,费时费力。

(二)教学组织

• 设置情景,在不同的环境中进行标定地图练习。
• 由易到难讲解在地图上确定站立点位置的方法。
• 进行安全教育,教师根据特定的教学地域环境,分析可能遇到的风险,组织讨论如何预防和处置风险。
• 安全员协助教师,负责检查与提示教学过程中可能出现的安全风险。
• 教师带领学生在不同地域环境进行实地练习,在地形图上确立站立点的位置,说明判定站立点位置依据和使用的方法。
• 在地图上设置几个标志点,学生以团队的形式快速到达标志点。
• 将确定站立点与体育游戏相结合,提高学习兴趣,锻炼身体素质,培养团队协作能力。
• 组织学生对课程内容进行总结、回顾与反思。

四、安全提示与风险应对

• 分析评估教学区域地形、地貌、植物、天气变化等风险要素;对学生运动能力水平进行评估,并制定应急方案;准备急救包等应急非处方药品。
• 教师在课前制定安全规则,携带通信工具保持联络。
• 课前选出责任心和安全意识较强的学生为安全小组长,负责安全检查和提示。
• 穿透气长袖长裤、运动鞋袜上课。
• 行至水域、土崖等危险地段时,学生要互相提醒,注意脚下,防止滑坠、踏空。

五、拓展与深入

本教学案例创设了辨别方向与确定站立点位置的教学情境,通过标定地图、辨别方向和确立站立点的实地实践,可提出:"学习了这些方法和技能后,独自在陌生的城市和自然环境中依靠地图是否还会迷路"这样的问题,引导学习与生活的联系,这涉及到了学习迁移理论的运用。学习迁移理论是指一种学习对另一种学习的影响,或习得的经验对日常生活的影响。试思考:

(1)如何通过定向运动学习使学生在自然环境中学习到的生存、生活的技能,以及对于自然环境的适应能力,也可以迁移至社会生活中,提高社会生活的适应能力。

(2)因定向越野与自然环境相关的各种风险,因此在课程中融入自然教育和安全教育,如何基于风险管理理论、马斯洛层次需求理论等提高学生对定向越野风险的认知,激发学生参与定向训练的积极性,提升学生对户外风险的防范意识与防控能力。

案例三 路线选择与快速行进教学案例

定向地图上各检查点之间的连线是提供方位的直线,沿着这条线一般不能直接到达,须根据地图上符号和颜色的提示,进行路线选择。个人应按照不同的体能、技术等选择不同的路线。

一、教学目标

(1)熟练掌握路线选择的原则与方法。
(2)掌握不同环境下安全快速行进的方法和技巧。
(3)培养安全意识,提升识别和处置野外环境风险的能力。
(4)在户外环境的路线选择与快速行进实践中,提升分析、判断和决策能力。
(5)增强户外越野技术技能,发展身体素质,锻炼心理素质,提升意志品质。
(6)运用体验学习理论、多元智能理论等指导本课程实践。

教学重点:定向路线选择的原则与方法;在实践过程中,快速行进技巧及确定站立点在图上的位置。

教学难点:在不同环境中分析判断正确选择行进路线;根据不同场地环境选择合适的行进方法。

二、场地环境

可以选择相对安全的自然环境,如选择有丰富的山地、水域、植被、开阔地、建筑物、道路等依山傍水的景区。

三、教学提示

(一)教学内容

练习 1:路线选择

- 选择路线的标准:省体力、省时间、最稳妥,最能发挥自己的特长,尽量不失误或减少失误,顺利完成赛程并最终夺取胜利。
- 选择路线的原则:充分利用大路,坚持"有路不越野";地形起伏不大,树林稀疏可跑的地段,坚持"选近不选远";地形起伏较大,树林密集,障碍大的地段,坚持"统观全局,提前绕路"的原则;坚持"依线又依点"的原则。

练习 2:快速行进

快速行进需要借助地图、磁北方向线和指北针进行,快速行进过程中要始终明确自己在图上的位置。

- 用拇指辅行法行进。在运动过程中,不断转动地图,使地图与实地方向一致,手指压在站立点上,做到"人在地上走,指在图上移",如图 3-17 所示。

图 3-17 拇指辅行法图

- 沿地形地貌行进。如河流、栅栏、小路、围墙、房屋、独立树、石碑以及等高线等都是很好的参照物,可以提供安全、快捷的路线;方法是按所跑路线的顺序,分段、连续或一次性地记住前进方向上经过的地形点、两侧的特征物等内容。使实地的情景不断地与记忆内容"叠印",做到"人在地上跑,心在图上移"。

• 沿磁方位角方向行进。在比较平坦且易通行的地形,可采用沿磁方位角方向行进的方法,其技术关键在于对自己行进距离的正确判断和行进方向的确立与保持,即目标＝方向＋距离。

（二）教学组织

• 讲解路线选择的原则和方法。
• 学生选择合适的路线,在地图上绘制路线并讲解设计的原理和依据。
• 教师讲解行进过程中的方法与技巧。
• 安全教育,教师根据特定的教学地域环境,分析潜在安全风险,组织讨论风险预防和处置。
• 在地图上设置几个标志点,安全前提下,以团队的形式快速到达标志点,并记住跑过的路线。
• 安全员协助教师,负责检查与提示教学过程中的安全风险。
• 组织分享路线选择和行进方法,提升分析、判断和决策能力。
• 在不同地域环境进行实地练习,逐渐增加标志点,循序渐进地练习。
• 将确定站立点与体育游戏相结合,提高学习兴趣,锻炼体能,培养团队协作能力。
• 组织学生对课程内容进行总结、回顾与反思。

四、安全提示与风险应对

• 分析评估教学区域地形、地貌、植物、天气变化等风险要素;评估学生运动能力,并制定应急方案。
• 课前制定安全规则,携带通讯工具并保持联络,教学过程中注意力集中。
• 上课期间不嬉戏打闹。
• 课前选出责任心和安全意识较强的学生为安全员,清点人数和安全提示。
• 穿透气长袖长裤、运动鞋袜上课。
• 行至水域、土崖等危险地段时,互相提醒,注意脚下,防止滑坠、踏空。
• 准备急救包,带齐应急药品。

五、拓展与深入

定向运动强调运动员随时了解自己的实地方位与图上位置,是一项集益智、娱乐、健康身心于一体的运动。从以下三个方面来学习和探讨这一运动:第一,复习巩固定向越野各项技术操作步骤,熟练掌握并灵活运用;第二,就教学而言,面对不同的人群,不同年龄段的学生,能够基于本案例,设计适合学生的课程;第三,更深

层次的是探讨定向知识在提高生存能力与生活质量的价值,试思考:

(1)定向运动适合各个年龄、性别的人群参加,可谓老少皆宜。资料显示,参加定向越野比赛者年龄最小仅八岁,而年长者八十岁。结合支持理论和学习与发展理论的知识,为不同年龄阶段的人群设计定向越野活动和课程。

(2)在复杂的地形环境中,选择正确的行进方向和合理的路线是非常困难的抉择,方向和路线选择需要有扎实的基础理论知识,还要具备丰富的经验以及充足的自信心。如何运用体验学习理论、建构学习理论等设计教学方案,让学生尽快掌握判断方向与选择路线的技能,提升学生在自然环境中的方向感和选择路线的科学性与合理性等方面的能力。

案例四 地图绘制和线路设计教学案例

定向越野地图的制作和线路设计需要扎实的测绘与定向的专业理论和技术,国际定向联合会对定向越野地图的制作有十分严格的技术要求和标准。本案例按照定向地图制作和线路设计的步骤,介绍定向越野简单地图的制作方法。

一、教学目标

(1)掌握定向越野地图制作的基本步骤以及OCAD软件的使用方法。
(2)在地图绘制过程中,感受大自然的美好,增强爱护自然和环境保护意识。
(3)能够制作简单的定向越野教学地图,并运用地图组织定向越野比赛。
(4)提高外部环境的适应能力,增强机体抵抗力,提高身体健康水平。
(5)通过地图绘制和线路设计磨练心性,锻炼应急能力以及把控风险的能力。
(6)理论结合实际,运用社会生态学理论和人本主义理论指导本课程教学设计与教学实践。

教学重点:掌握定向越野制图的基本步骤及OCAD专用制图软件的使用方法。
教学难点:利用所学知识制作校园定向越野教学用图。

二、场地环境

使用许可的具备足够丰富且能被标示在地图上的特定区域,包括起伏的地貌、植被、人造物、水系、小径及建筑物等。

三、教学提示

(一)教学内容(图 3-18)

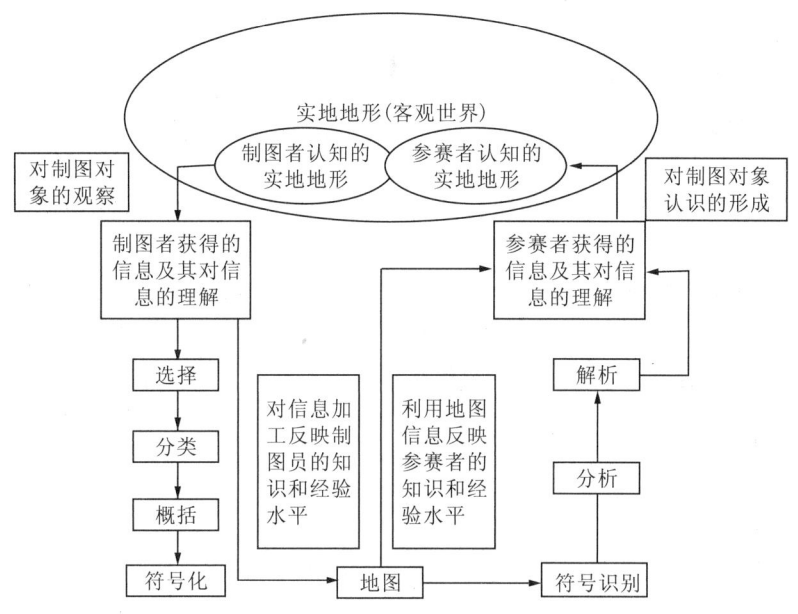

图 3-18　地图信息的传输模式(据廖克,2002)

练习 1:定向越野地图制作

- 定向越野制图原理。
- 对定向越野地图制作人员的能力要求。
- 定向越野地图制作的基本步骤。

①选择特定的能够明显区分边界的制图区域,起伏的地形地貌、建筑物、小径、水系、植被及建筑物等。

②获得该区域的使用许可,避免引起不必要的纠纷。

③获得基础底图。定向地图制作的本质是在一张实地底图的基础上,对该区域进行实地测绘之后,将各种地图所需的地理信息添加到底图上去。因此,计划制作地图区域的底图对于定向越野地图的制作必不可少。

④确定比例尺。比例尺的大小可根据场地的大小及活动的目的而定。

⑤实地测绘。实地测绘采用两种技术:角度偏转和步测。角度偏转是利用指北针测量出地物与磁北线的夹角,从而根据该夹角确定地物与自己站立点的方向

181

关系;步测就是利用步距测量出站立点与目标地物之间的距离。

⑥在实际操作过程中,将两种方法结合运用。采用的步骤是确定测绘区域的边界,确定线性地物,添加点状地物,确定区域性植被情况、完成等高线等。

⑦实地复查。实地复查不是对已测绘的区域进行再次测绘,而是为了使地图的风格和地物取舍标准达到最大限度的统一。

⑧计算机辅助制作。一张高质量的定向越野地图70%来自后期制作。

⑨印刷地图。

• OCAD 专用制图软件使用介绍。

• 认知 OCAD 软件:OCAD 软件的共性,矢量性与符号性;OCAD 软件标题栏、菜单栏、工具栏功能介绍。

• OCAD 软件制作地图的一般程序:新建(或打开)文件、并导入模板地图;调整模板、绘制各种符号;打印或印刷地图。

练习 2:定向越野地图线路设计

1. 地图线路设计的原则

• 路线应该客观体现参与者的定向运动技能和身体运动能力,使奔跑因素和定向因素保持有机结合。

• 线路的难易程度要与参与者相适应,不同组别应该区别对待。

• 线路设计要避开危险地段,预防伤害事故的发生,还要注意环境保护,减少对自然环境的破坏。

• 路线要具有相对可选择性和可判断性,使大多数运动员可以根据自己的能力对前进的方向和路径进行较正确的选择和判断。

2. 定向越野线路设计应注意的问题

• 路线的开端地形以不让运动员观察到赛区的全貌为原则,并且能使参与者开始就进入思考状态。

• 路线中段的设计质量主要取决于地形因素和检查点位置的选择,一般来说,该段地形应该比较复杂,曲折起伏,有一定的难度和变化。

• 各检查点之间最合适的距离一般在 500~1 000m 之间,最短不宜少于100m,最长不宜超过 3 000m;检查点的数量应根据活动水平和规模而定,位置不必过于隐蔽,到达检查点后即可发现为适宜。

• 在必经路线或危险路段设置彩色引导标志或者隔离警示标志。

• 起终点一般设置在地势较低且平坦、空旷、四周隐蔽较好的地域,以便参与者活动前准备和最后冲刺、工作人员和观众的观看,又不暴露赛区全貌。

练习3：简单定向越野教学用图的制作——以校园定向地图为例

校园定向越野地图主要是由道路、建筑物和人造物等地物组成,有时也用到等高线。在制图过程中,明显的道路、大的建筑物等是重要的参照物和定位点,要充分利用这些信息。

制作校园定向越野地图的一般步骤：①首先根据校园底图画出定向越野图的初稿；②对原稿中的信息进行确认与修改；③在已确定的路、等高线和房屋的地图上,以这些为参照,根据相对距离和相对方位来增加其他没有的标示,如房子、小径、突出的树和植被分界线等；④主要添加图中的植被情况；⑤在地图上标注地图名称、检查点说明表、比例尺、等高距、制图员等信息。

(二)教学组织

- 在多媒体教室教授如何使用OCAD制图软件。
- 提示在绘制的过程中要尽可能尊重实地地形地貌,保持准确性。
- 考察对原稿中的房屋、路线和等高线之间的距离、方位和相对位置等,为增加其他事物找参照物。
- 植被一般以黄色的草地、浅绿色可通过的树林以及深绿色或者紫红色网状的禁区等为主。不得踏入禁区,不盲目穿越密林、荆棘丛,安全第一。
- 地图绘制完成后,让学生以参与者的身份感受地图的总体情况,尤其关注路线中潜在的风险,发现后对其进行修整、完善。
- 组织学生总结、分享与反思。

四、安全提示与风险应对

1. 测绘地图可能遇到的风险

- 自然环境：泥石流、山体滑坡、山洪、冰雹、风雹、雷暴等。
- 人为因素：车祸、火灾、食物中毒、猎人陷阱等。
- 动植物：受熊、蛇、蜜蜂、蚊虫、毛毛虫等的侵袭；荆棘树枝刮伤,对有毒植物接触的过敏等。

2. 风险防控

- 选择绘制地图地域的安全性须在可控范围内,尽量避免选择地形过于复杂、地势险峻、树丛稠密、阴冷潮湿、多蛇虫栖息或交通要道场地进行绘图。
- 做好相关应急准备,携带防护装备,如带雨衣、墨镜、防晒霜、蛇药、防蚊虫喷雾等物品。
- 做好环保工作,不伤害动物,垃圾不落地,保持自然原貌等。
- 按照流程细心制图,及时保存文件并做好备份。

五、拓展与深入

定向运动的魅力在于能让学生在教学过程中充分体现个性特点,充分发挥每个人的创造性思维,展示个人综合能力,突出"以学生为本"的指导思想。IOF(International Orienteering Federation,)前领导人埃里克·托认为:要让每个人始终感觉就像在家乡比赛一样。因此,无论是现在还是将来,全世界的地图都必须是用同样的方法制作。试思考:

(1)一张规范的定向地图对于定向比赛和参与者来说都非常重要,如何才能将定向比赛地图做到规范、详尽、合理?

(2)定向越野制图和线路设计所需要具备的基本知识和技能非常多,如绘图学、测量学、定向运动基本知识以及各级各类定向越野比赛规则和制图规范等。结合所学定向越野制图知识,制作田径场百米定向教学用图,并设计四条不同的线路。

第五节　山地自行车教学案例

一、起源

山地自行车是专门为越野(丘陵、小径、原野及砂土碎石道等)骑行而设计的专业自行车,1977年诞生于美国西岸的旧金山。当时,一群热衷于骑车的年轻人,突发奇想:"要是能骑着自行车从山上飞驰而下,一定非常有趣。"于是便开始越野自行车的设计,从此,"速降竞技"作为体育比赛中的一个新项目崭露头角,将一股新风吹遍全球,当前,山地自行车在我国日益流行,并被广大户外运动爱好者推崇,但山地自行车是风险与挑战较强的户外运动活动,骑行山地自行车必须熟悉其结构功能,掌握专门技术,否则很容易发生伤害事故。

二、山地车的主要构造与特征

山地自行车具有独特的结构,包括车架、轮胎、车把、前后减震、刹车、变速器等与普通自行车有较大的差异。宽而多齿的轮胎提供抓地力,减震器吸收冲击;车架具有刚度大,行走灵活;刹车力度大;适应山地复杂路面,骑行不必选择道路等特点。车辆结构如图 3-19 所示。

图 3-19 山地自行车结构图

三、山地自行车部件

1. 车架

车架是山地车的主要部件,一部山地车是否骑的舒适、轻巧易控、承受多大冲击等,关键看车架。车架分为硬尾车架、全避震车架(软尾车架)两种。

• 硬尾车架前叉有减震功能,没有后减震功能。硬尾山地车是非公路地形及竞赛的理想选择,它比全减震山地车更轻、更耐用且更便宜。

• 全避震车架也称软尾车架,更舒适,过颠簸的山路时不用减速,骑起来费力,不适合长途骑行。

2. 前叉

前叉减震的工作过程:遇到障碍物冲击——前叉被压缩(缓冲)——到最大行程(极限)——阻力回弹恢复(回弹速度受阻尼影响),系统工作结束。

前叉的结构与工作原理如下。

• 行程:前叉能够压缩的极限长度。

• 回弹:弹起收缩到极点之后,由介质(阻力胶、弹簧、空气)弹回原来的行程长度,即弹跳的后半部分,因为回弹速度要受到油阻尼的影响,所以单独成为一个专业名词。

• 阻力:回弹的时候,回弹速度有多快,这个由阻力来决定。高速行驶下,回弹快了,会被弹飞;回弹慢了,遇连续障碍物时行程被越压越短,手感跟没有回弹的硬叉一样。

• 锁死:通过一个特殊的旋钮,能把前叉锁死,对障碍物冲击不会产生减震反应,这样可以使爬坡变得更容易。锁死结构有两种,一种是机械锁死,另一种是阻尼锁死。

3. 制动系统

山地车制动系统包括刹车、刹把、刹车线。山地车使用"V刹"和"碟刹"两种。

• V刹:力量很大,是靠摩擦轮圈制动,所以轮圈一定要调整到位,且不容易形变。

• 碟刹:比起V刹,更不容易把轮胎抱死。高速行驶的时候,抱死很危险,易导致侧滑和翻车。碟刹分为油压碟刹和机械碟刹两种,V刹也分为油压V刹和机械V刹两种,油压碟刹靠油去压刹车片,获得巨大的刹车力。

4. 传动系统

传动系统包括牙盘、中轴、链条、飞轮等装置。

• 牙盘也叫齿盘。大部分是3个齿轮,一般牙盘都是44-32-22T。

• 中轴有一体中轴、梅花孔中轴和方孔中轴三种类型,长度和直径也不同,须依照对应牙盘配置。

• 链条是易耗品,易断,长途骑行应准备备用链条。

• 飞轮有8飞24速、9飞27速的,还有10飞30速的等。

5. 变速系统

变速系统包括变速器、变把、前拨、后拨、变速线等装置。

• 最常见的变速器是禧玛诺Shimano(日本)和速联SRAM(美国)。

• 变把分两种,一是指拨,二是转把,转把变挡时来得更快。

• 前拨控制变速系统的前方牙盘。

• 后拨控制变速系统的后方飞轮。

• 变速线链接变把与变速器。

6. 车轮

车轮包括车圈、钢线、前后车轴、外胎、内胎等装置。

• 车圈:山地车应选用双层圈,更能经受恶劣地势对单车性的冲击。

• 钢线(辐条)有两种辐条,一种横截面是圆形,另一种是扁形。

• 车轴:又称花鼓。使用碟刹应该选择碟刹车轴;使用V刹可用普通轴。

• 外胎:直接影响到骑手在特定路面对车的操控。外胎有不同的胎纹,胎纹越平,在平地上的摩擦力越强;胎纹越凸,在山地上的摩擦力越强。

四、山地自行车分类

1. 一般山地车(硬尾山地车)

一般山地车最大的特点是它有优秀的前叉避震器以及高品质的合金或碳纤维打造的车身。一般乘骑的山地车,并不太在意单车本身的重量,所以它的车身构造十分坚固。

2. 全减震山地车(软尾山地车)

最初把减震系统装到登山车上的目的,主要是为应对下坡时的冲撞。最新式全减震山地车就是考虑结实、舒适而制作的,所以说全减震的登山车是最舒适的。全减震的登山车已经不限于下坡赛专用,是以上坡时能爬得愈快愈好,而不太在意下坡时或遇到凹凸不平路面的特殊状况。职业选手级的登山车相当轻,前减震器包括在内一般在23磅(10.5kg)以下。

3. 多用途山地车

多用途山地车是为既爱好山地车运动,又经常在城市与山路间乘骑单车的人士所设计。它的车身不必和山地车一样特别坚固的车身,但需满足坚固耐用的要求。

五、所需装备

(一)个人装备

- 专业骑行短裤(防止被卡在轮辐或障碍物上)。
- 专业骑行服(便于排汗保暖)。
- 骑行眼镜(防止太阳直射和蚊虫)。
- 骑行手套(保护手掌和防止摔落时受伤)。
- 护膝、护肘(水平较低时使用)。
- 头盔(防止摔倒对头部造成伤害)。
- 能量补给水包或水瓶(标明自己ID和联系方式)。
- 根据自身需要准备防晒霜、唇膏等其他物品。

(二)集体装备

- 准备不同型号的山地自行车(适用于不同的参与者)。
- 急救箱(意外情况出现后的应急处理)。
- 工具箱(修理山地车故障)。

六、场地环境

山地自行车通常在丘陵、山间小路、荒野及砂土碎石等路上行驶,地形复杂,道路崎岖,对骑行者身体素质及骑行技术要求较高。在常见的路面环境中,有坚硬路面、多岩石路面、巨石、小石块砂地路面、树根圆木、积水泥泞路面等。

七、风险与安全

通常认为"任何人都可以骑自行车",事实上,山地自行车运动是相对较危险的,具有相当大的事故风险,所以要求进行严格的管理。头部受伤在山地自行车中比较常见,因此,骑行时必须正确佩戴适合的自行车头盔,以避免产生严重的伤害。骑行山地自行车的危险主要包括以下内容。

(一)人的因素

• 山地自行车对参与者的身体与心理素质要求较高,车速较快、技术不娴熟、不了解山地车性能等,并由此而产生心理压力,影响技术发挥而带来的伤害。

• 身体状态不佳、注意力不集中、判断失误等也易造成安全事故。

• 在复杂的自然环境中骑行,路面状况判断不及时等也是造成安全事故的因素。

• 风险认知是指个体对存在外界环境中的各种客观风险的感受和认识,骑行者对骑行环境的认知会直接影响骑行的心理状态,由此对安全骑行产生影响。

(二)自然环境因素

1. 复杂的地形与动植物

山地自行车骑行的环境主要是指由社会环境、自然环境、植物、动物所组成的大环境。地形复杂、道路崎岖、碎石、树根、土坎、青苔等容易对骑行造成威胁。

• 草地与青苔:草地环境相对硬质地面会松软许多,骑行时会加大骑行的阻力。

• 山地:在山地骑行中对骑行者技术要求较高时,碎石、树根、土坎等复杂地形易造成翻车等危险。

• 植物:山地骑行时小路两侧有众多的植被会对骑行者造成伤害。

• 动物:突然出现的动物会造成骑行操作失误。

• 沙地:沙地松软,骑行易发生侧滑。

2. 天气变化

在自然环境中,天气复杂多变,包括大雨、大风、大雾等,造成骑行难度的增加和骑行风险。

• 暴雨:雨水会造成骑行路面湿滑,道路泥泞,雨水还有可能引发泥石流,给骑行带来安全风险。因此,遇到大雨应立即停止骑行。

• 大风:风力会增加骑行的阻力。同时,大风带来的沙尘会模糊视线,给骑行带来安全风险。

• 大雾:雾气导致骑手无法正确判断路面和周围情况,给骑行带来安全风险。

• 大雪:造成道路结冰,易滑而造成伤害事故的发生。

(三)装备的风险

山地自行车具有特殊的结构,在户外自然环境中骑行将会给车体带来较大的冲击,骑行前如果未检查车辆状况很容易在骑行中带来风险,因此,应确保足够的个人防护,通常应包括头盔、手套、眼睛防护和非宽松的衣服。此外,骑行过程中不可控因素较多,如爆胎、刹车失灵、制动器失灵等车辆故障都会给骑行者带来安全风险。

• 爆胎。突然爆胎会造成车辆突然失速或变向,易发生摔倒对骑行者或周围人员造成伤害。

• 刹车失灵。突然刹车失灵会造成无法制动减速,如遇弯道或下坡路况时,易对骑行者或周围人员造成伤害。

• 链条脱落。骑行者双腿蹬踏会瞬间无处着力而踩空,易造成车辆失控对骑行者或周围人员造成伤害。

• 制动器或车把失灵,在陡峭的山地或人员密集地区均可能造成灾难性的伤害,因此,骑行前必须进行彻底的设备检查。

八、山地自行车教学案例

山地车骑行是一项风险与挑战较强的运动项目,不仅对骑行技术有较高的要求,而且要求骑行者具备应对自然环境中各种路况的经验和能力。此外,还需要快速的反应及分析判断和决策能力,本节编制了五个教学案例,供学生探讨学习,以提高山地车骑行的认知和实践教学能力。

案例1:熟悉山地自行车教学案例

首先需要熟悉山地自行车,主要内容包括山地自行车的结构、性能、拆解与安装、突发故障修理等基本知识。

案例2:使用山地自行车教学案例

主要介绍在山地自行车骑行中的常用技术,包括齿轮变速技术、刹车技术、骑行礼仪与规则。

案例3：坡道骑行技术教学案例

在山地环境中骑行，地形的起伏变化较大，上升、下降是骑行过程中必不可少的技能，所以要熟练地在山地环境中骑行，就需要结合自己的身高、力量、骑行技术特点，练习上、下坡相关的变速技术。

案例4：障碍路面骑行技术教学案例

通过障碍是山地自行车的核心技术，熟练掌握各类障碍骑行，才能顺畅骑行山地自行车。本案例课设计了人工障碍和自然环境障碍两种环境的骑行练习，旨在帮助骑行者快速、熟练地掌握各类障碍的通过技巧。

案例5：综合路面骑行教学案例

山地自行车案例课教学的最后一课，是蹬踏、变速、障碍、上下坡、弯道等通用技术的综合练习课程。在此案例教学课程中主要教授骑行者如何将骑行变得更加安全、顺畅、快速。

案例一　熟悉山地自行车教学案例

首先需要熟悉山地自行车，主要包括山地自行车的结构、性能、拆解与安装以及突发故障修理等基本知识。

一、教学目标

（1）熟悉山地车的结构、部件工作原理和功能，具备教授该课程的能力。

（2）掌握拆解和安装山地自行车技能，掌握检查山地车安全牢固的方法，能够处理车辆突发故障。

（3）培养动手实践能力。

（4）培养安全意识和风险防范的意识以及处理突发状况的能力。

（5）能够理论联系实践，运用所学的相关理论设计与指导山地车的教学实践。

教学重点：熟悉山地自行车的结构和性能并能拆解和安装山地自行车。

教学难点：学会处理骑行过程中突发的车辆故障和维修，锻炼动手实践能力。

二、场地环境与装备

户外宽阔的自然地域环境，所需装备是山地自行车和车辆维修工具箱。

三、教学提示

(一)教学内容提示

练习1:认识车辆

- 车辆结构、部件和性能,重点介绍手把、变速杆、变速系统(前后拨链器)、减震系统、制动系统、牙盘、鞍座和飞轮等。
- 牙盘和飞轮不同配比与骑行速度和蹬踏力度的关系、使用环境特征。
- 减震的调节及其工作原理。
- 前后刹车的特点和使用方法。

练习2:拆解与安装

- 学生分组,拆解与安装车辆,识别车辆部件。
- 遵循首先拆车把,其次拆坐垫,然后拆车架,最后拆轮胎的顺序。
- 拆解时注意保护变速系统和制动系统。
- 车辆安装时是按照拆解的顺序反向进行。
- 链条安装:首先整理链条(将卡住的链条解开),然后将牙盘变速调节器调至最小牙盘处,最后按先安装牙盘链条,后安装飞轮链条的顺序将链条重新安装好。

练习3:踏蹬技术

体会山地自行车的自由式、脚尖朝下式和脚跟朝下式三种踏蹬方法。

- 自由式踏蹬方法:在踩踏踏板过程中,根据脚踏不同部位,踝关节角度发生变化。自由式踏蹬,符合力学原理,用力的方向与脚蹬旋转时所形成的圆周切线相一致,减少了膝关节和大腿动作幅度,有利于提高踏蹬频率,大腿肌肉也能得到放松,这种踏蹬方法较难掌握。
- 脚尖朝下式踏蹬法:踏蹬特点是在整个蹬踏过程中脚尖始终是向下,这种方法踝关节活动范围较小,有利于提高频率,容易掌握,腿部肌肉始终处于紧张状态,不利于自然通过临界区。
- 脚跟朝下式踏蹬法:脚尖稍向上,脚跟向下,在正常骑行中很少使用,只在过渡性调剂用力的骑行时使用。它的特点是肌肉在短时间内改变用力状态,得到暂短休息,达到恢复肌肉疲劳的目的。

(二)教学组织提示

- 设置骑行路线,该路线的周边设置明显的标记线。
- 模拟场景,引导学生思考和体会,分析故障的原因和可能带来的风险。
- 分组练习,拆解和安装山地自行车,熟悉山地自行车结构与特性,培养动手实践能力。

• 山地自行车与普通自行车结构与功能上差异带来的安全隐患,特别强调刹车使用方法,增强风险防范的意识和处置风险的能力。

四、安全提示与风险应对

• 强调参加者不戴上适当的头盔不得骑自行车(必须戴头盔)。

• 拆解和安装时由于操作不当造成受伤(主要是擦伤、划伤、挂伤),应在教师的指导下进行。

• 心理准备不足,动手能力差等造成受伤。

• 过于兴奋,未按照教师的要求进行操作,不按照规定的操作程序进行操作。

• 山地自行车本身可能存在各种隐患,如安装不牢固,部件损坏等。在骑行之前应仔细检查车辆,保障车辆安全。

• 控制其他无关人员进入山地自行车教学区域。

五、深入与思考

自行车是常见的交通工具,中国作为自行车大国大部分人会骑自行车。山地自行车是自行车的一种类型,但其结构、性能都与普通自行车有很大的差异,例如山地自行车的前叉具有减震功能,可最大程度地缓冲路面障碍对骑行者带来的冲击;碟刹则可在最短距离内停住车辆,如果不了解这些特性,以骑行普通自行车的思维和习惯操作山地车,往往带来翻车等事故,对骑行者造成伤害,因此,骑行山地自行车,首先应改变观念,将它作为运动装备,不能简单将它视为普通自行车;其次要了解山地自行车各部件的作用及工作原理,只有这样,才能在骑行中更好地操控车况,发挥其最大功能,同时避免由于车况原因而造成伤害事故,试思考:

(1)如何在安全的前提下,让学生切身体会山地自行车与普通自行车的差异,以改变原有的自行车骑行观念和行为,将其视为运动装备,主动学习山地自行车部件的功能作用及工作原理,认知山地自行车功能,为后续山地自行车技术的学习打下基础?

(2)如何鼓励学生积极主动参与山地自行车的拆卸和安装,掌握拆卸和安装的顺序方法,并检查其是否规范和牢固,并通过此项练习培养学生动手实践能力?

案例二 使用山地自行车教学案例

本案例主要介绍在山地自行车骑行中的基本技术,包括齿轮变速技术、刹车技术、骑行礼仪与规则。

一、教学目标

(1)熟练掌握山地自行车骑行的基本技术,并能独立组织教授该课程。

(2)认知山地自行车骑行环境,体会不同地形骑行山地自行车时,人与车一体的感受。

(3)遵守骑行规则、注重骑行礼仪,培养沉着冷静、快速灵活的决策和应变能力。

(4)增强安全意识,遵守安全行为规范,提升处置骑行安全风险的能力。

(5)能够理论结合实践,运用相关理论指导本课程教学实践。

教学重点:掌握山地自行车踏蹬技术、齿轮变速技术、刹车技术,特别是能够根据不同路况和身体条件进行熟练的变速及使用前后刹车。

教学难点:熟悉使用刹车技术;熟练操控自行车,做到人车一体,骑行自如。

二、场地环境与装备

山地自行车技术需要在山地环境进行,场地环境的主要特点是道路情况复杂多变,路面崎岖不平,道路起伏变化大,弯道多等。所需装备参见本教学案例的概述。

三、教学提示

(一)教学内容提示

练习1:齿轮变速技术

- 变速骑行:"最小牙盘和最大飞轮"是最省力前后变速组合;"最大牙盘和最小飞轮"的最快前后组合(骑行中调节变速器,以自身骑行最舒适为最佳)。
- 牙盘越大,蹬踏越费力,骑行速度快;飞轮越大,蹬踏越省力,骑行速度慢。
- 体会变速,手柄上的右侧手柄操作后齿轮,手柄上的左手杆操作前链轮。
- 较小的链轮用于上坡、强劲逆风和起动车辆时使用。
- 齿轮组合调节练习时,应保持车在骑行状态(车辆行驶时)。

练习2:刹车技术

刹车是利用摩擦让山地自行车减速甚至停下来。山地自行车有前轮和后轮两组刹车,后刹车主要是为减速,前刹则是让车子停下。在刹车时,应根据车辆行驶的状况同时使用前后刹车。使用前刹车应特别小心,单独使用前刹车前轮极易抱死,造成翻车;而单独使用后轮,则容易出现后轮抱死,从而造成侧滑摔车。骑行时,用食指始终搭在刹车杆上,根据地形或情况来判断决策适时使用刹车。不同环境和骑行状况下刹车的使用：

- 一般情况下应同时使用前后刹；在自然环境中，根据不同路况、不同车速、前方状况，采用多样的刹车方式。
- 紧急刹车，拉前刹车至后轮刚好浮离地面的力度，此时刹车的要领：手臂稳固撑住身体，身体离开鞍座，重心尽可能后移，避免前翻。
- 使用刹车应该遵循"前刹7后刹3"的比例，同时用力向前推车把，尽可能使身体重心压向后轮，避免轮胎锁死造成的侧滑和前翻。
- 湿滑路面。易出现车轮打滑，掌握"前滑后刹，后滑前刹"的操作技巧。
- 松软路面，车胎打滑的可能性大增，须提前判断，使用后刹车控制车速，可酌情使用前刹，但须把握"先后刹再前刹"。
- 颠簸路面，车轮很有可能跳离地面，这种情况不可使用前刹，否则前轮会抱死，造成翻车，应使用后刹，把握"离地不用前，适时使用后"的原则。
- 下坡刹车。在下坡骑行时，使用刹车应"轻点刹车，少量多次"，即轻轻按压，根据速度变化和需求不断调整，否则很可能出现甩尾、失控等后果。
- 弯道刹车，在弯道骑行时使用刹车非常危险，应在进入弯道前使用刹车控制车速。如果要在弯道中减速，应在有能力控制车辆平衡，保持人车一体的前提下，轻点刹车。
- 组织讨论如何合理利用刹车；如何有效地调节变速器且舒适踏蹬在不同的地形骑行更快、更长、更安全。

练习3：骑行礼仪与规则

- 转向：右手平举，掌心向前，提示队友前方右转，左手反之（图3-20）。
- 减速慢行：右手手掌心向前向上方高举，表示前面有障碍，需要减速，同时散开队伍（图3-21）。
- 停止前行：右手握拳曲肘上举，表示停止前行（图3-22）。
- 右手平举握拳伸出大拇指，提示表示感谢（向让行的机动车或行人）（图3-23）。
- 右手放在身后，往臂部方向前后摆动提示后面队员保持队形（图3-24）。
- 领骑加快骑行，然后靠向路边，说明要换人领骑，后面队员应迅速补上，领骑队员要慢慢跟到编队最后。
- 避让大型障碍：右手向斜后方摆动提示后面车友注意右侧逆行或障碍物。
- 路面颠簸：右手手掌向下于侧下方上下摆动，表示路面颠簸（图3-25）。

（二）教学组织提示

- 设置自行车骑行路线，在该路线的周边设置明显的标记。
- 分组练习，身高相同的两人一台车，强调练习可能存在的风险和安全风险，

图 3-20 山地自行车转向示意图

图 3-21 山地自行车减速示意图

图 3-22 山地自行车停止前行示意图

图 3-23 山地自行车表示感谢示意图

并讲解相应的应对与处理方法。
- 强调在骑行中对环境的观察和分析,提前采取应对措施控制风险。
- 强调各项练习可能存在的风险和安全问题,并讲解应对措施与处理方法。
- 观察学生的骑行技术和状态,及时制止危险动作和行为,防止风险的出现。
- 激励学生积极主动克服心理障碍,勇敢面对挑战,培养学生自信、勇敢的品质和独立思考、判断与决策的能力。

图 3-24 山地自行车避让障碍示意图　　图 3-25 山地自行车路面颠簸示意图

•组织讨论骑行中变速与使用刹车的感受，以及在不同的地形有效地使用变速器使骑行更快、更安全的方法。

•强调环境爱护，提升环保意识。

四、安全提示与风险防范

山地自行车骑行时，速度快，道路复杂、技术操作要求高，应特别强调骑行安全，防范风险。

•必须戴好头盔、手套、护肘、护膝等防护工具。

•安全意识不强，注意力不够集中，技术水平不佳，过于害怕或兴奋，应注意安全并进行心理疏导。

•骑行者经验不足，心理对骑行的准备不充分，或处理突发情况能力不足易造成危险。骑行前要加强心理辅导并进行安全提示和风险告知，教授危险情况的正确处置方式。

•山地自行车本身带来的安全隐患，骑行前要认真检查车辆，包括制动器、轮胎情况等，保证车辆安全性。

•山地环境复杂多变，碎石、断树、土坑等较多，骑行较为危险，提高技术水平。

•骑行时，各车应保持足够的距离，以防止在骑行期间发生相互碰撞。

•受环境影响或操作不当可能冲出赛道或冲撞其他人员。

•应将未进行练习人员置于远离车道的安全位置。

五、深入与思考

山地自行车运动是一项极富挑战性的运动项目,由于山地自行车的结构特点,自然环境复杂,道路的崎岖颠簸,给骑行者带来心理压力,如恐惧、紧张等,造成骑行不积极、消极被动甚至逃避,遇到特殊路段就下车推行,由此影响技术的掌握,也会对其他学生造成影响,试思考:

(1)在教学中,如何运用所学习的理论,帮助学生缓解心理压力,消除紧张情绪,激励学生积极参与练习,通过山地自行车练习,培养学生勇敢顽强、沉着冷静的心理品质,增强山地自行车骑行的自信心。

(2)在教学中,通过哪些方法使学生尽快掌握山地自行车的变速、刹车、弯道等技术,提升骑行的技术水平。

案例三 坡道骑行技术教学案例

在山地环境中骑行,地形的变化起伏较大,上、下坡骑行技术是应对山地形的基本技术,该技术涉及上坡前提前调整变速器,调整至较为适合自身素质与技术发挥的齿轮配比。本次案例课程主要讲解上、下坡技术的动作要领和操作规范。

一、教学目标

(1)熟练掌握上坡及下坡正确骑行姿态与变速技术,能独立教授该课程。
(2)提升山地自行车骑行技能,积累安全骑行经验,促进身心健康。
(3)培养勇敢顽强的心理品质,增强判断、决策及快速反应等能力。
(4)增强风险意识和遵守骑行规则,提升处理山地自行车骑行中突发事件的处置能力。
(5)理论结合实际,学会运用所学的相关理论指导教学实践。

教学重点:了解骑行上、下坡的技术要领和变速技术。

教学难点:根据环境的变化,在上坡和下坡的骑行中,变化身体重心和骑行姿态,有效控制车速。

二、场地环境与装备

上坡及下降技术主要是在山地环境中进行,道路情况复杂多变,路面崎岖,起伏较大。所需装备参见山地自行车教学案例的概述。

三、教学提示

(一)教学内容提示

练习1：复习巩固齿轮变速和刹车技术的骑行练习，内容参见上一教学案例。

练习2：上坡骑行练习

- 选择坡度不同的上坡练习路段(图3-26)。
- 结合变速技术、刹车技术，调整车速与最佳骑行状态。
- 在接近上坡时，加快车速度，调整车辆齿轮配比，身体重心前倾，双臂向前微曲，平稳连续踏蹬车踏板，必要时可站立踏蹬。
- 不同坡度的上坡骑行，体验不同坡度上最适合自身技术条件的齿轮配比。
- 爬坡时，保持蹬踏节奏，齿轮配比处于易发力的状态。

练习3：下坡骑行练习

- 骑行时控制身体重心，根据下坡的陡峭度(下坡越陡，骑车者身体重心越向后)，上体前倾角度不宜过大，过度向后可能会导致前轮被抬起的危险(图3-27)。

图3-26　山地自行车上坡示意图

图3-27　山地自行车下坡示意图

- 控制好车速，合理配合使用前后制动器。
- 骑行时，手指应覆盖制动杆，以便及时调整车速。
- 车辆减速时不能单一使用前制动器，可能会导致车辆翻覆。
- 下坡时，保持两脚高低相等，以减少撞障碍物的风险。

(二)教学组织提示

• 骑行前,强调检查车辆、佩戴头盔等安全防护工具,骑行时需要注意安全事项,培养学生风险防范的意识。

• 安全教育,强调上下坡骑行的风险,教授突发情况的处置方法和措施,如侧翻、翻滚等。

• 强调骑行中应对路况进行观察和预判,提前采取应对措施。

• 分组练习。强调骑行安全,观察其他的骑行技术和状态,及时纠正错误动作,禁止危险动作和行为。

• 激励学生积极主动克服心理障碍,勇敢面对挑战,勤于思考,灵活应对,培养独立思考、判断与决策的能力,提升自信心。

• 组织讨论:骑行中,上下坡与变速调节及刹车使用的方法与感受,分享不同地段有效地使用变速器,安全快捷骑行的方法。

四、安全提示与风险应对

• 骑行前,检查头盔、手套、护肘、护膝等防护工具佩戴情况。

• 认真检查车辆安全性能,包括检查制动器、链条、变速器及轮胎等。

• 骑行时,注意力集中,对前方路况判断来及时调整车速,运用正确的技术应对不同障碍,特别强调刹车技术的运用。

• 下坡骑行时,控制车速,应特别强调不能单独使用前刹。

• 教师应掌握每位骑行者的技术水平和心理状态,及时进行技术和安全提醒。

• 在碎石、断树、土坑、湿滑等难以控制车辆的路段中,保持头脑冷静,运用山地自行车的特性和骑行技术通过障碍。

• 遇到沙石、水坑等路段,应提前控制车速,平稳踏蹬,人车一体,匀速通过,也可沿前面骑行者留下的痕迹骑行。

五、深入与思考

山地自行车运动体现了户外运动挑战、刺激、探险的精神文化内涵,对于大部分初学者来说,较大的坡度和频繁的上下坡,会给其带来一定的心理压力。因此,在教学中,应采用循序渐进的方法,如练习中逐渐增大下坡的角度,或创设学生乐于、敢于体验的场景,帮助学生克服畏难和恐惧情绪,试思考:

(1)在山地自行车下坡教学中,教师可以使用哪些教学方法来让学生感受人车一体的骑行状态,提升学生控制车辆的能力,提升山地自行车骑行的技术水平,同时,培养和提升学生的分析、判断、决策能力?

(2)运用风险管理理论,分析在自然环境中骑行山地自行车存在哪些方面的风险,容易造成危险的要素包括哪些方面?分析其产生原因并进行防范处理。如何通过山地自行车的教学,提升学生安全意识,培养学生骑行山地车的安全行为。

案例四 障碍路面骑行技术教学案例

在自然环境中骑行山地自行车会遇到各种对骑行稳定性产生影响的障碍,因此,障碍路面骑行技术是骑行山地自行车的重要技术。本教学案例设置了人工设计障碍和自然环境障碍的骑行练习,旨在帮助骑行者快速、熟练地掌握障碍的技巧。

一、教学目标

(1)熟练掌握通过障碍技术,提升山地自行车技术综合能力,能独立教授相关课程。

(2)了解自然环境障碍特征及对于骑行的影响,提升山地自行车骑行技术水平。

(3)培养勇敢顽强和勇于挑战的心理品质。

(4)增强自然环境中骑行的风险认知,培养安全意识,提升处置安全隐患能力。

(5)能够运用所学习的相关理论,帮助学生克服恐惧心理,提升山地自行车骑行技术。

教学重点:掌握通过不同障碍时的技术要领和身体姿势。

教学难点:能够操纵山地自行车通过障碍物。培养骑行山地自行车安全意识和处置骑行安全隐患的能力。

二、场地环境与装备

在野外环境的开阔地设置障碍或在野外环境找到自然生成有各类障碍物的区域。所需装备参见山地自行车教学案例的概述。

三、教学提示

(一)教学内容提示

练习1:山地自行车直道骑行

选择骑行路线,熟悉骑行场地自然环境,进行骑行练习,技术要领如下。

- 注意力集中,保持专注,思考骑行技术与要求。
- 直道骑行时,上体较低,头部稍倾斜前伸;双臂自然弯屈,便于腰部弓屈,降低身体重心,防止车辆颠簸的冲击力传到全身。

- 双手轻而有力地握把,臀部坐稳车座。
- 双腿匀速踏蹬,使用变速器调控牙盘和飞轮,感受齿轮变速,调到踏蹬时略感吃力,保持每分钟蹬踏 80～90 周。

练习 2：**自然障碍场地骑行**

- 在自然中骑行山地自行车,注意力专注于路况判断和骑行技术。
- 遵循"人车合一,安全可控"原则,安全操控山地自行车通过障碍物。
- 碎石路面,应减缓车速,预估通过可能性,选择最佳通过方式。
- 通过树根等障碍时,降低车速,身体略微前倾,双手握紧握把,应始终保持人车一体,按预估线路行进(图 3-28)。

图 3-28　山地自行车障碍路面示意图

练习 3：**弯道骑行**

- 转弯前,控制车速,用前后刹同时点刹逐渐减速。
- 入弯时,强调前轮的控制,重心前移,身体向入弯一侧倾斜,内侧踏板抬高,向后蹬压外侧踏板,身体和车身保持在一个平面,以克服离心力,倾斜角度根据速度和弯道大小而定,否则有侧滑危险。
- 出弯道时,调整重心(上体和外侧腿)并加速出弯道。

(二)教学组织提示

- 分组练习,骑行前进行安全教育,应检查车辆,佩戴头盔等安全防护工具,骑行安全注意事项,增强风险防范意识。
- 强调突发情况的处理方法和措施,如侧翻、翻滚等。
- 组织专门练习,针对碎石、树根、弯道等技术教学与练习。

- 观察学生的骑行技术和状态,及时纠正错误动作,禁止危险动作和行为。
- 强调骑行中对路况的观察和预判,提前采取应对措施,运用合理的技术安全骑行。
- 激励学生积极主动克服心理障碍,将主要注意力放在思考骑行技术和分析判断路况上,培养勇敢顽强、独立思考、判断与决策的能力,提升自信心。
- 组织讨论自然障碍场地骑行的技术,以及在不同地段有效地使用刹车、变速器的感受,骑行更安全、更快捷、更舒适的方法。

四、安全提示与风险应对

- 骑行前应认真检查车辆安全性能,包括制动器、车轮情况等。
- 障碍练习时,人员相对集中,应规划骑行路线,保证车辆之间的安全距离,防止碰撞。
- 通过障碍时,均应根据骑行者的技术掌握情况、熟练程度、经验及身体素质等控制车速,保障骑行安全。
- 自然场地地形复杂,通过障碍时易发生翻车、冲出骑行线路、撞树等危险情况,要求骑行者根据自身的技术水平选择适中的骑行速度。
- 教师应了解每位骑行者的技术水平和心理状态,注意观察其骑行状态,及时给予技术和安全提醒。
- 在岩石较多的路面或断树、土坑等路段骑行时,身体需离开鞍座,尽可能减少身体的颠簸,同时,须运用技术操控车辆,保持人车合一。
- 湿滑路面应全神贯注,通过控制身体重心和运用山地自行车的功能特性,控制车速,安全通过。
- 骑行通过裸露于地表的粗壮树根时,可运用前轮离地技术,提起前轮,随即重心后移,后轮滚过树根。
- 在难以判断路状的地段,应提前降低车速,平稳踏蹬,随时应对突发状况。

五、深入与思考

障碍骑行需要骑行者具有良好的骑行技术和心理素质,骑行中应沉着冷静分析障碍特征,快速反应,及时调整车速与行车姿态,合理利用山地自行车变速、减震、刹车等功能,安全顺畅快捷骑行通过障碍,同时,山地自行车骑行时间较长,也需要身体素质与体能作保障,试思考:

(1)在障碍骑行学习中,如何运用学习理论、自我效能理论、风险管理理论以及自然科学等相关知识,帮助学生认知不同类型障碍特征,感受障碍对于骑行的影响,提升学习自信心与积极性,主动参与山地自行车过障碍的学习,提升山地自行车骑行的技术水平。

（2）如何根据个体身心的不同状况，帮助学生找到适合自身特点的技术，掌握安全顺利通过障碍的方式，感受到"人车合一"应对障碍的状态，积累山地自行车骑行的经验，并通过山地自行车骑行，发展身体素质，促进身心健康。

案例五　综合路面骑行教学案例

综合路面骑行是指骑行山地自行车完成规定的完整骑行路段，其中有公路、砂石路、山间小路等运动环境，地形复杂多变，可能有意想不到的突发状况，需要骑行者集中精力，随时根据情况，沉着冷静、判断和处置，完成骑行任务。本案例是山地自行车综合教学课，是将踏蹬、变速、障碍、上下坡、弯道等技术综合运用的课程。

一、教学目标

（1）系统掌握和运用骑行山地自行车的各项技术，提升山地自行车骑行的综合能力。

（2）提高山地自行车运动技术水平，能结合相关理论独立教授山地自行车课程。

（3）促进身心健康，培养勇敢顽强、勇于挑战的心理品质。

（4）培养处事不惊、反应快速、灵活应变的能力，提升分析、判断和决策能力。

（5）加强综合路面骑行风险认知，培养学生风险防范的意识和处理问题的能力。

（6）能够运用相关基础理论，激励学生克服不良心理影响，积极主动参与山地自行车的教学实践。

教学重点：能发挥山地自行车的功能，运用山地自行车骑行技术安全快速的完成规定路段。

教学难点：提高山地自行车运动技术水平；通过山地自行车练习，提升自信心与灵活应变等能力；提升分析、判断和决策能力。

二、场地环境与装备

山地自然环境，包括自然物体、人工建筑、自然路面和人工路面、上下坡和角度较大的弯道等各种路段。所需装备参见山地自行车教学案例的概述。

三、教学提示

（一）教学内容提示

- 检查车辆，确保车辆的安全，佩戴头盔等安全防护工具。
- 综合路面骑行应该注意的问题和使用的方法与技巧。
- 强调骑行安全，可能存在的风险和安全问题，并讲解应对与处理方法。
- 骑行练习时，应根据地形的变化调节变速器，发挥山地自行车功能和自身技术应对不同的路况和障碍，并不断总结和积累山地自行车骑行经验，提升山地自行车运动技术水平。
- 牢记刹车使用方法，合理利用刹车，杜绝由于刹车使用不当而引发的风险事故。
- 骑行中，集中注意力观察前方路线与周边情况，及时根据路况调整车速，当遇到障碍时运用合理的骑行技术应对，在视野开阔路面、平整路段可快速骑行。

（二）教学组织提示

- 骑行线路为5km左右的环形线路，做好路标，安排安全员，沿途检查和提醒安全事项，进行技术提示。
- 提示路线中的障碍位置、类型、特点及技术要求。
- 骑行中，应根据身体素质和技术能力，充分发挥山地自行车功能，遵照骑行礼仪规则，集中注意力，快速完成规定的骑行，提升骑行技术水平。
- 教师了解每位骑行者的技术水平和心理状态，及时给予技术指导和安全提醒。
- 在多次练习后，采用计时赛的方式，提高山地自行车骑行速度，评判学生骑行能力，达到增强锻炼身体素质，达到勇敢顽强、吃苦耐劳意志品质的目标。
- 组织讨论和交流安全、快捷山地自行车骑行的技术和经验。

四、安全提示与风险应对

- 应认真检查车辆安全性能，包括制动器、车轮情况等。
- 要求装备穿戴整齐（进行检查），身体与精神状态良好，注意力集中，认真对待每次骑行。
- 在进行专门的障碍练习时，应制定骑行路线规则，保证车辆之间的安全距离，防止相互间的碰撞。
- 骑行者应根据技术熟练程度、经验及身体素质等，控制车速，保障骑行安全，避免翻车、撞树等危险情况的发生。

- 在岩石、断树、土坑等路段骑行时,身体需离开鞍座,以减少身体颠簸,同时,应全神贯注,调整身体重心,保持"人车合一",安全操控车辆。
- 裸露于地表的粗壮树根易将骑行者绊倒,骑行通过时,可运用前轮离地技术,提起前轮,随即重心后移,后轮滚过树根。
- 在难以判断路状的地段,应提前降低车速,平稳踏蹬,做到人车一体。

五、深入与思考

综合路面骑行是指在特定的山地自然环境中的骑行练习,须在学生对山地自行车有清晰明确的认知,掌握山地自行车骑行的基本技术,在具备一定的安全意识和风险分析判断能力和处置能力的基础上,运用学到的山地自行车技术技和已有的骑行经验,在身体和心理素质良好的状况下,以提升山地自行车骑行综合能力,培养勇敢顽强、反应快速、灵活应变的能力,勇于挑战的心理品质,提升分析、判断和决策能力等综合素质为目的山地自行车骑行课程。试思考:

(1)在山地竞赛中,山地自行车项目通常以团队的形式参加竞赛,如何运用团队发展理论让学生在团队骑行中即发挥个体优势,又彼此之间相互配合,信息共享以达到安全骑行,共同提高山地自行车骑行水平?

(2)如何运用相关理论设计山地自行车课程发展学生的心理和身体素质,提升学生分析、判断、决策能力,使学生在骑行中感受山地自行车运动的乐趣,获得成就感,增强自信心,培养学生对于山地自行车的兴趣,养成运用山地自行车进行体育锻炼的习惯?

第六节 皮划艇教学案例

皮划艇起源于格陵兰岛上的爱斯基摩人所制作的一种小船,船用鲸鱼皮、水獭皮包在骨架上形成船体,用桨叶划动。划艇则起源于加拿大,因此又称加拿大划艇。实际上,这两种艇都是从独木舟演变而来。由于社会的进步和生产力发展,独木舟已被其他船艇所替代,但是在一些边远、偏僻地区,如南太平洋的萨摩亚群岛人、哥伦比亚的海达人、加拿大的印第安人,以及我国西藏、云南、广西等一些少数民族地区,至今仍在制造和使用独木舟,东南亚的一些国家和地区,如日本、韩国、朝鲜等地都把皮划艇称为"独木舟"。

现代皮划艇运动诞生于1865年,苏格兰人麦克格雷戈以独木舟为图,制造了"诺布·诺依"号第一支皮划艇。1866年创建了英国皇家皮划艇俱乐部,1924年1月由丹麦、瑞典、法国和奥地利发起,在丹麦首都哥本哈根成立了"国际划艇联合会",到19世纪末,皮划艇运动已成为欧美各国广泛开展的一项体育活动。

一、教学目标

（1）了解皮划艇，掌握双人皮划艇的知识技能及原理；具备教授皮划艇的基本能力。

（2）了解水的特性，增强不同水域的自然环境认知，增强环境保护意识。

（3）具备不同水环境的风险识别能力，培养安全意识和行为，增强水域风险防范意识和处置能力。

（4）锻炼意志品质，增强身心健康，培养勇敢顽强、团队协作意识与行为。

（5）能够运用相关学科理论指导教学设计与教学实践。

二、场地与环境

本教学案例涉及的皮划艇为大众休闲皮划艇，场地环境为天然湖泊或人工湖（练习时可在游泳池进行），水深 1m 以上，无暗流、急流，无水草及危害生命的生物存在等。

三、装备器材

（一）皮划艇与划桨

皮划艇种类繁多，在教学中常用的是被称为平台舟的皮划艇（图 3-29）。平台舟是户外运动皮划艇的一种，英文名字叫 Sit On Top Kayak。平台舟是开放舱/开放甲板式，座舱位全开放，人员易于坐入座舱中，若覆舟，返回座舱相对容易。皮划艇划桨是操控皮划艇运动的唯一器具，由桨叶和桨杆组成。

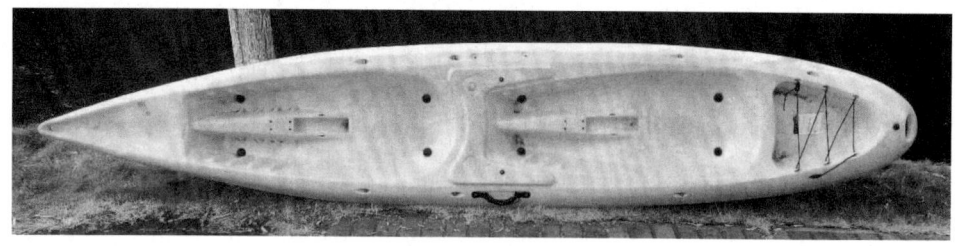

图 3-29　皮划艇

（二）救生衣

救生衣种类繁多，主要有船用救生衣、工作救生衣和休闲救生衣三种类型，救生衣浮力材料主要是聚乙烯泡沫塑料，面料多用氯丁橡胶复合材料。日常使用的救生衣主要是工作救生衣和休闲救生衣，救生衣浮力大于 75N，救生衣在水中浸泡

24小时后,救生衣浮力损失应小于5%,主要适用于水上游玩、漂流、垂钓等,起救生防护作用。

四、风险与安全

皮划艇需要参与者全面了解影响安全的因素,例如参与者技术技能、身心状况、设备、场地、气候条件、水温、水流条件等,在皮划艇经验教学中,不同方面的风险会同时存在。本案例将影响安全的因素分为环境因素(水文气象)、人的因素及物的因素等加以分析。

(一)环境因素

水上活动受水文因素影响较大,恶劣的水文气象条件会导致风险加剧,如风(风力)、浪涌、水流、能见度等,均会对于教育教学安全产生较大影响。

- 风(风向与风力):风对水上活动影响比较明显,当风力达到一定等级时,会造成无法控制船体运行方向,威胁到人员及船艇的安全。
- 浪涌:波浪是在受风或其他动力使水域平衡状态发生改变,产生向上、向下、向前等方向,一种有规律的周期性的起伏运动状态。在风力作用下形成的波浪称为风浪,当风停止或当波浪离开风区时,这时的波浪称为涌浪。涌浪、风浪可使船舶摇摆,难以保持航向等。
- 水流:江河湖海中的水是不停流动着,水流直接影响水面上的漂浮物运动方向和速度,因此对于皮划艇会造成直接影响。
- 能见度:它是反映大气透明度的一个指标,与天气情况密切相关,主要包括雾、暴雨、霾等,当能见度过低时,对航行安全产生严重影响。
- 水上活动还不可避免地受水域周围环境的影响,如水域的航道、渔业养殖区等。距离商船航道较近时,过往商船航行产生涌浪会影响水上教学活动,对皮划艇教学造成安全隐患。
- 生态灾害:近年来,多地水域陆续爆发大规模生态灾害,浒苔、水葫芦、赤潮、绿藻等常见生态灾害同样不可忽略。

(二)人的因素

影响水上活动的人的因素主要包括参与人员的身体体能状况、技能水平、自救能力、风险应对处置能力和救援人员的配备等。

- 参与人员的技术技能、体能状况是影响安全的直接因素。
- 对于水域环境的认知程度,如水流、水深、水力等认知不足也是安全风险的诱因。
- 风险应对处置能力,主要指游泳技能,自救能力及使用救生设备的能力。

- 参与人员心理素质也是水上活动安全的风险源。

（三）物的因素

- 皮划艇救援教学中所涉及的装备包括皮划艇、划桨、救生衣等。装备的安全性与可靠性,对水上活动的安全开展起着至关重要的作用。
- 使用安全认证的产品,同时定期检查装备的情况,淘汰破损或已达使用年限的皮划艇。

五、皮划艇教学案例

案例1:皮划艇基本技能教学案例

认知皮划艇运动的场地环境、划艇运动的技术原理与方法,对于掌握皮划艇技术起到积极促进作用。本教学案例以皮划艇运动的运动环境、运动装备、上下艇与划桨技术等为主要内容,通过教学,促进学生对皮划艇运动认知,提升对于皮划艇运动的兴趣。

案例2:皮划艇基本划行技术教学案例

直行与转向是基本划行技术,双人划行转弯或直行需要选手密切配合,承诺灵活地操控皮划艇。本案例将双人皮划艇划行作为课程内容,意在学习皮划艇技术的同时,认知团队协作重要性,培养协作意识域技能。

案例3:皮划艇翻覆与回正教学案例

皮划艇翻覆是皮划艇中最常见的情况,练习独木舟倾覆与回正的目的是为了让参与者掌握自救和救援技能,提升皮划艇教学安全,减少严重伤害事件的发生,对于保障皮划艇课程顺利开展具有重要意义。

案例4:不同水流状态下皮划艇划行技术教学案例

开放水域水流状况复杂多变,驻波、湍流、涡流及综合水流状况给皮划艇划行带来安全隐患,掌握应对复杂水流状态的划行技能是皮划艇教学的重要目标。本案例介绍不同水流状态的皮划艇划行技术和应对策略。

案例一 皮划艇基本技能教学案例

皮划艇运动不仅能有效的增强心血管系统和呼吸系统的功能,发展全身肌肉力量、耐力协调性等素质,同时对提高团队协作能力、应变能力、专注力有积极的促进作用。本案例主要介绍皮划艇的水域环境、技术设备、平稳上下艇与正确的划桨与配合技术,目的在于加深学生对皮划艇的了解与认识。

一、教学目标

(1)掌握皮划艇基本知识与原理、装备使用、上下艇及正确操控皮划艇的基本技术方法,具备独立教授皮划艇技术课程的能力。

(2)增强不同水环境特征的认知,提升环境保护意识。

(3)增强不同水环境的风险识别能力与防范意识,增强风险防控能力。

(4)培养团队协作与协调配合的技能与意识以及勇敢顽强、吃苦耐劳等优良品质。

(5)理论结合实际,学会应用相关理论指导本课程实践。

教学重点:上下艇时保持艇身平稳;划艇的基本原理与技术;操控皮划艇双人配合实现正确且轻松的上下艇。

教学难点:不同水域自然环境特征认知,识别水流对于控制皮划艇的影响。

二、场地与环境

实践教学需在陆上做划桨模拟练习,需要一片平坦且较为开阔的水边场地,同时,为了减小水上练习的难度,也可在游泳池等水域进行基本技术练习。在户外场地练习应选择风力、流涌影响较小的湖泊或河流。

三、教学提示

(一)教学内容

皮划艇基础技术包括救生衣穿着、划桨的选择及握法、上下艇、艇上坐姿、划桨技术动作等。学生对基础技术的掌握程度会影响后续教学的进程与效果,同时也对教学过程的安全产生影响,因此,教师应营造安全的学习环境,提高学生的学习兴趣。

练习1:桨的选择、握法及救生衣穿着

• 划桨的选择:直立将桨竖起,单臂举起,食指和中指钩住桨叶顶端即为适合的划桨长度。

• 握法:两手正握划桨杆,上臂与两肩平行,对称置于头顶;肘关节屈成 90°,根据腕关节的灵活程度使两片桨叶互相偏转 70°~90°。

• 救生衣穿着:救生衣穿着遵循舒适贴合并保持在适当位置的原则(在陆上测试时,教师可双手提拽学生救生衣,上下滑动不大即可)。

练习 2：上下艇与坐姿

• 入艇(入水)：将艇置于平行于岸边的水面。

• 船尾桨手先进上艇，用一只手握住船舷，然后一只脚到皮划艇的中心，并保持与舷墙的接触，当第二只脚踏上皮划艇时，另一只手应立即抓住另一边的舷窗，将重量传递到手上，采用三点跪姿位，保持船体平衡。

• 入艇顺序由后至前，上下皮划艇需要动作精确和相互协作，如果做得不当，可能会产生不良的后果。

• 平稳后，合作伙伴上艇，用低支撑稳定独木舟。

• 前桨轻点岸边艇头缓慢朝外即划水出发。

• 艇上坐姿：身体端坐于艇的中心线，保持平衡(图 3-30)。躯干垂直或前倾 5°～15°，身体重心保持在艇身重心的前部位置，头部正直，两眼平视前方，颈部放松。

• 出艇(出水)：两人将艇划至平行于岸边的水面，桨搭岸边保持平衡；出艇顺序由前至后；两人合作将艇抬离水面至岸边，控水搬至存放处。

图 3-30　艇上坐姿

练习 3：划桨技术

• 桨叶入水前(以左桨划水为例)，上体绕身体纵轴最大限度地向右转动，左膝弯曲，臀部稍向前移动，右膝微伸。左肩下斜，左臂充分前伸，左前臂与手成一直线，右手在头顶。桨叶贴近船体入水，从腰部开始发力，转体的同时蹬腿与直臂拉桨。

• 拉桨：拉桨时腰部发力，躯干加速用力牵拉转动，左腿随着转体蹬踏脚蹬板助力，右臂屈微肘，划桨至大腿中部，左臂开始屈肘准备出水。

- 桨叶出水:桨叶划水至髋部结束。左臂屈臂提肘,稍稍转动手腕并向上转桨,桨叶外缘先出水。左臂拉桨出水的同时,右臂微屈支撑。当左手向前、向上复位时,左臂由屈向前自然推直。当右手腕推过中心线时,转化为拉桨手开始下一次划桨。
- 复位:左手在复位过程中,肘部向身体中轴移动(图 3-31)。手臂复位时,桨叶由下向上。整个划桨动作连贯、协调,恢复阶段保持轻快流畅不停顿。

图 3-31 划桨动作

(二)教学组织

- 观测天气情况,提前做好应急预案,如遇突发天气变化情况应及时停止教学活动。
- 陆上模仿练习包括救生衣选择与穿戴、握桨练习、正确的坐姿、划桨技术练习等。
- 上下艇练习:体重较大的坐于后座,保持平稳,避免艇身摇晃。
- 安全教育:教师分析水域环境可能存在的风险,教授预防和处置的风险方法对策。
- 分组练习,指定活动区域,进行划桨技术练习,教师穿插进行检查与指导。
- 设置安全员,协助教师负责观察与警示教学中可能的安全风险。
- 设置标志点,小组竞赛的方式,以团队的形式快速到达标志点,提升练习兴趣,锻炼身体素质,培养团队协作能力。
- 组织学生对课程内容进行总结、回顾与反思。

四、安全提示与风险应对

• 教师对教学活动水域环境进行全面安全检查,分析教学区域水流、风浪、船只及天气变化等风险因素。

• 对学生运动能力进行评估,并制定应急方案,准备急救包应急药品。

• 练习时注意桨的活动范围,避免造成同伴受伤。

• 课前选出责任心和安全意识较强的学生为安全员,协助教师观察、提示及救援等其他安全工作。

• 课前查看近期天气预报,若天气恶劣则使用备用教学方案。

• 防止危险物造成不必要的风险。

五、深入与思考

依据马斯洛需求层次理论,人对自身安全的需求是最基本的需求。对于初次接触皮划艇的学员,他们向往能驾驭皮划艇,有强烈的参与冲动,但又不了解皮划艇以及水域环境特征,易出现安全事故。试思考:

(1)如何将自然科学知识融入皮划艇教育教学中,使学生理解水域自然环境、皮划艇行进的科学知识与相关原理,促进学生对于皮划艇运动技能的掌握,同时,提升学生对皮划艇兴趣,并举例说明。

(2)通过皮划艇发展学生的综合素质,目前成为青少年营地教育中常见的途径。结合发展理论、支持理论等相关知识,为 K-12 年龄阶段的青少年设计基于皮划艇为基础的综合能力培养课程。

案例二 皮划艇基本划行技术教学案例

皮划艇作为一项水域的运动项目,其魅力不仅在于身处自然所带来的身心愉悦与放松,而且更在于能够灵活熟练的驾驭皮划艇与水亲密接触带来自由自在的感觉。而皮划艇的直行与转向技术是安全操控皮划艇的基本技能。

一、教学目标

(1)掌握皮划艇水上直行与转向的原理与基本技术,具备独立教授皮划艇技术课程的能力。

(2)掌握双人艇划行的配合方式,培养沟通交流与团队协作能力。

(3)提升双人皮划艇划行的技术水平,增强团队协作的意识与能力。

(4)增强不同水域环境特征的认知,提升水域环境风险的认知与风险应对能力。

(5)理论结合实际,学会应用相关理论指导本课程教学实践。

教学重点:皮划艇的直行与转向的原理与技术;教授皮划艇水上划行技术课程的能力。

教学难点:双人皮划艇的技术配合;水域环境风险的认知与风险应对。

二、场地与环境

选择风力、流涌影响较小的湖泊或河流,并有一片平坦且开阔的场地。

三、教学提示

(一)教学内容

练习1:皮划艇的划行技术

皮划艇直行与水上转向技术是皮划艇的重要技能之一,在教学中,注重风险教育,提醒学生注意风险防范,努力营造安全的学习环境。

• 直行技术:按照模拟划桨的技术在水上实操训练,确保左右划桨的幅度和划桨的频率一致。

• 转向技术(以左转向为例):转向技术为直行技术的变式,前后桨均划右边单侧,在保持艇身稳定情况下,尽可能向外侧划水,艇头逐渐向左偏转;在即将完成转向前,收桨,划左边单侧减缓转向速度稳定船身。

练习2:划艇接力游戏

分组进行皮划艇接力游戏,巩固及加深学生对直行与转向技术的理解与运用。

• 将学生分为人数相同的小组(男女搭配)。

• 在起点前方30m外水域处摆放浮标。

• 小组每位学生均完成一次绕标接力划行,用时间少者为胜。

• 设置安全救护员监控竞赛情况。

• 分析学生划艇技术与存在的问题,纠正错误动作。

• 教师在中间水道进行观察,保证学生的安全。

(二)教学组织

• 做好应急预案,如遇突发天气变化应及时停止教学活动。

• 教师在水上进行实际场景的皮划艇直行、转向技术的示范与讲解。

• 组织讨论,皮划艇如何在水中直行与转向并分析其原理。

• 安全教育,分析可能存在的风险,风险预防和处置,提高水域风险控制能力。

• 分组练习,指定活动区域,进行直行和左右转向划桨技术练习,教师穿插进行检查与指导。

- 设置安全员协助教师负责观察与警示可能出现的安全风险。
- 小组竞赛的方式,提升皮划艇划行技术,培养兴趣,锻炼身体素质,提升团队协作能力。
- 组织学生分享双人艇如何快速直行、快速转向、两人配合的方式等。

四、安全提示与风险应对

- 强调安全注意事项,避免操作失误/撞击导致的翻船或落水。
- 避免由于技术不熟练所导致的风险。
- 应灵活运用直行与转向技术,保持艇身平稳。
- 如遇翻艇,及时快速给予帮助。
- 水上环境的不可控因素,如风力、雨、水流的突然变化等,制定应对突发事件的预案,教师和安全员划艇跟随,观察学生练习情况。
- 指定划行范围区域,加强水域监控管理。

五、深入与思考

推进皮划艇运动的作用力来自桨与水的相互作用力,根据牛顿第三定律:"相互作用的两个物体之间的作用力和反作用力,总是大小相等,方向相反,同时,作用在同一条直线上"的原理,桨叶的入水角度、身体发力姿态及划频对于皮划艇运动速度起到决定性作用,由于个体的身体素质、身高、技术等不同,尝试寻找最佳的入水角度及划频是高效划艇的关键。试思考:

(1)在皮划艇划桨直行操作中,教师应从哪些方面引导学生对于划桨入水角度、拉桨、复位等技术的理解,以提高划桨的效率,提升运动技术水平。

(2)在皮划艇转向的技术练习中,前后两位学生默契配合非常重要,不仅需要沟通交流、协调配合、达成默契,还需要在多次的转向练习中进行技术磨合。思考教师如何利用双人皮划艇训练,使学生认识到配合的重要性,自觉主动沟通磨合,协调配合,发挥各自优势,提升双人艇划行技术水平。

案例三　皮划艇翻覆与回正教学案例

在开放水域进行皮划艇运动时,受恶劣水文环境、气候、不当操作等影响易发生皮划艇翻覆。皮划艇一旦发生翻覆,落水者易造成呛水、惊吓等伤害,故在皮划艇运动中,掌握皮划艇的翻覆与回正技能,对安全开展皮划艇运动具有重要的作用。

一、教学目标

(1)掌握皮划艇翻覆与回正以及水中上艇的技术与原理。
(2)具备独立教授皮划艇水中回正及上艇技术的能力。
(3)培养勇敢顽强、战胜困难的勇气,培养勇于面对困境并解决问题的能力。
(4)增强不同水流环境的认知,提升水域环境中的实践操作能力。
(5)增强不同水流环境中翻覆情况的风险识别与处置能力,增强风险把控能力。
(6)学会应用相关理论,鼓励学生积极参与皮划艇练习实践。

教学重点:在皮划艇翻覆后,保持冷静并能快速回到艇上;增强水域环境中的实践操作能力。

教学难点:在皮划艇翻覆后,回正艇身及安全上艇;增强水域风险控制能力。

二、场地与环境

以水上练习为主,需陆上热身场地,可在游泳池(水深90~120cm)进行练习。在户外水域环境中进行练习,水上环境的风力、涌流对场地的影响不受限制。

三、教学提示

(一)教学内容

练习1:皮划艇翻覆与回正

皮划艇翻覆与回正技术,是皮划艇划行中的重要技术,也是保障水上安全的基本技能。皮划艇的翻覆将对学生心理造成一定的压力,易造成呛水等事故,对教师的教学经验水平提出较高的要求。教师应在综合考量学生能力水平的基础上,循序渐进地完成此教学任务。

- 从标准的三点跪姿开始,用力倾斜或摇摆船体,直到船体翻转。
- 皮划艇翻覆应对策略:当发现皮划艇即将翻覆时,保持冷静,采取"憋气"的方式防止呛水。
- 在皮划艇翻覆时应握住桨(而不是独木舟的两侧),尽可能腿部发力蹬离皮划艇,防止被皮划艇扣在水下,同时注意桨所处位置,避免对自己造成伤害。
- 佩戴头盔进行练习,以防舷舱撞击头部。
- 皮划艇颠覆的回正(图3-32):皮划艇翻覆,致使人员落水,艇体处于倒扣状态,应两人配合到艇身一侧,单手握同侧船舷,同时向上发力,将艇身扶正;如无法一次完成回正动作,需尝试多次并借助腿部打水发力。

图 3-32 水中回正

• 水中上艇:双人配合上艇,水中辅助者位于艇身一侧前部,用手与肩部做出近似于上扛的动作,使艇身保持相对稳定。

• 上艇者位于同侧中部,双手扶船舷,利用腿部打水发力与手部支撑(图 3-33),使躯干趴至艇上,而后收腿缓慢落至后座,之后辅助队友以相同方式上艇,合作伙伴向下按压船舷。

图 3-33 水中配合上艇

练习 2:翻覆、回正、水中上艇游戏

进行皮划艇翻覆、回正、水中上艇的游戏,通过此游戏来巩固及加深学生对翻覆、回正、水中上艇技术的理解与运用。游戏以三四条艇为一组(处在教师可控范围内),其余学生驾艇在四周观察;游戏以吹哨开始,完成皮划艇翻覆、回正、水中上艇过程,最终以双人坐于艇上,双手持桨高举头顶结束,学生对参加游戏的同伴的技术动作做出评价(教练在周边进行观察,保证学生的安全并对学生的技术动作做出相应评判)。

(二)教学组织

• 组织讨论:有哪些情况下会造成皮划艇在水中翻覆,针对不同情况如何处置。

• 学生操控皮划艇保持静止,教师在水上进行实际场景里翻覆与回正技术的动作要领讲解与示范。
- 安全教育,分析可能的风险,强调风险预防和处置方式。
- 分组练习,指定活动区域、翻覆、回正、水中上艇游戏,教师穿插进行检查与指导。
- 小组竞赛练习,提升皮划艇划行技术,锻炼身体素质,提升团队协作能力。
- 组织学生分享翻覆、回正与水中上艇的经验和感受。

四、安全提示与风险应对

- 进行安全教育,强调安全注意事项,特别要重视由于不会游泳或水性不好引起恐慌,重视翻覆下水前的步骤。
- 强调皮划艇翻覆时的要求和方法,避免导致呛水。
- 无论何时均要保证桨处于可控的范围内。
- 水上环境的不可控因素,如风力、雨、水流的突然变化等,制定应对突发情况的预案,教师划艇跟随,观察练习情况。
- 指定划行范围区域,加强水域监控管理。

五、深入与思考

皮划艇翻覆与回正的教学,首先应进行安全教育,努力营造安全的学习环境,在学生练习中,应采取全面观察、重点关注、跟踪指导、及时保护等方式方法,即便如此,皮划艇翻覆时,学生也易产生恐惧、慌张、不知所措等负面情绪,由此带来安全隐患。试思考:

(1)如何制定相应的教学方法策略,帮助学生克服心理压力、恐惧等不良情绪,积极主动投入皮划艇翻覆与回正的学习,掌握入水技巧,提升自救能力。

(2)在皮划艇翻覆与回正教学中,完成皮划艇的翻覆、回正、水中上艇等需要进行大量的动作操作,也需要同伴协作来完成。教师如何通过双人艇翻覆与回正练习,培养学生在水中的实践操作能力,提升团队意识与协作技能。

案例四 不同水流状态下皮划艇的划行技术教学案例

自然水域大多存在驻波、湍流、涡流等不同水流状态,了解驻波、湍流、涡流等不同水流状态形成原理,进而掌握应对不同水流状态的皮划艇划行技能,同时,对促进学生身心发展,培养判断、决策、果断处理等综合素质具有积极作用。

一、教学目标

(1)掌握驻波、湍流、涡流等水流状态形成的原理与特征,增强不同水流状态中驾驶皮划艇的能力。

(2)积累各种水域划行皮划艇的经验,提升皮划艇整体技术水平。

(3)增进身心健康,培养勇敢顽强、勇于挑战的品质,增强团队协作能力。

(4)能够正确判断不同水流状况,分析、判断风险大小,运用相应的操作策略,保障划行安全。

(5)应用相关理论,设计针对不同年龄阶段青少年的课程与指导教学实践。

教学重点:掌握不同水流状态中针对性的皮划艇划行技术。

教学难点:识别不同水环境特征,判断不同水流状况;提升皮划艇运动技术水平。

二、场地与环境

不同水流状态包括驻波、湍流、漩涡及其他综合水流环境,其形成原理如下。

- 驻波:水流在一个狭窄的区域内不断堆积而形成的状态,通常在下游的"V"形或溜槽中发现。只要底部轮廓和流量保持不变,驻波通常会保持在一个位置。驻波的特征是具有波动或移动性。

- 湍流:流体的一种流动状态。当流速很小时,流体分层流动,互不混合,称为层流,也称为稳流或片流;伴随流速的增加,流体的流线开始出现波浪状的摆动,摆动的频率及振幅随流速的增加而增加,此种流况称为过渡流;当流速增加到很大时,层流被破坏,相邻流层间不但有滑动,还有混合形成湍流,又称为乱流、扰流或紊流。

- 涡流:一种自然现象,易在水流遇低洼处或不同温度和速度的水流相撞所形成的螺旋形涡漩。涡流是在表面物体后面形成的逆流。涡线是介于上游和下游水流之间的一条线,它可能有不可预测的逆流。

- 综合水流环境:皮划艇划行环境不仅限于上述提及的水流环境,还包括多种复杂多变的环境,如螺旋流、水中礁石、小型瀑布等。

三、教学提示

(一)教学内容

练习:皮划艇不同水流状态划行技术

本案例教学为皮划艇在驻波、湍流、涡流以及其他综合水流环境中的划行技术。意义在于教会学生观察并识别不同的水流状态，及其与皮划艇的相互作用，不同水流状态下该如何操控皮划艇，在教学实践中，教师要设置相应的情境模拟，增强对不同水流状态环境理解，采取有针对性的划行策略与措施。

- 驻波与划行对策：驻波具有波动、移动的特征，但不移动的波通常更危险。因此，如果不是太大的驻波，在穿越此区域时应做到快速、平稳。
- 湍流与划行对策：由于湍流具有流速快、流线模糊、流场紊乱等特点，通过湍流时要稳定情绪，观察周边水流情况，以桨点水来操控艇身，保持艇身稳定、不翻覆；如感觉技术水平不够，应尽可能保持不翻覆并呼叫救援寻求帮助。
- 涡流与划行对策：发现前方水域出现涡流，应提前转向避让；如已处在涡流范围内，首先保持镇定，稳定艇身，然后判断艇头旋转方向，最后向艇头旋转方向的反方向前后两人同时快速划桨，快速脱离涡流。
- 综合水流环境的划行：面对不同的水流环境时，需根据经验做出准确的判断，重要的是根据技术水平选择练习的场地，并对其进行考察。

（二）教学组织

- 观察驻波、湍流、涡流特征并作记录。
- 组织不同水流状态下水对皮划艇影响的讨论。
- 示范与讲解不同水流环境操作皮划艇的策略与划行注意事项。
- 模拟特殊水流环境进行练习，进行模仿划行并表述动作要领，强化不同水流状态划行技能。
- 进行安全教育，掌握不同水域的风险防范和处置措施，提升风险意识和水域环境风险把控能力。
- 针对不同水流环境分组进行练习，学生应认真对待每次练习，教师穿插进行现场检查与指导。
- 小组竞赛的方式练习，提升皮划艇划行技术，锻炼身体素质（身体与心理），提升团队协作能力。
- 组织学生分享应对不同水流皮划艇操作的经验与感受。

四、安全提示与风险应对

- 在良好的身体和精神状态下参与练习。
- 按照要求穿戴救生衣等安全装备。
- 对不会游泳的学生应教会其水中憋气，提升自救能力，同时应派专人监督。
- 保持注意力集中，牢记划艇翻覆的操作方法，避免发生呛水事故和避免技术操作或决策失误带来的风险。
- 遇危险应立即呼救及寻求帮助。

- 水域环境复杂,不可控因素较多,对练习场地进行提前的风险识别与评估,并做好应急预案。

五、深入与思考

水是地球上最常见的物质之一,是包括人类在内所有生命存在的重要资源,也是生物体最重要的组成部分。水对人的重要性不言而喻,但"水能载舟亦能覆舟",水的安全风险与对人的危害不言而喻,对水的特性认知不足极有可能造成危险事故。试思考:

(1)如何在不同水域皮划艇划行技术教学中,应运用风险管理理论与方法,教授学生分析不同水域的风险特点及可能带来的安全事故,以帮助学生掌握在皮划艇划行中应对水域风险策略与技巧,提高水域安全防范能力。

(2)生态文明建设是关系中华民族永续发展的根本大计,随着环境问题的日趋严重,预防水体污染是从事水上运动应关注的重要问题。在皮划艇教学中,如何引导学生思考人与自然的关系,教育学生在从事皮划艇等水上活动中保护水资源、防止水污染、提升环境保护意识和行为。

主要参考文献

陈国海.组织行为学[M].3版.北京:清华大学出版社,2009.
陈建文,王滔.自尊与自我效能关系的辨析[J].心理科学进展,2007,15(4):624-630.
陈旗敏.教育生态学视野下的课堂教学[J].内蒙古师范大学学报(教育科学版),2008,21(1):109-111.
陈作松,张惠红.大学生野外生存生活训练的系统教学设计研究[J].沈阳体育学院学报,2007(5):4-7.
戴元智.美国女童军领导力培养研究[D].上海:华东师范大学,2017.
迪维诺.生态学概论[M].北京:科学出版社,1987.
丁宁,王馨.组织行为学[M].北京:北京交通大学出版社,2010.
樊启金,付岩.体验教学能力的培养[M].呼和浩特:内蒙古大学出版社,2009.
甘志娟,程晓娟,李慧.户外运动的界定综述[J].现代商业,2011(6):279-279.
高建江.班杜拉自我效能的形成与发展[J].心理科学,1992(6):39-43.
高申春.自我效能理论评述[J].心理发展与教育,2000(1):60-64.
关文信.西方教育生态学理论对课堂教学监控的启示[J].外国教育研究,2003(11):1-4.
郭本禹,姜飞月.自我效能理论及其应用[M].上海:上海教育出版社,2008.
郭如莹.论习得性无助感向自我效能感的转化[J].课程教育研究,2016(26):174-175.
郭振芳.归因理论研究综述[J].科技信息(科学教研),2007(32):215.
国家体育总局.中国体育教练员岗位培训教材·皮划艇[M].北京:人民体育出版社,1999.
国家体育总局.攀岩[M].北京:高等教育出版社,2012.
韩小田,张玉超.我国高校定向越野运动风险类型及其控制研究[J].运动,2015(1):104-106.
郝广兴.当代人本主义教育思想解读[J].陕西教育(高教版),2009(4):11.
何克抗.建构主义——革新传统教学的理论基础(上)[J].电化教育研究,1997(3):3-9.
洪世梅.教育生态学与大学教育生态化的思考[J].高等教育研究,2007(6):50-52.
胡月亭.安全风险预防与控制[M].北京:团结出版社,2017.
黄衍.体验式教育的原理与应用研究[D].上海:上海师范大学,2014.
李传兵,许昌.高校户外运动课程安全教育与安全保障体系构建[J].体育成人教育学刊,2012

(5):69-71.

李德银.定向越野指导[M].北京:测绘出版社,1989.

李放滔.对体验教育的认识[J].新疆师范大学学报(哲学社会科学版),2003(4):201-203.

李红艳.户外运动的理论与实践研究[D].北京:北京体育大学,2006.

李剑锋.组织行为管理[M].北京:中国人民大学出版社,2006.

李明,毛军权.领导力研究的理论评述[J].上海行政学院学报,2015,16(6):91-102.

李壬戌.浅析湖北省户外运动专业人才需求[J].生物技术世界,2013(4):143-143.

李舒平.户外运动发展的探讨[J].体育科学,2001,21(9):188-189.

梁广,黎浩.变电运行人因事故分析的拟REASON模型[J].电力系统保护与控制,2008,36(3):23-26.

凌翔.野外露营小常识[J].知识就是力量,2001(6):52-53.

刘常忠.攀岩[M].上海:学林出版社,2012.

刘惠军.动机心理学[M].北京:开明出版社,2012.

刘黎明.论西方自然主义教育思想的形成、演变及历史贡献[J].河北师范大学学报(教育科学版),2004,6(5):75-79.

刘丽虹,张积家.动机的自我决定理论及其应用[J].华南师范大学学报(社会科学版),2010(4):53-59.

刘莹.基于多元智能理论的初中地理教学实践研究[D].西安:陕西师范大学,2014.

栾晓利.定向越野识图方法和训练的探究[J].教育教学论坛,2013(8):132-133.

骆腾昆,岳庆利,王俊人,等.户外教育的后现代特征及启示[J].体育文化导刊,2018(10):137-142.

马锦华.人本主义教学观与素质教育[J].教育探索,2002(10):25-26.

马斯洛,刘烨.马斯洛的人本哲学[M].呼伦贝尔:内蒙古文化出版社,2008.

马欣祥,田庄.对户外运动概念的重新甄别与界定[J].中国体育科技,2015,51(1):140-145;

马欣祥.关于建立面向社会的登山运动培训体系的构想[M]//坚持科学发展观:促进体育改革发展.北京:北京体育大学出版社,2006.

马欣祥.户外运动理论探讨[J].山野,2009,146(10):102.

庞艳丽.定向越野运动员流畅状态维度构成及影响因素研究[D].武汉:华中师范大学,2013.

齐震.论我国户外运动安全保障体系的构建[J].管理观察,2009(4):190-192.

邱菀华.现代项目风险管理方法与实践[M].北京:科学出版社,2003.

舒志定.论体验教育的合理性及其展现[J].宁波大学学报(教育科学版),2007(4):35-39.

孙辉,兰自力.户外教育的理论基础研究[J].中国学校体育(高等教育),2014,1(11):50-53.

王春燕.自然主义教育理论及其思考[J].教育理论与实践,2001(9):58-61.

王桂忠,邱世亮.野外生存教育课程的野外实训设计与实施[J].体育学刊,2010(1):67-70.

王灵丽.团队发展中的阶段协作模型与绩效促进研究[D].长沙:湖南大学,2017.

王翔.定向运动[M].北京:高等教育出版社,2005.

王正栋.中学德育中营地教育模式的探索式研究[D].长沙:湖南师范大学,2015.

温元麟.定向越野完全手册[M].广州:南方日报出版社,2003.

吴鼎福,诸文蔚.教育生态学[M].南京:江苏教育出版社,2000.

肖海平,付波华.体验式教学:素质教育的理想选择[J].教育理论研究,2004(1):9-11.

徐和峰.建构主义理论在体育教学中的实践[J].新课程学习:基础教育,2009(11):18-18.

徐菊生,彭宗平,王晴晴,等.现代皮划艇运动[M].武汉:长江出版社,2007.

徐正发,齐静.期望价值理论在青少年体力活动促进中的应用:研究综述[J].体育时空,2017(13):57.

徐智鑫,张黎黎.二语动机理论综述与案例分析[M].广州:世界图书广东出版公司,2014.

许蓉蓉,杨倩.户外运动风险管理研究述评[J].当代体育科技,2015,5(18):223-224,226.

杨汉.山地户外运动[M].武汉:中国地质大学出版社,2006.

尹红松.定向越野训练方法与手段[J].体育文史,2001(6):34.

余亚武,章宏.定向越野教学中三种能力培养的研究[J].北京体育大学学报,2007(s1):446,450.

张大超,李敏.国外体育风险管理体系的理论研究[J].体育科学,2009(7):43-54.

张惠红,陶于.定向运动与野外生存[M].天津:天津大学出版社,2006.

张凯.如何理解和应用自我效能理论[J].中国学校体育,2016(3):62-65.

张力为,任为多.体育运动心理学研究进展[M].北京:高等教育出版社,2000.

赵同森.解读人本主义教育思想[M].广州:广东教育出版社,2006.

赵秀福.杜威实用主义美学思想研究[M].济南:齐鲁书社,2006.

郑彩霞.团队角色理论在A软件集成公司的应用研究[D].武汉:武汉工程大学,2016.

郑冬华,林世行.期望-价值理论与建构体育课程学习探索[J].文体用品与科技,2016(13):15-16.

郑子娜.论现代人本主义教育思想及其对我国基础教育改革的影响[D].福州:福建师范大学,2006.

中华人民共和国体育运动委员会.皮划艇竞赛规则[M].北京:人民体育出版社,1986.

钟小芳.多元智能理论视野下的高一英语阅读教学研究[D].赣州:赣南师范学院,2012.

班杜拉.自我效能:控制的实施[M].缪小春,译.上海:华东师范大学出版社,2003.

杰弗里·马里恩.无痕山林[M].自然之友盖娅自然学校,译.北京:北京大学出版社,2017.

斯蒂芬·P·罗宾斯.组织行为学[M].孙健敏,李原,译.北京:中国人民大学出版社,2005.

霍华德·加德纳.多元智能[M].沈致隆,译.北京:新华出版社,1999.

史蒂芬·P·罗宾斯.组织行为学精要[M].郑晓明,译.北京:机械工业出版社,2000.

约翰·杜威.实用主义[M].田永胜,译.北京:世界知识出版社,2007.

ACEE T W,WEINSTEIN C E,HOANG T V,et al. Value reappraisal as a conceptual model for task-value interventions[J]. The Journal of Experimental Education,2018,86(1):69-85.

ADAIR J. Effective leadership:a self development manual[M]. London:Gower Press,1983.

ADAMSON L,LYXELL B. Self-concept and questions of life:Identity development during late adolescence[J]. Journal of Adolescence,1996(19):569-582.

ALLISON K R, DWYER J J, MAKIN S. Self-efficacy and participation in vigorous physical activity in high school students[J]. Health Education Behavior, 1999(26): 12 - 24.

ANDREW B. Outdoor education fatalities in Australia 1960—2002. Part 3. Environmental circumstances[J]. Australian Journal of Outdoor Education, 2004, 8(1): 44 - 56.

ARMITAGE C, CONNER M. Social cognition models and health behavior: a structured review [J]. Psychology and Health, 2000, 15(2): 173 - 189.

ATTARIAN A, PRIEST S. The relationship between stages of group development and styles of outdoor leadership[J]. Journal of Adventure Education & Outdoor Leadership, 1994, 11: 13 - 19.

ATTARIAN A. Trends in outdoor adventure education[J]. Journal of Experiential Education, 2001, 24(3): 141 - 149.

BANDURA A. Self-efficacy mechanism in human agency[J]. American Psychologist, 1982, 37 (2): 122 - 147.

BANDURA A. Self-efficacy: the exercise of control[M]. New York: Free Press, 1997.

BASS B M, AVOLIO B J. Improving organizational effectiveness through transformational leadership[M]. California: Sage, 1994.

BASS B M. Leadership and performance beyond expectations[M]. New York: Free Press, 1985.

BELL M. What constitutes experience? Rethinking theoretical assumptions[J]. Journal of Experiential Education, 1993, 16(1): 19 - 24.

BERMAN D, DAVIS B J. An integrated approach to crisis management in wilderness settings [J]. Journal of Adventure Education & Outdoor Learning, 2007, 2(1): 9 - 17.

BERMAN D, DAVIS B J, GILLEN M. Behavioural and emotional crisis management in adventure education[J]. Journal of Experiential Education, 1998, 21: 96 - 101.

BOULDING K. Conflict and defense[M]. New York: Harper & Row, 1963.

BREAKWELL G M. The psychology of risk[M]. New York: Cambridge University Press, 2007.

BRODIN J. Inclusion through access to outdoor education: learning in Motion(LIM)[J]. Journal of Adventure Education & Outdoor Learning, 2009, 9(2): 99 - 113.

BROOKES A. A critique of neo-hahnian outdoor education theory. Part two: "The fundamental attribution error" in contemporary outdoor education discourse[J]. Journal of Adventure Education and Outdoor Learning, 2003, 3(2): 119 - 132.

BUNTING C. Interdisciplinary teaching through outdoor education[M]. Champaigh: Human Kinetics, 2007.

BURNS J M. Leadership[M]. New York: Harper & Row, 1978.

CONRAD D, HEDIN D. National assessment of experiential education: summary and implications [J]. Journal of Experiential Education, 1981, 4(2): 6 - 20.

DYNON J, LOYNES C. Legal liability and risk management in outdoor training[J]. Journal of Adventure Education and Outdoor Leadership, 1990, 7: 9-12.

EWERT A,SIBTHORP J. Creating outcomes through experiential education: the challenge of confounding variables[J]. Journal of Experiential Education,2009,31(3):376 - 389.

FORD P M,BLANCHARD J. Leadership and administration of outdoor pursuits[J]. Leadership & Administration of Outdoor Pursuits,1993(1):442.

FORD P. Principles and practices of outdoor/environmental education[D]. New York:John Wiley and Sons,1981.

GIBSON J. Fred outdoors: An initial report into the experiences of outdoor activities for an adult who is congenitally deafblind[J]. Journal of Adventure Education & Outdoor Learning, 2000,1(1):45 - 54.

GILLETT D,THOMAS G,SKOK R,et al. The effects of wilderness camping and hiking on the self - concept and the environmental attitudes and knowledge of twelfth graders[J]. Journal of Environmental Education,1991,22(3):33 - 43.

GOLDENBERG M,MCAVOY L,KLENOSKY D B. Outcomes from the components of an outward bound experience[J]. Journal of Experiential Education,2005,28(2):123 - 146.

HARACKIEWICZ J M. Making learning personally meaningful: a new framework for relevance research[J]. Journal of Experimental Education,2018,86(1):1 - 19.

HARUN M T,SALAMUDDIN N. Cultivating personality development through outdoor education programme:the malaysia experience[J]. Procedia - Social and Behavioral Sciences,2010, 9:228 - 234.

HATTIE J. Adventrue education and outword bound:out-of-class experiences that make a lasting difference[J]. Review of Educational Research,1997,67:43 - 87.

HOFFMAN A,GARNER K,KRINGS M,et al. Energy expenditure of recreational kayaking[J]. Journal of Undergraduate Kinesiology Research,2006,2:26 - 31.

JUDY B. Management teams: why they succeed or fail[J]. Leadership & Organization Development Journal,2004,25(5):477 - 479.

KALISH R J,JACK M C,KNETSCH L. The economics of outdoor recreation[J]. Southern Economic Journal,1968,34(3):427.

KAPLAN S,TALBOT J F. Psychological benefits of a wilderness experience[M]// Altman I, Wohlwill J. Human behavior and environment: advances in theory and research. New York: Plenum Press,1983.

KELLY G A. The psychology of personal constructs[M]. New York: Norton,1955.

KEVIN R,NDREW F,SEAN D. Quality lesson plans for outdoor education[M]. California:Human Kinetics,2010.

KEVIN R. Quality lesson plans for outdoor education[J]. Australian Journal of Outdoor Education,2010,14:1.

KNAPP C E. Some challenges in outdoor education[J]. Journal of Outdoor Education,1967,2 (1):8 - 12.

KNOPF R C. Outdoor adventure pursuits: foundations, models, and theories[J]. Journal of Leisure Research, 1991, 23(2): 190-192.

KOLB D. Experiential learning: experience as the source of learning and development[J]. Englewood Cliffs, NJ: Prentice-Hall, 1984(3): 150-152.

KOLB D. Experiential learning: experience as the source of learning and development[J]. Pearson Schweiz Ag, 1983, 1(3): 16-17.

LINDA R. Adventure education[M]. London: Routledge, 2016.

LUGG A, MARTIN P. The nature and scope of outdoor education in Victorian schools[J]. Australian Journal of Outdoor Education, 2001, 5(2): 42-48.

LUGG A. Directions in outdoor education curriculum[J]. Australian Journal of Outdoor Education, 1999, 4(1): 25-32.

MADJAR N. Stability and change in social goals as related to goal structures and engagement in school[J]. Journal of Experimental Education, 2016, 85(2): 1-19.

MARCHAND G C, GUTIERREZ A P. Processes involving perceived instructional support, task value, and engagement in graduate education[J]. The Journal of Experimental Education, 2016(3): 87-106.

MCMORRIS T, HALE T. Coaching science: theory into practice[J]. Wiley, 2006(3): 120-123.

MCQUADE S. How to coach sports effectively[M]. Leeds: Coach, 2003.

MELLOR D. Rock climbing[M]. New York: W. W. Norton & Coinc, 2003.

MICHAEL R C. Mountain biking injuries[M]. London: Springer London, 2013.

PAISLEY K, FURMAN N, SIBTHORP J, et al. Student learning in outdoor education: a case study from the national outdoor leadership school[J]. Journal of Experiential Education, 2008, 30(3): 201-222.

PEDERSON H, SAMUELSON M. The physiological effects of recreational kayaking[J]. Journal of Undergraduate Kinesiology Research, 2005(1): 30-38.

PIGRAM J, JENKINS J. Outdoor recreation management[M]. 2nd ed. New York & London: Routledge, 2006.

PLUMMER R. Outdoor recreation: an introduction[M]. New York & London: Routledge, 2009.

POLLEY S. Quality lesson plans for outdoor education[J]. Journal of Outdoor and Environmental Education, 2010, 14(1): 49-51.

PRIEST S. Redefining outdoor education: a matter of many relationships[J]. Journal of Environmental Education, 1986, 17(3): 13-15.

REAVE L. Spiritual values and practices related to leadership effectiveness[J]. The Leadership Quarterly, 2005, 16(5): 655-687.

RYAN R M, DECI E L. Self-determination theory and the facilitation of intrinsic motivation, social development, and well-being[J]. American Psychologist, 2000, 55(1): 68-78.

SHARP B. Acquiring skill in sport[M]. 2nd ed. Cheltenham: Sports Dynamics, 2004.

SIBTHORP J,PAISLEY K,GOOKIN J,et al. The pedagogical value of student autonomy in adventure education[J]. Journal of Experiential Education,2008,31(2):136-151.

SINNAMON R M,ANDREWS J D. Improved accuracy of quantitative fault tree analyses[J]. Quality and Reliability Engineering International,1997,13(2):285-295.

SMITH M. Exploring a changing world: a guide to fieldwork for youth expeditions[M]. London: Young Explorers Trust,2008.

STOTT T A,HALL N E. Changes in aspects of students' self-reported personal,social and technical skills during a six-week wilderness expedition in Arctic Greenland[J]. Journal of Adventure Education and Outdoor Learning,2003,3(2):159-169.

VANSTEENKISTE M,AELTERMAN N,DE MUYNCK G J,et al. Fostering personal meaning and self-relevance: a self-determination theory perspective on internalization[J]. The Journal of Experimental Education,2018,86(1):30-49.

VANSTEENKISTE M,SIMONS J,SOENENS B,et al. How to become a persevering exerciser? The importance of providing a clear,future intrinsic goal in an autonomy-supportive manner [J]. Journal of Sport and Exercise Psychology,2004(26):232-249.

WATTCHOW B. Outdoor leadership:theory and practice[J]. Journal of octdoor and environmental education,2006,11(1):50-52.

WITMAN J P. Characteristics of adventure programmes valued by adolescents in treatment[J]. Therapeatic Rescreation Journal,1993(2):13.